一流大报不可忽视的
细节

主编 万光政

ZHEJIANG UNIVERSITY PRESS
浙江大学出版社

编委会

主　　编：万光政

副 主 编：沈旭微　姚丽萍

执行主编：周继山

撰　　稿：周继山　柴明雄

　　　　　魏盛松　胡海燕

序

万光政

从 2013 年起,《杭州日报》针对报纸差错频发的状况,抽调资深编辑,组建专门审读小组,对本报实行了全面的审读,这一审已足足审了四年。审读按照"零容忍,零差错"的要求,从办报理念、采编业务、见报差错到新兴媒体对照、同城媒体比较,分析不足,探讨改进和提高的方法,并对各类差错进行扣罚。审读基本以一事一议的方式,有话则长,无话则短,至今已编发审读报告一百多期。自古以来,家丑不可外扬已成为共识,自家给自家挑刺,这在全国新闻界恐怕也是开了先例的。

审读给报纸带来了很大变化:各种差错大大减少,业务水平不断提高,报纸质量也越来越好。审读也带来了不少争议:在纸质媒体日趋衰落、压力空前的当下,为何还要花这么大的精力来抓审读。

纸质媒体是最早的媒体传播形态,发展至今面临着新兴媒体的严峻挑战,众多纸媒正经历生死肉搏,甚至走向了衰落。但是发展至今,我们也清楚地认识到,一种媒体形态不可能完全替代另一种媒体形态,媒体世界只能是多种媒体形态交相辉映、共同繁荣的局面。这几年,《杭州日报》仍然处于上升发展的事实也证明了这一点。

如何发挥纸质媒体的特色是纸媒战胜挑战、繁荣发展的关键。而保证纸媒的权威性,提高纸媒的悦读感,正是关键中的关键。从某种意义上来说,审读也就是这项关键工作的一个组成部分,或者说是我们将这项工作提升到了极致。

党报的权威曾经是其战胜媒体市场的法宝:曾几何时,老读者听到小道消息会去找来报纸求证;小学生会引用报纸文字质疑老师。那个时候,报纸就是事实和文字的标准。而今在新媒体的冲击下,法宝正失去光彩。一些党报的从业者正在放弃自己的武器:写事实含糊的新闻,做哗众取宠的标题,语法逻辑混乱,错字白字连篇,更可怕的还是视之为无足轻重的细节。审读就是要以一丝不苟的态度,找回纸媒的法宝,发扬党报的权威。

传统媒体对新闻敏感上的欠缺,在悦读感受上的枯燥,一直是大众诟病的对象,在新媒体的冲击下更是相形见绌。审读也将这列为重要内容,和同城媒体比较,和新兴媒体对照,意在提高党报的新闻性、可读性。

事实上,传统媒体和新兴媒体并不仅仅只有相互对立、相互竞争,时代发展到今天,传统媒体和新兴媒体已经走到了相互渗透、取长补短、融合发展的阶段。我们的审读也随之进入到新媒体之中。党报的新媒体也姓党,除了充分发挥新兴媒体的特色和长处,也要发扬党报的优良传统,树立权威的品牌。

首先,虽然我们的审读局限于一家报纸,但审读同志的认真严谨,审读历经时间的长久,使得审读的内容日益广泛,几乎囊括所有新闻实践的问题,比如《一版标题重复的"惯例"要下功夫改变》《版面分叠能否更科学?》《官微的几点美中不足》等,这是该书的特点之一。

其次,虽然审读内容大都是一事一议,但是大都放到了全省甚至全国的新闻大背景中,重视深入挖掘问题的根源,总结出了新闻报道的一般规律。比如《讲故事比报数据的传播效果更加好》《"特约评论员"文章要接地气》《新型城市党报要有开放的胸怀》,这是该书的特点之二。

另外,审读并不仅仅指出了差错,大都还提出了改进的思路、提高的方法。比如《头版稿件安排还有提升空间》《文字差错,拼音输入"惹的祸"》《使用中国地图要十分小心》,具有实战的意义,这是该书的特点之三。

最后,审读纠正了众多历史文化方面的知识性错误,比如《杭州唯一带版的地名:始版桥》《苏堤春晓并非以花为名》《张冠李戴的历史名人》,仔细阅读使我们可以准确了解杭州的历史文化、人情风俗,特别对于年轻记者编辑学习了解杭州是一本基础教材。

我们正在努力建设全国一流大报的宏伟工程,在各项数据排名稳步上扬,荣誉纷至沓来之时,我们一定不能忘记这些细节:似是而非,真假难分;错字连篇,错误百出;版式混乱,阅读累人;庸俗低级,颓废俗气……

媒体是社会公器,媒体人往往以无冕之王自称,但自身却往往缺少学习和自省,尤其是年轻的记者编辑,进入报社后就独当一面顶在了岗位上,缺少系统的培训。审读是一面镜子,能照见我们的不足,加强我们的内防。审读已成为我们开展业务学习的一项重要内容,成为记者编辑尤其是年轻记者编辑素质教育、业务教育的基础教材。每当审读报告出来,记者编辑总是争相阅读。审读报告也成为兄弟媒体学习的教材,不断有各地的兄弟媒体前来本报学习了解审读工作,索要审读报告。为此,我们将前 120 余期内容精选细编,整合扩展,编辑成册,与从事新闻传播或文字写作工作的同志切磋交流,既为自省自警,亦为同学共进。

(作者系杭州日报报业集团总编辑)

2017 年 6 月

目 录

理　念

让报纸重获尊重　//042

事　实

采　编

知　识

文　字

织一张防错之"网"　//292

版　式

新媒体

导向

引导社会
朝着文明方向前行

不管你是否承认,舆论导向是客观存在的。舆论导向作用是新闻独具一格的特征,无论是在人们的生活中,还是在社会发展中都起着至关重要的作用。

在新闻报道中,不论是有意的引导还是无意的流露,由此产生的社会效果都是客观存在的。比如牙膏底部的彩色短线,它并不代表牙膏成分,我们的报道误登了,引起了读者的焦虑;而"7·5"公交车事件,我们本想引导社会舆论减少负面效果,但是评论用词不太合适,反而带来读者的不爽。

所以我们应该重视新闻导向,恰当使用舆论引导。尤其是读者充分信任的党报,应该高度重视,谨言慎行,以避免产生不良的舆论引导,不好的社会效果。

导向问题不仅仅指我们以往偏重的政治导向,也涉及各个层面、各个角度的导向问题,比如:理论导向、价值导向、行为导向、审美导向……我们应当从各个角度和层面把握好导向,贴近民心、凝聚人心,引导社会向民主、法制、文明的方向前行。

一张党报,毋庸讳言应把握好舆论导向,倡导正确的社会价值观,发挥舆论的正确导向,这是党报工作者的职责所在,也是新闻工作者的良心所在。

当然,我们这里强调的舆论导向,是基于新闻的真实、客观这个基础之上的,我们在注重新闻的导向作用时,毫无疑问要坚持新闻真实这个原则,维护新闻真实这一生命线。

因为我们这里所谈的仅是一个时期的报道案例,并不能涵盖所有的导向问题。

头版稿件安排还有提升空间

2014年7月1日,对于报纸来说是考验功力的一天,这一天是中国共产党的生日,在这一天,新华社发布了三条重要消息:《习近平主持中央政治局集体学习 强调坚持从严治党落实管党治党责任》《中央政治局召开会议审议三大改革方案》以及《中共中央决定给予徐才厚开除党籍处分》等。

《人民日报》《浙江日报》均把这三条消息放在了头版,并把政治局两条稿件放在一二条位置,"徐才厚稿"放稍下位置。体现了在这个特殊意义的日子这几条稿件深刻的含义。快报和党报没可比性,但快报"七一"版面的处理还是比较到位的。快报头条以"中国共产党成立93周年特别报道"为栏头,安排的是标题新闻《习近平在中共中央政治局第十六次集体学习时强调 领导干部要疾恶如仇 对不正之风亮剑》;二条安排的是《中共中央决定给予徐才厚开除党籍处分 对其涉嫌受贿犯罪问题及问题线索移送最高人民检察院授权军事检察机关依法处理》,在新华社稿件中还用黑体标注徐才厚的主要犯罪情节和恶劣影响;三条安排的是标题新闻《大力弘扬奋斗精神 共建共享美丽杭州 杭州举行基层领导干部"七一"座谈会》,下面配发杭州举行大型群众歌咏活动的大幅照片。从上述稿件安排看,版面大气、厚重,既传达了中央精神,体现党惩治腐败的坚定决心,又营造了党的生日的喜庆氛围,弘扬了主旋律,传递了正能量。

而当天本报的头版稿件安排仍沿袭了本报的常规做法,在题前位置安排标题新闻《习近平在中共中央政治局第十六次集体学习时强调 坚持从严治党落实管党治党责任 把作风建设要求融入党的制度建设》,在题前下方安排《中共中央决定给予徐才厚开除党籍处分》(未刊完有转版);而在头条位置安排的是《龚正在全市基层领导干部"七一"座谈会上强调 大力弘扬奋斗精神 共建共享美丽杭州》,以下依次为《张鸿铭在调研大学生就业创业工作时强调 提高认识形成合力 千方百计做好工作》、《红旗飘飘谱新曲》图片报道、《张鸿铭会见深圳企业家代表》、《杭黄铁路昨天破土动工 王金财出席项目推进会并讲话》。分析一下当天本报头版,有两点值得商榷。一是把《习近平主持中央政治局集

体学习 强调坚持从严治党落实管党治党责任》作为标题新闻刊登,而将《中央政治局召开会议审议三大改革方案》放到了三版要闻,将这一组有重要意义又相互关联的稿件割裂开来,显得有些零碎又分量不够。因为在"七一"前夕审议通过的三大改革方案是全面深化改革的重大措施,涉及治党治国和亿万群众长远利益的战略举措。这三条消息不仅是政治上的大事,也是群众关心的大事。如果把政治局两条稿件在一版呈现并处理成一二条位置(可处理成标题新闻),而处分徐才厚的稿件完整在一版刊登(转得并不多),是不是更合适?二是全市基层领导干部"七一"座谈会的新闻,与《红旗飘飘谱新曲》图片报道,都是属于庆祝"七一"的稿件,在"七一"这个特殊的日子里,如果能够安排在一起,是不是更能烘托节日气氛,体现本地贯彻中央精神的主旋律?但现在中间隔了一条市长张鸿铭调研大学生就业创业工作的稿件,就显得碎片化了。

本报最近在头版的改革上也是下了很大功夫的,版面比以往要大气,头版头条也经常安排本地典型报道和鲜活新闻,在照片安排上也不惜篇幅,让以前颇让人诟病的一版有了新的气象、新的面貌。对比分析"七一"本报的头版稿件安排,感觉还有提升的空间。本报头版应当在现有改革取得成绩的基础上追求更进一步的提升。本报头版的稿件安排,应该更加重视政治意识、大局意识、导向意识、责任意识,特别是当前中央正推进深化改革举措和加大反腐力度,意义重大,群众关注度高,对这类稿件应更加重视。

领导人姓名职务等须逐字核实

2013 年 7 月 3 日 A1 版头条《夏宝龙在全省党的群众路线教育实践活动工作会议上作动员(引题)深刻领会习近平重要讲话精神 以饱满热情投身教育实践活动(主标题)邢元敏讲话 李强乔传秀王辉忠等出席(副标题)》,出现一处领导人名字错误:倒数第 2 段中,(中央督导组组长)邢元敏错为刑元敏。

像这样领导人名字的出错,既是政治性差错,也有损杭报形象,应引起高度重视。此前本报也曾发生过把领导人姓名或职务弄错的差错,有深刻的教训。

如何避免这样的差错?采写、编辑、校对等环节,包括部门主任、值班编委,都应提高认识,增强责任心。此外也提醒一下,对此类差错,泛泛地看一遍是很难找出差错的,因为它音同形近。对于此类重要稿件,要绷紧头脑中把关防错这根弦,有意识地对稿件中领导人特别是新出现的领导人姓名、职务等逐字核实,才能做到万无一失。

这个"奖"放头版不合适

2013 年 10 月 30 日头版要闻,《杭企掌门人拿到农化行业"奥斯卡"》的报道,其中提到"昨天,有着全球农化行业'奥斯卡'之称的 Agrow Awards 奖在荷兰阿姆斯特丹公布了今年的结果,终身成就奖颁给了一家杭州企业的掌门人:新安集团董事长王伟。这是中国人首次拿到这个奖项"。

"Agrow Awards 奖项,是全球农化巨头在作物保护行业展示创造力和创新力的标志奖项,由世界著名农化杂志《世界农作物保护新闻》主办,每年由 10 位国际专家组成的评审团评审。终身成就奖获奖者,要为全球作物保护和生产领域(尤其是工业生产)做出卓越贡献,并在行业内具有较高知名度和影响力,曾获此殊荣的仅有 4 人。比如,首位将转基因作物引入市场的先驱者、农业生物科技的'教父'孟山都执行副总裁 Robert Fraley 博士。"

此次获奖"其中最重要的研发,就是发现并成功回收草甘膦生产过程中产生的氯甲烷废气,用于有机硅生产,又将有机硅生产过程中的废盐酸精制后用于草甘膦生产,实现了'草甘膦—有机硅'氯资源的绿色循环利用"。

草甘膦是目前广泛使用的除草剂,也是由孟山都研发,种植转基因大豆、玉米的配套农业化工品。有关资料怀疑草甘膦对人体有害。德国莱比锡大学 2011 年 12 月进行的一项研究,证明草甘膦在人类的整条食物链内不断残留积累。所以有建议完全禁用草甘膦。

转基因大豆、玉米及相关产品已是社会大众对食品安全问题的争议热点,我们当天的国际新闻版,做了详尽的国际社会当前对转基因食品的反映和态度,基本上是惧怕、拒绝转基因食品,孟山都、杜邦等美国研究转基因农作物公司广受国人诟病。因此,社会敏感度这么高的一个化工产品,获得了这么一个奖,放在头版刊发,不太适宜。采编稿件时我们要对所报道的新闻背景有尽可能多的了解,这样才会有对刊发报道的准确把握。

使用中国地图要十分小心

2013 年 1 月 30 日 B1、B2 版城市周刊，以"家山万里遥"为主题，通过数个心怀"乡愁"的个体，反映过年时的离乡别绪。其中 B2 版讲述了 3 个人的家乡情结，并配以中国地图表示他们身在杭州与家乡的遥远距离。这几张图不很清晰，南海诸岛未体现，存在很大的隐患和漏洞。

对于在报纸上使用中国地图，国家有严格规定，宣传部门也有明确的宣传纪律。如外交部、国家测绘局《关于严格遵守使用中国地图有关规定的通知》指出："公开出版展示的地图（包括书刊插图，电影电视、舞台设计用图以及展示用的各类示意图），国界线必须按照中国地图出版社最新出版的中华人民共和国地图绘制。应特别注意南海诸岛、中印边界线走向、钓鱼岛以及香港和澳门特别行政区区界的正确画法。"又如省委宣传部、省委外宣办、省委统战部联合发文的《统战宣传报道中应注意把握的有关问题》指出："在制作我国地图时，应注意不要漏掉港澳台和南海诸岛。"

但在 B2 版配的 3 幅中国地图中，南海诸岛均未体现。当晚出版前，检校室校对提出了这个问题，并与版面编辑沟通，版面编辑与照排联系，在南海诸岛上画了些白色的虚线，进行了处理。但从见报后看，由于印刷质量的原因，这些虚线根本无法看清。

此类差错杭报以前也出过，作为政治性差错给报社带来较大损失，希望引起同仁重视。

这张照片不应该刊登

2013 年 10 月 20 日 8 版西湖副刊悦览《台北街头速写簿》，发表了台湾摄影家阮义忠的摄影作品，其中"用力擦亮台北"（图 07　美丽华饭店，1985），在饭店旗杆上出现"中华民国国旗"。虽然是摄影作品，但在报纸上出现这样的标志是不应该的。

"国旗"问题是个严肃问题。根据有关政策，"中华民国国旗"已被视作历史旧物，目前除南京总统府、中山陵、抗日战争纪念馆、历史电视剧等以外，一般情况下不允许公开展示或使用。记者编辑在涉及港澳台及海外方面的新闻采编内容时，应切实增强政治意识，严格遵守新闻宣传纪律，避免引起不必要的麻烦和给报社带来较大损失。

配发地图是很严肃的事

2013 年 11 月 13 日 A10 版杭州湾·财经新闻，介绍了一位推动中美文化交流的企业家，配发了一张用不同颜色区块划分各州的美国地图，先不说这张图画得是否准确，单看这篇报道的内容，似乎没有什么必要用到这张图，而且这张地图除了标注波士顿、纽约外没有任何标注，也没有任何说明，不知道配发这张美国地图有何含义，打算用来说明什么。

报纸配发地图，尤其是涉及国家的地图是很严肃的事。如果是必配不可的图，一定要谨慎行事，精确绘制，上版后应认真核对，以免出错。

几幅"河赛"照片有违政策精神

为推进"五水共治"宣传,从 2014 年 3 月 24 日起,市委外宣办(市网信办)联合本报启动"河赛——杭州最美河道摄影大赛",摄影爱好者踊跃投稿,把镜头对准杭州的江河湖海溪,发掘自然、人文和治水之美,成为"五水共治"宣传中的一个亮点。2014 年 3 月 31 日,本报 16 版推出"'五水共治'特别报道·河赛——杭州最美河道大赛"专版,选登了"河赛"首周读者投稿。从版面看,不少照片角度佳,水平高,令人赏心悦目。但其中也有几幅照片选得不理想,有违有关政策精神,在新闻宣传效果上值得商榷。

其一是左下角的两幅照片,与"五水共治"的宣传主题有矛盾。一是《九溪原韵》,说的是"2011 年 5 月 2 日,杭州九溪,大树溪流加浣衣的农妇,构成美丽的九溪原始韵味"。二是《富春江畔好风光》,说的是"2009 年 7 月 18 日,富阳新桐乡富春江畔洗衣人"。这两幅照片拍的都是在溪边、江畔洗衣服的场景,美则美矣,却煞了风景。此前有报道提到,"五水共治"中的"治污水",需要人人从身边的小事做起,在河边洗衣、洗拖把等,都是陋习。从环保角度看,在河中洗衣,洗衣人都会使用磷含量很高的洗衣粉和洗衣液洗衣服,而磷排放到河道中,会造成水体富营养化,是水体发黑发臭的"元凶"。当前正在进行的"五水共治",其核心就是要保护和改善生态环境,而选登的这两幅照片却在不经意间突出了洗衣陋习,在新闻宣传上是不妥的,是不值得提倡的。

其二是右上角的照片《健步运河》。说的是"2014 年 3 月 22 日,大关桥下,四只小狗与主人一起散步运河边"。这幅照片仔细看,有两处是违反《杭州市限制养犬规定》的。一是从照片中看,画面中央的一只小狗明显没有大人牵着的狗绳。而按《杭州市限制养犬规定》,小型观赏犬在允许出户时间内,必须束犬链,并由成年人牵领,也就是说,遛狗时是要牵着狗绳的。二是从照片的影子中能明显看出,遛狗时间为中午前后,而依据《杭州市限制养犬规定》,允许携带小型观赏犬出户的时间为 19 时至次日 7 时,也就是说,白天是不能遛狗的。由此可见,选登的这幅照片也有不妥。

其三是版面的主图《富春江边晨泳风景》，说的是"2013 年 6 月 18 日，富阳鹳山富春江边晨泳爱好者造就了江边另一道风景"。钱塘江是禁止游泳的，上游的富春江是否可以游泳？安不安全？是否环保？要不要提倡？也存在着疑问。

照片和文字稿一样，传递着多种信息，也是有宣传导向的。因此在选登照片时，要考虑其是否与有关政策精神相符，否则就会在新闻宣传上产生副作用。

"台湾"与"国内"不可并列

2014 年 7 月 24 日 A10 版消费新闻《草席价格贵过牛皮席》第一部分"打了 3.5 折　一床草席仍要 5600 元"第 4 自然段写道:"记者百度后发现,马兰草产自台湾,但一般在国内加工生产,因为这种特殊的草韧性强,且人工耗时漫长,一床草席编织需要约莫一个月时间,所以价格很难再降下来"

这句话有两个毛病:句尾缺了个句号,这个标点不可省;"马兰草产自台湾,但一般在国内加工生产"这里"台湾"与"国内"并列出现不妥当,台湾是中国的一个省,台湾与祖国大陆(或大陆)为对应概念。因此,这句话改"国内"为"祖国大陆或大陆"才准确。这涉及我国领土、主权和港澳台关系,因此新闻采编时一定要小心。

顺便提一句,最近新华社规定第一批禁用词,在时政和社会生活、民族宗教、法律、国际关系、网络语言使用等方面都有具体规范化要求,可找来学习一下,帮助我们正确运用,不出差错。

"国家""民族"这些表述应准确

2014 年 10 月 14 日 A9 版消费新闻《今年"双十一"是星期二 据说当天厕所会很忙》，报道今年"双十一"的一大特色是"买遍全球、全球可买"，其中提到，"220 多国的海外消费者首次可以参与属于全球的购物狂欢"，这里提到的"220 多国"，表述不准确，应该是"220 多个国家和地区"。国家和地区是有明显区别的。国家由人口、领土、政权、主权四大要素构成，得到国际社会普遍承认，享有国际法所确认的权利，履行国际法所规定的义务。而地区通常指中央政府不能直接施政的城市、区域，未取得独立、被他国侵占的区域，或附属的殖民地、属地、托管地，是不具有主权国家地位、未获得国际社会普遍承认的。

在这前一天 10 月 13 日 16 版大视觉，《冬季去长白山、朝鲜采风》，介绍了一条旅游线路，从文中我们得知，这条线路除了去长白山，还要去延边朝鲜族自治州首府延吉市。文中并没有说要去朝鲜，因此标题上的去朝鲜采风就大错特错了，去朝鲜族采风不等于去朝鲜采风，民族和国家是两个概念，报道中涉及国家时，应当慎重。

另外，对"祖国生日"这类说法也当谨慎。2014 年 10 月 3 日 6 版文化新闻，《"我们读诗——祖国我们的表达"诗歌朗诵会举行》，文中"庆祝祖国母亲 65 岁生日，10 月 1 日，FM89 杭州之声携手杭州图书馆文献借阅中心推出……""祖国母亲 65 岁生日"提法不妥，应当改为"新中国成立 65 周年"或"新中国 65 岁生日"。

建设报道惯用的"快思维"该改改了

2013 年 4 月 18 日 A7 版《富阳场口中心镇建设演绎"加速度"》一稿不仅在标题中体现城镇建设"加速度",在文内更是多处提到:"90 天就完成 100 万方土方平整,一个半月完成 5 座电力铁塔……120 天内完成……180 天内完成……200 天内完成所有项目建设。"如此赶工期的报道或许现实中还这么做,但作为党报却不宜提倡。从高铁放慢速度,到各地强调工程追求质量不盲目赶速度,在项目建设报道中惯用的"快思维"该改改了。

民生热点报道要引导到位

2014 年岁末,经国务院常务会议、中央政治局会议通过的机关事业单位养老金与城镇职工并轨可谓热点新闻,从年初全国"两会"代表委员高度关注,到年末正式政策出台,加上这项改革动议之始历时多年,有许多市民百姓表示关切。

本报 2014 年 12 月 25 日 A2 版要闻吴山时评《养老保险并轨,制度公平是根本目标》,A4 版国内新闻《三问养老"并轨"》前后版面做了报道,体现当日本报对此新闻的重视。但读了后面这篇来自新华社的报道,感觉对这项改革实施似乎有所怀疑。

翻阅央媒对这一热点民生新闻报道,感觉比较全面。比如当日"新华每日电讯"4 版每日焦点对此是这样报道的,题目为"机关事业单位养老将与企业'并轨'养老保险制度改革将与完善工资制度同步推进""短评:盼'养老公平',享改革红利""链接:改革成本别转嫁到百姓身上",稿件均来自新华社,报道内容很详细,问题解析很透彻,社会热点引导很到位,整个报道全面而准确。

新华社每日有大量来稿,当遇到重要热点民生新闻,选稿组版要用足稿库资源,考虑全面,使得新闻信息完整准确。

"楼市调控"版面处理偏轻

　　2013 年 3 月 2 日,《国务院发出楼市调控通知,出售自有住房所得 20％计征个税》无疑是条重要新闻。同城报纸除了《浙江日报》(头版导读,5 版要闻头条),其他均以头版头条报道。都市类媒体基本上都是整版解读。《都市快报》《买房的卖房的都乱了,中介挑灯夜战　房东要求撤销挂牌》《钱江晚报》《记者采访杭州房产专家进行解读,房产交易或迎来冰冻期》等都做了本地报道。

　　杭报财经版也做了报道,但在版面处理上却把《陕西科技大学组团来杭参加大学生创业大赛》这条稿子当作头条,国务院楼市调控稿做了尾条,而且仅转载了新华社稿件,缺乏本地报道跟进,新闻没有做足。另外,头版也未做导读,这样处理显然偏轻,也远离市场。

灾难报道有可改进之处

灾难总是突如其来。2014 年，昆明暴力恐怖袭击事件、马来西亚客机失联事件接连发生，引起人们的高度关注，也成为报纸的重磅新闻。本报在昆明暴力恐怖袭击事件发生后，在得到确切消息时，深夜停止印刷厂印刷，果断推掉原定的版面，撤换头版头条，第一时间报道了这一重大事件，消除了社会恐慌，发挥了党报主导舆论的作用，值得称道。马来西亚客机失联事件发生后，本报除在头版头条报道外，3 版整合新华社稿件和本地旅游、保险行业相关消息，进行综合报道。对于这两次事件，国内、国际新闻版也"螺蛳壳里做道场"，每天精心编辑内容，努力增强新闻的时效性和可读性。

但也有读者对本报这两次的灾难报道提出意见，认为后续报道力度不够。这可能与宣传纪律有关。但如果没有约束，本报的灾难报道确有可改进、提升之处。一是在后续的报道中，要做到力度不减，不要在群众还议论纷纷、网络炒得火热时，突然减弱了声音。可以在头版辟出一定篇幅，做些专门的导读，把国内、国际新闻版的重要内容引入到头版，从而保持热度，回馈读者的关注。二是根据事件进展和新闻延伸，适当扩大国内、国际新闻版面，如扩大到两个版，充分报道灾难事件。三是做好落地新闻，结合灾难事件，挖掘与本地有关联的新闻。

对"7·5"公交事件报道的一点看法

2014年7月5日,公交车被人放火燃烧,造成车上乘客严重烧伤的重大突发事件,成为本报7月上旬报道重点。从6日至12日的6天当中,本报几乎每日以组合式版面聚焦事件进展、政府有力组织善后和社会多方积极反应,每组报道紧紧抓住"最美"主题,以现场救援、29名伤员救治、案件侦破公布及城市应急反应等方面依次展开,再一次充分展现了市民群体、医护人员、公安干警的美好形象,让杭州"最美"又一次向全国展示并有效传播。

但还有美中不足的地方,可能是因为这次"7·5"报道开始就定下"最美"主基调,我们对突发事件中有些细节方面有所忽略。首先是6日2版的言论标题"这一夜,祈祷与振奋"。虽然言论中说得很清楚,为"在灾难面前,在危急关头,这座城市表现出的……大无畏精神"所振奋,言论也写明"我们为伤者们祈祷",但是无论如何,这一夜杭城突遭灾难,这一夜有29个无辜群众严重烧伤,躺在医院,在这样的报道中言论以振奋为主题,似乎有些不妥。其次是对与"最美"不相关却是主要的新闻内容有点忽略。如,对29名伤员的基本情况,他们救治烧伤过程的动态新闻基本没有顾及。但他们是这次事件的直接受害者,同时也是新闻核心信息之一,政府已经给予了全力的帮助和关心,全社会都非常关注他们的信息,我们不能忽视了对他们的报道。比较快报"7·5"事件报道,一个突出的特点就是对29名烧伤者的持续报道,7日A6版特别报道整版推出《29名住院病人受伤及救治情况》,把每个伤员的基本情况和受伤治疗情况一一报道出来,后续几乎每天都有这方面的持续报道,而且安排版面也不小。

地方党委机关报是一个城市发生重大突发事件时舆论场中的定海神针,虽然新媒体信息纷繁,时效神速,但是市民获取准确信息还要从第二天的报纸特别是党报上看。因此,党报的角色定位没有变,我们应坚定和自信,把报道做得更加完美,更加出色。

出租车事件报道有些弱

2013 年 1 月，杭城的一个重大新闻事件是"杭州出租车又被吐槽"。

相对各报报道，杭报报道有些弱。这除了认识上的原因，各部门没有良好配合，在版面上没有形成合力也是一个问题。

近些年对于杭州出租车市民意见较大，宰客、议价、绕路和高峰打不着车等等乱象长时间未能得到根本性整治，因此政府出手整治符合民意。同时出租车是一个城市的名片，杭州出租车行业形象关乎杭州城市形象，也体现着杭州的软实力。对于这个本地的社会热点，杭报如果精心策划，重拳出击，既配合了市委、市政府的中心工作，又体现了民意，还能树立党报的威信，没有理由引导缺位。

快报《当年朱镕基时任市长铁腕治理出租车市场》《上海出租车体验式》报道和上海管理经验等组合式报道；《钱江晚报》《杭州出租车全中国最差，言之过重》《杭州的士到底得了什么病》《四张药方，治好上海五万的士》等连续报道，都做得有声有色、声势浩大，短时间内形成舆论热点，产生了较强的舆论引导力。

反观杭报，2013 年 1 月 30 日 A2 版吴山时评栏目《心痛，不如行动》的评论，力度不够，有隔靴搔痒的感觉，更遗憾的是下面紧跟一篇市交通局的工作性报道。杭报与交通局有发行合作，做好交通宣传也是理所当然，但这样编排显然忽视了读者的感受。

牙膏说法早有辟谣

"购买牙膏时要留心注意牙膏管的底部,会发现有一条彩色短线,这条彩色短线会有'绿、蓝、红、黑'4 种不同颜色。这些彩色短线是有含义的,绿色代表纯天然成分,蓝色代表天然和药物成分,红色代表天然和化学成分,黑色代表纯化学成分。"2015 年 4 月 6 日 2 版市民大学堂"牙刷牙膏的选择"小节的文内这样写道。

正好读者杨女士前两天给父母买了支管底部带有黑色短线的牙膏。杨女士父母看到这个报道,就对她说"买牙膏不细心,现在用了很不放心"。杨女士解释凭牙膏管底部的短线颜色选择牙膏不是这么回事情,尽管用就是了。"现在杭报上都这么登了,我们该信谁?"两位老人说的气话让杨女士很郁闷。

对此事,杭州皎洁口腔保健用品有限公司生产技术人员指出,牙膏的成分跟底管的颜色条没有任何关系。事实上这个条是牙膏生产流水线上机器识别用的,它的功能只是识别和定位。他说,"前两年不是电视报纸还有专门对这事的辟谣嘛",叫大家不要相信这个不靠谱的说法。

查找新华社、央视等权威媒体,曾在 2014 年 12 月 8 日新华网"网传'膏管底部色标代表牙膏成分'说法不靠谱",和 2014 年 1 月 8 日央视网"央视焦点访谈辟谣牙膏底部颜色条代表着什么?"做过相关求证解释性报道,中国口腔清洁护理用品工业协会、国际食品包装协会等单位相继出来表示,牙膏管底部的色标俗称"电眼定位点",是产品制作完成后软管自动填充、封尾机定位感应时使用的,牙膏软管里充好牙膏后,机器感应到颜色点会自动封住软管,这在印刷软管类包装时很常见,与产品的成分无任何关系。

可见,杨女士对我们报道中提到的"购买牙膏时要留心注意牙膏管的底部,会发现有一条彩色短线……"的说法进行指正不无道理。新媒体当下发展迅速,但党报在老百姓心中的那份信任还在,市民对新媒体的信息真实性常存疑惑,但对杭报的报道心里充满着信任,这是读者对几代杭报人经年努力付出的肯定。因此,采写编发新闻报道或引用来自网上的内容时,一定要有敬畏心和责任感,所发新闻需要多方求证,事实细节需要反复核实,力求新闻发布真实权威。否则,不仅误导读者,而且有损杭报品牌形象。

敏感时期慎发倾向性明显稿子

2013 年,加多宝和王老吉的红罐之争影响较大,2013 年 5 月 15 日,这个被称为"中国包装装潢第一案"的案子在广东高院开庭审理,当天法院未做出判决,双方都各执一词,认为自己有道理。2013 年 5 月 24 日 B4 版美食,却有一篇倾向性非常明显的稿子——《没有加多宝就没有红罐凉茶》,立场完全站在加多宝一方。也许这是一篇跟经营有关的软文,但在报纸的非广告版上出现,十分不妥,尤其是在双方正在打官司等待判决的敏感时期,极易惹来麻烦。在敏感时期发倾向性太过明显的稿子,应当慎重。如果非发不可,那也必须发在广告版,不能出现在新闻版或是专版等非广告版上。

为动物招"保姆"报道太大

  2013 年 5 月 16 日 B1 版都市新闻《杭州动物园招聘，亲，你敢来吗?》的报道，算不上什么大新闻，版面却搞得过大，占据了三分之二的版面，加上题图压上一只老虎，是不是太重了些? 虽然版面较有形式感，但形式要依靠内容，内容是根本。形式大于内容的报道不太恰当，好的内容配上合适的形式，才相得益彰。

"民警吼孩子"不值得报纸肯定

"再哭！再哭警察叔叔就把你抓起来！"这是 2013 年 8 月 13 日 B2 版热线·实时新闻《4 岁男孩被救后一直哭 民警怎么劝都没用 副所长一声吼，不哭了》报道的情节。对一位才 4 岁还不懂事的小孩子，用这样的言辞"恐吓"是不合适的，更不值得报纸肯定。

这则报道是说余杭中泰新南湖绿苑小区一位 4 岁男孩，被上班去的家长反锁在屋内看电视，后来弄开玻璃移门跑到二楼阳台上哭着找妈妈，身子还踩着凳子探出阳台，出现险情，中泰派出所接警后，民警在还不够长的梯子上"叠罗汉"把小孩救下。虽然小孩安全了，但他还是哭着喊着叫"妈妈"，年轻民警怎么也劝不好，派出所副所长虎着脸，对着 4 岁男孩子一声吼："再哭！再哭警察叔叔就把你抓起来！"报道说："这招很管用，小孩当时就收声了，几颗泪珠子还挂在脸上。"

看完这则报道，却感到不是滋味。一是孩子才 4 岁，还不懂事，哭个不停叫"妈妈"，也是孩子的自然反应，民警这样吼，是不是会伤害孩子幼小的心灵？二是记者"称赞"民警这招"很管用"，也有失偏颇。从另一个角度说，民警的态度也够生硬的。哄哄 4 岁的小孩子应该有很多的办法，但最后却用"恐吓"来解决，说明民警的工作方法也是有欠缺的，特别是不值得报纸"肯定"。三是如果家长读者看到这样的报道，想想假如自己的小孩被警察这样吼，心里会不会不舒服？

社会新闻有些情节很生动，但在报道中也要做点具体分析，把握导向。

汪峰能否上头条没必要炒作

2013 年 11 月，歌手汪峰上头条的事被炒得很火，单是本报就做了四篇稿子，有点过了。2013 年 11 月 14 日文化新闻娱评《对不起，您又只能放尾条了》，介绍了汪峰上不了头条的背景；2013 年 11 月 15 日都市新闻《嘿新闻又玩新花样》里再次介绍了汪峰屡屡上不了头条的背景；2013 年 11 月 17 日，悦览的博乐版块里，又一次以《出门问雨神，头条问汪峰》为题，把汪峰上不了头条作为调侃对象；2013 年 11 月 21 日，体育新闻版《让朱骏来教汪峰如何上头条》又一次把汪峰上不了头条拿来开涮。虽然此事是这段时间的网络热点，但如果屡屡把这件事拿出来说，显得报纸格调不高，而且也容易让读者产生审美疲劳。

高考政策新闻解读不够

2014 年 12 月 16 日,教育部发布了两个高考改革的重要配套文件,浙江同时也是列入这次综合改革的试点省,杭城各家媒体 12 月 17 日做了大版面的新闻。

本报 A16 版教育新闻做了《未来普通高中学业水平考试怎么考?(主标题)教育部出台高考改革配套方案 学生可文理兼修、文理兼考(副标题)》的报道。快报 A10 版教育大汇的新闻副标题做得很细:原则上高一考 2 个科目左右,高二考 6 个科目左右,高三考 6 个科目左右。一些高校招办主任透露,针对浙江考生的选择科目预计明年三四月份公布。商报 16 版教育新闻明确做出了新方案实施时间为 2017 年,从"统考"变"选考",学业水平考试覆盖全部 14 科,除语、数、外可自选三科计入高考总成绩。而且,新闻内容通过新旧高考实施比较,提炼出了四个方面变化,读后对这次改革主要内容、两个重要配套文件内容解析得清清楚楚。

本报主要以两个配套文件的文本展开新闻内容,重要的信息文内也提到,但从新闻标题,政策落地及新闻展开三方面来看,快报、商报的操作手法有我们值得借鉴的地方。对重要新闻、市民关注度高的新闻,应突出对重要信息加工制作,从考生与家长的角度考虑问题,设计新闻内容与版面,达到信息高效传播。

尽量不要出现这些负面评价

2014 年 6 月 25 日 B4 版教育新闻，《哪些问题是考生及家长最纠结的？本报帮你一一梳理》，其中在选学校还是选专业的回答中，专家说可以"适当结合父母所从事的行业，为孩子以后就业攒一些人脉资源和铺一些关系网"。社会上确实有这样的讲关系看人情的陋习，但在报纸上尤其是我们党报上公然宣扬这种观点，有些不妥，而且也容易引起读者的反感。

另外，本篇报道在选外地高校还是本地高校的回答中，称"有的'活宝'不读书，每学期挂科，即便进入一所好学校，也是要被退学的"。用"活宝"来指代差生，带有贬义，这样的负面评价出现在报纸上也十分不妥。

独轮车报道有些偏颇

2014 年 10 月 10 日 B6 版旅游新闻,《杭城有批"独轮旅行者"》介绍了一种新兴的休闲产品——电动独轮车。2014 年 8 月 19 日,本报消费新闻也做过同样题材的报道,该报道中有一段说:"记者从交管部门得知,电动独轮车是新生事物,目前还没有相关法律法规对其进行监管,和旱冰鞋、滑板、'死飞'一样,属于玩具,不属于交通工具。《道路交通安全法实施条例》第七十四条规定,行人不得在道路上使用滑板、旱冰鞋等滑行工具。这种电动独轮车,虽然有较弱的制动效果,但并未被法律确定是交通工具,所以在具体操作中,这种独轮车应和滑板等属于同类,不应该在道路上行驶。"可见,电动独轮车是不能上路行驶的。但在本文中,这一点并未明确指出,只是提了一句"现在独轮车还是一个相对小众的东西,也有很多人担心它的安全,还有'上路'的问题",更多的还是对独轮车上路持提倡和鼓励的态度,本文不仅报道了一位旅游达人踩着独轮车丈量川藏线的事迹,还介绍了杭州骑行者"从音乐喷泉,到苏堤、断桥,环西湖刷,这是我们'刷街'的经典路线",甚至还介绍了一位"一直骑独轮车代步上班的方先生"。

当然,媒体在报道时,确实可以对新事物或有争议的事物做出自己的判断,有自己的立场,比如电动独轮车有很多好处,在文中有充分的展现,但毕竟独轮车目前还是不允许上路的,我们大张旗鼓地宣传它的"违法"行为,却不提它目前尚不符合国家相关法律法规的事实,就有些偏颇了。

有必要贴上"白领"标签吗？

2014 年 11 月 27 日 B2 版热线新闻,《高架上建起公交快线,开启提速治堵的新思路》副题"天都城前往杭州大厦的白领早晨能多睡会儿"和第一个小标题"535 路公交车:全长 23 公里,白领乘客渴望提速",这里出现的两处"白领"完全没有必要。难道普通农民、蓝领工人或是离退休老人就不坐这趟公交车了？ 就算是"前往杭州大厦的",也不一定要特别指出其白领身份,还是统一称"乘客"为好。这是一篇介绍市政设施的新闻报道,对公交车的乘客就不要人为地贴上"白领"的身份标签,用中性词比较好。

使用网络内容和语言需注意格调

近段时间融媒体版有较大变化,可读性增强,内容较活跃,但需注意格调。比如 2013 年 11 月 25 日 16 版融媒体,"还有这些好看"的区块,"前男友现在与我暧昧,我要不要把他追回来?""'钟点丈夫'正走红"等两个城市生活资讯,内容格调倒也算不上低下,前一个述说与前男友四年来分分合合,纯粹私事,后一个其实也就是提供修理水龙头、更换插座的家政服务,但两个标题做得太夸张,实在有些"暧昧"。

《杭州日报》是党报,我们需要提高可读性,但是我们是否要照搬网络的手段,是否需要用这些噱头来博人眼球?《杭州日报》正在打造全国一流,最有品位的新型城市党报,如何实现内容丰富、格调高雅,是值得探索的课题。

2013 年 11 月《新闻阅评动态》对《杭州日报》使用"带有低俗恶搞含义的网络语言"提出批评,现摘录如下,希望引起大家重视。

之前的 11 月 6 日(2013 年 11 月 6 日),《杭州日报》城市周刊 B6、B7 版,以两个整版篇幅,报道了光棍节前后杭城商界的经营竞争状态。这本是好事,无可争议,但报纸两个大版多篇文章,均不加筛选地以网络低俗文字"屌丝"为标题津津乐道。如"土豪盯上屌丝""屌丝们,和土豪做朋友吧"等。看似时髦,实为媚俗。无独有偶,更早几天的 10 月 29 日的《杭州日报》A13 版"财富、健康"新闻,也以同样的网络文字作为标题:《网络空间刮起金融旋风、群雄逐鹿"屌丝"理财市场》。

何谓"屌丝"? 同是《杭州日报》11 月 6 日 A6 版城市周刊《得屌丝者得天下》这篇文章指出:"从社会阶层分析,屌丝其实就是普罗大众,如打工者、小白领以及上班族,人数上占优势,但地位上边缘化。与此相对的应该是高富帅。也就是说,所谓屌丝,其实就是活跃在网络上的普通劳动阶层老百姓。""屌丝"一词的出现,是网络时代一些网民的创造,代表这些网民的情绪和感情色彩,所以为许多网民所接受,并成为某些人心中的时髦词汇。但是,在中华民族几千年的文化里,在中国人根深蒂固的观念里,"屌丝"毕竟是一个低俗的词汇,一些传统的词典里,甚至没有录入。因此,在像《杭州日报》这样一家严肃的党报上,频频出现这样的文字,总是会让人感到别扭和不雅,采编人员存在有意迎合部分网民的嫌疑。而对比中央的一些主流报刊,类似"屌丝""土豪"这样的低俗网络用词很少看到。

应自觉抵制低俗不雅词语

随着微信、微博等新媒体的普及,网络与现实生活正在深度融合,原来还囿于网络小圈子的网络语言也迅速传播开来,成为人们日常生活中的新词新语,丰富了社交生活。如"给力""高富帅""吐槽""宅男"等,都已被广为接受,甚至有些还走进了词典,丰富了现代汉语。分析一下网络语言,有些通俗易懂、生动形象,是对汉语字词的传承创新,因此也受到人们的喜爱。就连习近平总书记在元旦献词中也使用了"点赞""也是蛮拼的"等网络语言,弘扬正能量,给人留下深刻印象。但也要看到,有些网络语言不合语法、晦涩难懂,难以成为主流,如"十动然拒""人艰不拆""男默女泪"等,昙花一现的概率较高;而有些网络语言则低俗、不雅、恶搞,如"屌丝""二逼""小鲜肉""撕逼大战""约吗"等,有违社会道德规范,难登大雅之堂。

所谓"春江水暖鸭先知",正在与新媒体深度融合的报纸,在吸收使用网络语言上"也是蛮拼的"。翻看本报,"小伙伴""任性""卖萌""萌萌哒""涨姿势""也是醉了"……纷纷走进各个版面的文字里,丰富了报道语言,也贴近了读者,值得"点赞"。但同时一些低俗不雅词语也掺杂在一些报道中,带来了负面影响。如2014年12月25日A15版旅游新闻《如此味道 2014年刷爆朋友圈的十大美食事件》,在"日料打擂台"一节:"高逼格的日料店带来的不仅仅是价格的震撼……"2014年12月27日12版文化新闻《央视开年大戏走"谍战"风》:"剧中黄渤一改以往的屌丝搞笑形象,饰演举止儒雅、善于计划的角色……"2014年12月29日B7版文化新闻《陈导,你这么挺徐克他知道吗?》:"80后鬼才导演掌镜,小鲜肉鹿晗首秀……"

要知道,"逼格"一词源于恶俗的"逼"字族,从京骂"傻逼",到"牛逼",又衍生出"苦逼""二逼""穷逼",如今又有了"逼格""撕逼大战",正如"屌丝"一样,是拿人的生殖器官来造词恶搞。而"小鲜肉"一词,同样"出身"不好,一说是以往富婆招引男妓时对年轻肌肉男的称呼,一说来源于日本的色情片,而在网络上却被引申为年轻、帅气、有肌肉的新生代男演员的称呼。不管如何,光看字面,就觉得颇为不雅。《咬文嚼字》评选 2014 年度十大流行语,就拒收"小鲜肉""约吗""逼格"等热词。《咬文嚼字》执行主编黄安靖表示,收录流行语主要考虑三个方面的价值,时代价值、语言价值和社会价值,因此要弘扬正能量,而"小鲜肉""约吗""逼格"等词语低俗不雅,不符合社会道德规范。

因此,作为党报,对网络语言更要"取其精华、去其糟粕"。对在网民中兴起并流行的词语,记者、编辑不应全盘吸收,不加区分地使用。对于通俗易懂、生动活泼,或属中性的网络语言,可以"拿来"丰富报道语言。而对于低俗、恶搞、不雅的网络语言,则应自觉抵制,把好宣传语言关,不让其"登大雅之堂",以免对读者,特别是语言鉴别能力不强的青少年造成负面影响。

别让这 25 个(组)词污染报纸

前面曾在审读报告中提到过,作为党报的记者、编辑,应自觉抵制低俗不雅的网络语言,如"屌丝""逼格""小鲜肉"等,把好宣传语言关,不让其"登大雅之堂",以免影响党报的声誉和媒体的格调。经过审读报告的提醒,近期杭报上那些低俗不雅词语确实少了。这也说明,大家对抵制低俗不雅词语还是有共识的。

但网络的影响也时刻都在,虽然"屌丝""逼格"不见了,但又有新的低俗词语在报纸上出现。如 2015 年 6 月 10 日 B4 版文化新闻《何老师虽然没来 大家还是玩嗨了 电影〈栀子花开〉主创与浙大学子互动》,文中提到,"电影讲述了一个关于梦想的故事,走的是题材很励志,过程很逗比的路线","分享自己的'逗比往事'是拉近距离与活跃气氛的最好方式","好好的电影宣传愣是变成了一场盛大的'逗比同好会'",这里多处提到的"逗比",就是个网络低俗词语,位居人民网发布的 2014 年度网络低俗语言排行榜第三位。

就在 2014 年 6 月 3 日,人民网舆情监测室发布《网络低俗语言调查报告》。报告显示,按照原发微博提及量排行,"尼玛""屌丝""逗比"位居 2014 年度网络低俗词语排行榜前三。在这份排行榜的榜单中,总共列出了 25 个(组)词语,都是网络上经常看到的。我们来看看这份网络低俗词语榜单:1.尼玛;2.屌丝;3.逗比;4.砖家/叫兽;5.艹;6.你妹;7.装逼;8.草泥马;9.我靠/我擦/我肏艸芔茻;10.妈蛋;11.逼格;12.特么的;13.撕逼;14.滚粗;15.蛋痛;16.小婊砸;17.傻×;18.跪舔;19.绿茶婊/心机婊;20.碧莲;21.碧池;22.土肥圆;23.你 M 的;24.矮矬穷;25.焚蛋/坟蛋。

这份报告还指出网络低俗语言产生的四大途径。一是生活中的脏话经由网络变形而受到广泛传播,例如"草泥马""尼玛"等词语同音利用;二是词语因输入法运用而呈现出象形创造,例如"艹""我肏艸芔茻""我凸(艹皿艹)";三是英文发音的中文化、方言发音的文字化使网络低俗语言不断翻新,比如"碧池""逼格""滚粗";四是网民自我矮化、讽刺挖苦的创造性词语,如"屌丝""土肥圆"

"矮矬穷""绿茶婊"等。这些也为我们分辨低俗词语提供了路径。

报告还特别指出,网络语言低俗化向部分纸质媒体转移已有显现。如国内有媒体就出现这样的文章:《绿茶婊只是明骚 女汉子才是暗贱》《马年将到 "草泥马"给您拜年了》《让明星情侣"撕逼"飞一会》等,无禁忌地使用网络低俗语言,对女性不自觉的歧视,反映出部分文化载体无视社会责任的恶俗狂欢。这也再次提醒我们,对网络低俗语言,要肩负社会责任,按照"打造全国一流、最有品位的新型城市党报"的要求,继续认真、自觉、坚决抵制,以好文风、高品位回馈读者。

"全国首个"这类词应慎用

2014年8月26日A8版区县(市)新闻《建立全国首个健康产业集聚区(引题)桐庐"两大规划"助力健康产业发展(主标题)》的报道,把桐庐将规划建设的健康产业集聚区誉为"全国首个"。文中也说:"2013年11月经杭州市人民政府批复,该县率先在富春山居图实景地建立全国首个健康产业集聚区——富春山健康城。"众所周知,近些年来全国各类名目的开发区、产业集聚区、产业园等已是遍地开花,桐庐居然还能建立"全国首个"健康产业集聚区?令人生疑。

为求证,立即上网搜索一下。首先映入眼帘的就有一篇中国新闻网2012年9月11日的报道《"中国药都"倾力打造世界先进的健康产业集聚区》。报道说,从2008年起,辽宁省本溪市利用中药资源丰富的优势,在沈阳经济区的沈溪新城规划建设了60平方公里的"中国药都"产业园,发展生物制药、医药器械和健康服务三大产业,经过四年发展,众多医药百强和上市企业签约落地,成为国内最大的生物医药产业集聚区。该省有关负责人还介绍,"中国药都"将以生物制药及疫苗、医疗器械、高端仿制药、现代中药、医用耗材、食品保健品、化妆品、健康服务"八个园区"为载体,通过预防保健、疾病诊疗、康复养生、咨询服务"四个层面",倾力打造健康产业集聚区。在这篇报道后面,还有青岛等地建设健康产业集聚区的报道。如此看来,所谓的"健康产业集聚区"早已不是什么新鲜事。当然,桐庐的健康产业集聚区有自己的特色,注重生态养生、运动休闲等,但以此就说自己"全国首个",就有点过了。

由此也联想到2015年11月新华社发布的第一批禁用词中提到:报道各种事实特别是产品、商品时不使用"最佳""最好""最著名"等具有强烈评价色彩的词语。同理,我们在报道中也要慎用"全国首例""全国首个""全国第一"等带有绝对色彩的词语。如果是权威部门的权威认定,最好要加个说明。否则,常看到这类夸大其词的报道,有损党报的公信力。

"最"字出现太多伤了新闻

　　2013年11月11日4版第十五届中国杭州西湖博览会特刊,关于2013亚洲设计管理论坛揭晓的报道,标题制作到位,图片内容时尚,但版面上用"最"字修饰的语句太多,如:"梁志天,香港最著名的设计师和设计公司创办人。""但是作为香港最有影响力设计公司负责人……""邓成连,台湾最早的设计管理研究专家、教授。"还有"最强参会嘉宾阵容,业界首次的小标题"等,不一一而举。

　　新闻报道尽量少用"最"字,因为"最"是最难衡量的。这样写也许迎合了客户,但会伤了新闻,伤了报纸。

提炼标题应避免产生歧义

2016 年 7 月 11 日 3 版《中央巡视"回头看"老问题为何这么多?》文内有个小标题"整改落实不力 中央决策部署不坚决"处理得欠妥,易产生歧义。

中央这次"回头看"巡视相关省份,发现各地均有对上轮巡视整改不到位的情况,违规经商、"雁过拔毛"、干部"小圈子"、违规用人等一些老问题屡巡未改,中央提出了对巡视发现的问题相关省市如何整改落实到位的问题。

如果按这个小标题"整改落实不力 中央决策部署不坚决",易误解为问题没有得到及时解决原因在"中央决策部署不坚决",这样提炼的标题显然不准确,文内没有这层意思表示。而报道要表达的是相关省市对中央的决策部署不坚决,而"相关省市"这个主语又没有出现。标题的提炼要准确表达内容,要避免因考虑字数而产生歧义。

漏水的病根不能归结为拆违

2016 年 6 月 5 日 3 版，《违建被拆除，却落下漏水的病根（引题）大关东八苑这些顶楼人家如何"安全度汛"？（主标题）》的新闻，较大篇幅报道了大关东八苑一些住户的揪心事，但引题"违建被拆除，却落下漏水的病根"提炼得欠妥。

新闻当事人姜女士说："拆违我们完全配合，顶楼会漏水，这和之前上面加盖阳光房、雨棚有关，现在违法加盖的部分都被拆了，家里却成了水帘洞。"

报道后面的"大关街道副书记顾建强解释，大关东八苑的房子建造于 20 世纪 90 年代，防水工程确实存在问题，为此，拆违之后，接到（街道）在房顶采取了补漏措施。"

从新闻所报道的内容看，顶楼漏水与房屋本身的防水以及乱搭乱建有关，拆违后暴露了这个问题。但不能把屋顶漏水一事怪罪到拆违身上，得出"违建被拆除，却落下漏水的病根"这个结论，更不易做在标题上。当前各级政府大力推进拆除违法建筑，新闻舆论应该做好引导，否则，报道主题就会偏离党和政府的重点工作，当引起相关采编人员的注意。

专项整治行动与严打有区别

2016 年 4 月 27 日，B2 版《催熟的空心草莓，塑料的"珍珠项链" 景区城管严打路边无证流动摊贩》的报道，导语："为维护游客权益，一个月来，西湖景区管委会景区城管执法部门持续严打各类无证流动摊贩。执法过程中，一些案例颇有典型意义，希望能在'五一'小长假前，给市民和游客一些提醒，切莫上当。"标题、导语都用了"严打"这词。在小长假来临前，城管执法部门治理旅游消费市场乱象，营造西湖景区放心消费环境，用上"严打"一词，有些不妥当。

"严打"是个较为特定的中国司法名词，为"依法从重从快，依法严厉打击刑事犯罪分子活动"的简略表述。严打指打击严重刑事犯罪的活动，不等同于对无证摊贩的整治，该报道的后半部分新闻背景交代明确："据悉，3 月 1 日起，景区执法局正式实施'十大行动'，成立'十大行动'专项整治小组。无证摊贩治理组是专项整治小组的重要组成部分。通过一个多月的强力整治，中国茶业博物馆附近的无证摊贩从最初的 30 多人，到现在已基本不见踪影。"可见，这只是政府行政执法部门开展的专项整治行动，与公、检、法等国家司法机构展开的依法打击刑事犯罪活动有区别。采编在编写导语、标题制作时不可随意使用较为敏感的司法名词"严打"。

有的社会新闻需要舆论引导

2017 年 2 月 17 日,9 版《这个叛逆期女孩藏着多少心事?》关注一名处于叛逆期的 13 岁女孩,两次逃学出走被学校视为自动弃学,"闲在家里无事可做"的窘境。报道采写深入细致,有孩子家庭、学校、家长、教育工作者等多方面细节描述、现实问题反映,新闻加了"编后语"更显媒体对问题孩子成长的关心,读来令人印象深刻。

但是整个报道读下来总觉得缺了些什么。当笔者读到当天 10 版的小栏目"评论城事通新闻"其中这条内容,过客(网名):"人非圣贤,孰能无过?再说小孩子谁不调皮,能改就好。孩子的学习耽误不起。还是尽快让孩子回到学校。"——《"她曾拿刀划破别人衣服!"杭州五年级女孩被开除称其太调皮》。

原来,这样的事情还不是个例。随之,笔者脑袋里观点就冒出来:现在有的学校是不是有些任性,随意就可以将孩子视为自动弃学或开除。

实际上,从社会管理角度看,国家法律对学校的这类任性行为是有约束的,保障孩子完成九年制义务教育在《义务教育法》里有专门规定。可见,中小学动不动将问题孩子"视为自动弃学或开除"的做法很不妥当,如此任性有可能毁了孩子,把问题孩子最终推向社会。舆论引导作为权威媒体应有之责,在新闻报道中不能缺位,对这些任性学校需要做点适当批评,督促教育行政部门重视解决此类不应该发生的事情,这样整个报道效果更显到位。

理念

让报纸
重获尊重

　　一家报纸的办报理念是在长期的实践中，甚至在几代人的历练中逐步形成的。每一家报纸都有每一家报纸的办报理念。

　　那么，我们的理念是什么呢？

　　在新媒体快捷、开放、随意、娱乐的氛围中我们审读了四年，这个问题时时拷问着我们，随着审读的深入，这个理念也在我们的头脑中逐步清晰起来。

　　我们不会因为追求经济效益，而放弃社会担当，历史责任；我们不会因为追求可读，去迎合低俗，哗众取宠；我们不会因为追求时效，而潦草应对，弄虚作假。

　　一切都应是准确无误的，我们的观点应该是准确无误的，我们的事实应该是准确无误的，我们的知识应该是准确无误的，我们的文字应该是准确无误的，我们的标点应该是准确无误的，我们的版式线条也应该是准确无误的。

　　这一切来自于我们严谨、认真的工作态度，这一切来自于党报实事求是、求真务实的工作作风。这一切形成了党报的权威，在读者中产生了崇高的威望。

　　仅仅有这一些还不够，我们还需要品位，还需要卓越。党报要关注人民大众的痛痒，为人民大众的利益鼓与呼；党报要传播有益的知识，让读者得到文化的涵养；党报要愉悦他的读者，让读者得到精神的享受。党报应抛弃一切不受读者欢迎的缺点和陋习：麻木、枯燥、说教、没有人情味。

　　看上去有些崇高，每天面对的却是这些细小的考验："报纸是一个整体，新闻需要整合"；"广告也是报纸内容，字号太小影响形象"；"省重要人事变动应有报道"；"领导活动报道标题也应多点'群众观'"；"新型城市党报要有开放的胸怀"；"做好名词解释就是服务读者"；"灾难报道要体现家乡报纸的人文情怀"……这点点滴滴的后面就是我们的追求，我们的情怀。

　　似乎有点不合时宜，甚至有点顽固守旧。但这正是我们的优势所在，希望所在。在成百上千真假难辨、庸俗难耐的自媒体、公众号信息洪流中，一张权威的、亲民的、可读的报纸将重新受到尊重，重新获得追捧。

　　只是我们还有很多需要改进的。

报纸是一个整体，新闻需要整合

2013 年 2 月 23 日，有两则《交警接力，为幼儿开启生命绿色通道》的稿子，分别发在头版和 5 版，头版还配发了言论。言论中提及了 5 版这则新闻，这样处理弥补了一些新闻时效上的缺憾。因为发在头版的新闻是前天也就是 21 日发生的，同样的报道其他媒体都在 21 日发出了，连央视《新闻联播》也播出了；而发在 5 版的新闻却是当日发生的。如果能将两则新闻整合考虑编发，将 5 版这条新闻发到头版，再整合那条相对过时的新闻，配发言论，这样效果会更好一些。

同样，2013 年 2 月 25 日区县（市）新闻（6 版）整版和大视觉（12 版）小半个版都做了元宵灯会，两个版面都是以图片为主，表现的都是杭城各地的灯会，如果可以整合在一起，既能节省版面资源，图片还能好中选优，版面会更漂亮。

当然，说说容易做做难，这涉及两个部门，整合需突破部门界限，谈何容易。但是报纸是一个整体，读者看报纸只看阅读效果，不会考虑你们是两个部门还是三个部门，所以碰到相同新闻题材，我们还得整合。这是一个老问题，也是一个新课题。

广告也是报纸内容，字号太小影响形象

近日，有位集团评报员在集团网站上反映了一位老年读者的意见。这位老年读者说："今天(2013 年 3 月 2 日)杭报 3 版的《停电预告》，那么小的字，我们根本看不清，效果不好。其实，这种看不清的'预告'，不告也罢！"

这确实是个问题。广告版面字体太小的现象大多是公告类，这类广告好像是走形式，而读者看不看得清无所谓。如 2013 年 3 月 9 日 2 版《停电预告》、3 月 10 日 4 版《杭州市房产转移、权属登记征询异议公告》、3 月 12 日 A12 版《关于杭政储出〔2012〕17 号地块商品住宅(设配套公建)项目环境影响评价文件行政许可受理情况的公告》等，有些字号比 8 号字还要小！密密麻麻，需要放大镜才看得清。

出多少钱登多大广告是客户的自由，但有一个前提，不能损害报纸形象和读者利益。报纸是一个整体，广告的形象也影响到报纸的形象。那么小的字号既与整个版面不协调，也妨碍部分关注广告内容的读者阅读。

建议广告部能认真研究一下，给公告类广告的字号设个底线，不能小于某号字体。(目前新闻版字体为"新报宋 6 号")。广告接稿员要对刊登通栏内的广告字数予以限制，超过字数的要与刊登单位沟通，或者建议删除点内容，或者建议扩大刊登面积。

软文也应做得很新闻

2013年4月29日6版财经·国际新闻头条，标题为《"迷你电梯"节能六成还能省空间》的报道，读后感觉就像产品介绍，不是新闻报道。

该报道通篇围绕西子奥的斯公司推向市场的一款适合高层住宅的小型普通电梯产品做文章，里面用了"全新高端节能""前瞻性""最佳选择""量身定做""更具优势""非常适合""自我超越""创新""绿色""领袖企业"等广告用语，读之乏味。

这可能是篇软文宣传稿件，但即使是软文类稿件也应该认真采访，努力挖掘有价值的信息，也可以做得很"新闻"。2013年4月3日B7版的专题《塘栖：这里好亲切》，是宣传推介贝利·栖溪望府楼盘的一篇报道，也同属软文类稿件，但文字优美，图片美观，版面清新，赏心悦目。这样的软文不仅客户满意，于读者也是有可读性的。

随着报业市场竞争加剧，软文宣传稿时有出现。软文如何做得像新闻，如何做得好看，在满足客户需求的同时也满足读者的需求，值得我们研究探讨，也值得我们努力提高。

党报也应掘新闻

2013年3月25日，本报要闻版推出了滨江高新区创新经验的组稿，第一篇《创新，高新区生存与发展的魂》，报道角度非常宏观，里面既没有典型企业，也没有相关的人，更没有生动的细节，除了数据就是领导大段大段地介绍工作经验。再看快报，同样也是滨江高新区的系列报道，25日也是第一篇《创新了，不一定有成果 不创新，就一定没有成果》，它围绕一家最具代表性的企业——杭州华三通信技术有限公司做文章，介绍"智慧城市"的概念以及"智慧城市"给人们生活带来的各种变化，再配上生动的漫画。显然后一篇报道更可读、更吸引人。

这则稿件无疑是配合稿件，但配合稿件是否可以做得可读些呢？要改变一些单位"杭报就是做宏观的，快报才是掘新闻的"这种观念，首先应该改变的是我们自己的这种心理定位。

再看同日9版，《浙江卫视还要再推"经济好声音"》这则新闻，是电视台新推出的一档栏目，新闻性不强，却用了半个多通栏对这档栏目详细介绍。同样的，2013年3月1日B6版，抗战剧《光荣使命》在浙江经视播出，也用了半个多通栏版面报道，广告式地宣传该剧。

或许电视台与报纸有新闻合作，但即使这样篇幅也要适当，这么大版面报道一档节目、一个连续剧的推出有些"奢侈"。另外稿件也要适当处理，精心编辑，要按我们版面的新闻要求有取舍，有提炼。

时政报道理念需要不断更新

2013 年 7 月 15 日，快报以头版头条导读 2 版头条位置刊登了《杭州市公布最新代市长、副市长工作分工》的报道，这是日前杭州市政府第 10 次常务会议上的一个重要内容。《杭州日报》在快报前四天报道了这次会议，未提分工事项。

《杭州日报》这么报并没什么错，这是按照历来传统这么报的。审读报告提及这条报道，是觉得杭报这条新闻显然没有快报这条新闻有新闻价值、有影响力，杭报能否在报道好会议的同时，也挖掘下这些有价值的政治内容，这样报纸既宣传了市委市政府的中心工作，又提供了读者关心的时政新闻。出于同样理念，审读报告第 11 期"省重要人事变动应有报道"的这则建议，也曾对此类时政新闻的处理有过专门叙述，讲述了为什么要关注的理由，我们如何争取做的办法，通过四个方面入手把这类政治新闻做到位的路径。省里的时政新闻我们有关注的理由，到了市里"最新代市长、副市长工作分工"就更没有不关注的理由。

在以前，"最新代市长、副市长工作分工"我们会认为是政府内部的事情，甚至是没必要公开的内容。但现在一直以报道社会新闻为主的都市类报纸，都想尽办法关注起了政治新闻，说明我们的新闻同行已看到了这类新闻的价值，发现了读者对这类信息的需求。市长工作分工关乎民生以及地方各级政府与市里的工作对接，更何况这次连同新代市长调整的还有新晋副市长，这是一次地方政府的重要班子变动。对于杭报的读者来说或许更关注这类政治新闻，我们应该满足读者的需要。作为一份权威亲民，力争办成"全国一流、最有品位"的城市党报，我们的新闻操作理念也需要不断与时俱进。

时政报道的优势不能丢

2013 年 8 月 6 日,《都市快报》头条推出《政府部门工作服务怎么样？ 请市民来评议！》,报道杭州市级"公述民评"活动启动,邀请市民提意见建议,还欢迎市民参加面对面问政活动。对市委、市政府重要活动的报道,本来是本报时政报道的优势,但这次却未进行报道,似乎有点"缺位"了。

从报道看,"公述民评"活动是市作风办结合党的群众路线教育实践活动,重点围绕食品安全、水源保护、交通"两难"、社会养老等四个主题,请市贸易局、工商局、环保局等 20 个主要职能部门单位以及 5 个区的分管领导,开展四场"公述民评"面对面问政活动,并实行网络直播和电视录播。应该说,这既是政府部门的重要活动,也是群众关心、关注的活动。

往年"公述民评",各报都会进行重点报道。本报这次未报道"公述民评"活动不知是何原因。是市里未提出要求还是版面紧张抑或其他？ 不管怎样,本报时政报道的优势不能丢,政府部门重要活动的这块"阵地"不能丢。

省重要人事变动应有报道

翻阅 2013 年 4 月 20 日同城报纸,发现《都市快报》头版头条的报道颇为吸引人的眼球:中央和省委决定,王辉忠任浙江省委副书记,刘奇任宁波市委书记。《浙江日报》在头版发了一条简讯,《青年时报》也做了条标题新闻进行了报道。

我们认为,像这样的省重要人事变动,作为省会城市党报的杭报应该报道,哪怕是简讯。

省重要人事变动,是政治生活中的一件大事,杭报作为一张权威的时政大报,作为正在向"区域领先"进军的城市党报,不应该忽视这样的新闻。

这不取决于省里有没有通知,也不取决于通报中央和省委决定的大会是在宁波召开,而是取决于读者对于这条政治新闻的关注,取决于我们主观上想不想去争取做。

明确了这一点,报道渠道是多种多样的。一是时政记者要关注省委、省政府大院,"挖掘"重要新闻,虽然会碰到审稿等问题,但也应争取,审不出来另当别论;二是杭州湾驻宁波记者也是一条渠道,快报就是从宁波发稿的;三是留意浙江在线,省内一些重要新闻都会迅速挂在网上,如《青年时报》做的标题新闻,后面就注了新闻来源"据浙江在线";四是与快报的新闻交流,经常看到杭报的稿件登在快报上,快报有什么重要新闻,也可以双向交流。

领导活动报道标题也应多点"群众观"

先来看一组标题：

黄坤明昨接受"我们的群众观"在线访谈与网友进行对话交流
践行党的群众路线 用好作风办好群众的事
难点热点问题一一作答 网友跟帖直呼"给力"

张鸿铭昨接受"我们的群众观"在线访谈与网友进行对话交流
践行党的群众路线 努力打造"为民务实清廉"政府
不避讳矛盾问题 实事求是回应民生热点 网友直言"真实在！"

王金财昨接受"我们的群众观"在线访谈与广大网友进行互动交流
统筹城乡发展 着力改善民生

徐立毅昨接受"我们的群众观"在线访谈
践行党的群众路线 奋力谱写中国梦的"余杭篇章"

再来看另一组标题：

杭州鼓励企业多招一些大学生 城市管理要为民、靠民、亲民让百姓喝上
干净的水是我们的天职
市委书记黄坤明昨接受在线访谈与网友对话

代市长张鸿铭昨接受在线访谈与网友对话
畅谈个人梦想要把杭州建设得更好

农家乐成为农村发展新增长点

"三江两岸"整治确保市民饮用水安全

市委副书记王金财接受在线访谈与网友交流城乡统筹发展

浙大一院余杭院区建在仓前羊锅村边

良渚申遗争取 2016 年取得重大突破

市委常委、余杭区委书记徐立毅对话网友

2013 年 7 月底开始,杭州市主要党政领导先后走进杭州网,接受"我们的群众观"在线访谈,与网友进行对话交流。此举受到了众多网友的关注,对此,本报以及杭城多家媒体都进行了详细报道。

暂且不论报道的内容如何,单从标题看,这次杭报的报道标题有了很大的改进,但跟其他媒体的报道标题比,还有改进提升的空间。上述标题,作为读者,你是愿意读前面这组报道,还是后面的? 相信不少人会选后者。很明显,后面的几个标题信息量更大,有实实在在的、跟自己生活息息相关的内容。而前面的这组标题,大同小异,四个中有三个的主标题都有"践行党的群众路线",如果不看引题或副题,你能分得清哪篇是哪位领导参加访谈吗?

领导活动政治性比较强,对报道的规定也比较多,而且领导讲话比较有原则,读起来难免有些枯燥乏味,因此时政报道很难出彩。即便如此,我们还是想有所改进,尤其是在标题制作上想更多亮点,更接些地气。其实有时候难度并不如我们想象的这么大,首先要克服的还是我们自己的习惯思维。不是要践行群众路线吗? 多贴近些群众不会错。再回到具体标题制作上来,从这次访谈的系列报道来看,领导与网友交流中有很多精彩的内容,领导也回答了很多普通百姓关心的问题,这些内容都很吸引人,要做成出彩的标题应该不难。

重大政策深度解读不该忘了

2013 年 8 月 15 日,杭州市政府正式出台《关于规范杭州市区经济适用住房上市交易和回购管理的实施意见》,这是一个关系杭城七万多户家庭的新政策。对于杭城的新闻媒体来说,每当重大新闻发生,就是一场考试。你的新闻判断如何? 你的应对能力如何? 你的报道水平如何? ——呈现在读者面前。而这场考试的评分来自读者的感觉,和你平时自我标榜的强势媒体、权威媒体都无关。

8 月 16 日杭州经济适用房下月可上市交易的新闻在各家报纸刊登,同城媒体都做了报道,多数媒体都做了深度解析。如果我有经济适用房想卖,会选择都市快报看看。都市快报用三个整版回答了读者关心的问题,但凡读者能想到的都考虑到了。还举例计算了新老方法需缴纳的土地收益价款。如果仅仅是这些也算不上出类拔萃,都市快报还对这个新政进行了延伸与发散,对杭州几大经济适用房板块进行梳理,分析了经济适用房与商品房的差价;并报道了下一步杭州住房保障建设已向租赁房转变的政策趋向和实际申请情况。做得较差的是《今日早报》,就事论事按照"实施意见"报了个消息,没有一点自选动作,只是告诉读者发生了这么个事。

本报的报道也基本属于这一类,在 2 版和 9 版报了消息和解读,但基本是"实施意见"的内容,显然没有意识到这个关系杭城十分之一住房量新政出台的重大意义,及时组织力量做细、做全、做深、做透。而且版面位置处于两个版的底部,在一整版其他稿件的压制下,削弱了这组报道的影响力。

我们常说党报要对党委政府的重大政策做深度解读,体现党报的权威。真正碰到了群众关注的热点问题时,不应该忘了。

向《人民日报》学习典型报道

这么说，或许有的同志会觉得不以为然，实际上十八大后《人民日报》的改文风正在全方位进行，走在了地方党报的前面。

2013年7月29日，《人民日报》头版头条报道了桐庐县江南镇环溪村的治污。全文仅1200多字，把这个小山村治污的做法、效果以及村民发自内心的支持生动地展现了出来，没有一句空话套话。《夜访环溪治污》反映的是美丽中国建设的大题材，没有对题材背景的深刻理解，没有深入基层的采访和提炼，是写不出这样的好报道的。

《夜访环溪治污》标题精炼，主题突出；文字清新，现场感强；大量采用了村民、村主任的对话和顺口溜，读起来很亲切，没有一般典型报道那种做作感。

还值得一提的是后面的记者手记，仅三四百字，相当于我们的短评，却切中了农村治污的要害——找对方式，评述实在，分析透彻。

这个题材就发生在我们杭州地区，如果这个典型由我们《杭州日报》去做，会做成什么样呢？

应多关注民生热点话题

在杭州交通拥堵的当下，汽车限牌不限牌，是最近群众关注的民生热点话题。2013 年 7 月 18 日，本报 A2 版要闻《治堵，杭州有啥高招？》，报道了市委常委、常务副市长杨戌标走进浙江之声《城市治堵进行时——市长多媒体访谈》直播节目，介绍杭州交通治堵的成效和打算。从报道内容看，只字未提汽车限牌不限牌。

反观同城媒体，却均把杨戌标明确表态短期内杭州不会限牌作为主题重点报道。如《都市快报》在头版头条导读和重点消息版上，以《杭州目前不会限牌 也暂无限牌计划 杭州市常务副市长杨戌标昨就治理交通拥堵接受媒体访谈》为题进行报道；《钱江晚报》以《杭州常务副市长杨戌标昨谈城市治堵，对于坊间热传的限牌一事他明确表态——短期内杭州不会限牌》为题进行报道。《今日早报》《青年时报》《每日商报》等也均以头版导读、版内大篇幅进行报道。

杭州限不限牌，本报此前也多次报道过，特别是 2013 年 6 月省法制办征求《浙江省城市交通管理若干规定（草案）》意见时，也重点报道了杭州暂不限牌，但这次是作为市政府领导层面的常务副市长首次表态，还是很有新闻价值的，读者也是关心、关注的。

当然，本报领导活动的稿件也可能受到审稿、领导意图等因素的制约，有时也难以体现一些新闻内容。但不管如何，还是建议遇到涉及群众关注的民生热点话题时，应尽量争取报道，哪怕在文内简要提及也好。否则，作为新型城市党报的权威性、亲民性就会越来越弱。

社区是个新闻富矿

2013年11月20日区县(市)新闻版推出一组"闲置的学校场馆如何能成全民健身的乐园"系列报道,深入,贴近,既有指导性,也有较强的服务性。但类似这样贴近读者的社区新闻在我们的报纸上还是不多的。随意选取2013年11月28日A7版区县(市)新闻,共8篇新闻,有4篇跟社区有关,比如《社区便民服务》《居民义务护河》《送居民代表去党校学习》《党员为孤老送"连心帽"》等,报道角度基本上都是自上而下的,内容是工作性的,语气是宣传式的。这样的社区新闻并不是真正的社区新闻。

社区被称为"城市细胞",也是新闻富矿,每天都会发生各种各样的新鲜事。《都市快报》有个版叫"新市井故事",新闻线索大多出自社区论坛或是读者热线,基本上都是社区家长里短的新闻事。同样选取2013年11月28日新市井故事版《水枪喷白果砸 跳个舞就像打游击 名气大有人挺 总算找到固定场地 广场舞大姐李子的梦想》,这样的新闻才是真正的社区新闻,讲述社区老百姓的故事,记录来自街巷间的人情风俗。作为一份城市党报,我们对社区新闻应该多加关注,深入挖掘。

首先,在观念上,要努力改变眼睛向上、紧追领导、紧贴工作的作风,要"身入"社区,"心入"群众,视角下移,身子下倾,以老百姓的视角去看待问题、分析问题。在新闻价值上要以老百姓关心不关心、老百姓喜欢不喜欢、老百姓满意不满意来衡量判断。其次,在报道内容和形式上,要努力开辟渠道,比如区县(市)新闻曾经推出的"美丽乡村""社区万象""你点我答"等版块,就是较好的尝试,只是报道来源上还需要进一步拓展,不能一味依靠报道组或通讯员。

水费调价报道有没有改进的空间？

杭州水费将要涨价涉及千千万万家庭,这类新闻居民最关心的恐怕是"什么时候涨?""要涨多少?""相关单位会如何确定新水价?"等一些问题。

2014年8月12日同城报纸都对水价要涨这事做了重点报道,本报头版导读栏做了导读,B1版都市新闻有详尽报道,快报当天的这个报道也基本是这样的操作手法。但在新闻关键信息的处理上有些独到,值得切磋一番。

快报的导读《水价要涨了!(主导)杭州水费已十年没调整 必然要涨 9月底前听证 预计年底前实施阶梯水价 一般推测一级水价可能在2.5—3.5元/立方米以内(副导)》。本报导读"杭城实施阶梯水价条件成熟(主导)多用水多负担,更好地保护日渐短缺的水资源 如何具体实施,目前市物价局还在研究和制定中(副导)"

两导读相比较,显然快报新闻信息具体而不含糊,这次水费调价大致会调到哪个价格区间,什么时候实施新水价规定,调价前具体实施办法等读者在看完导读后就明明白白。本报导读强调了这次调价的原则和原因,尤其是"如何具体实施,目前市物价局还在研究和制定中"这句导读很官方,不具确切信息,显得很虚。很容易让人联想到"目前群众情绪比较稳定,生活平稳""具体原因还在进一步调查"等这一类出自新闻发言人枯燥乏味的套话。

再读具体报道,快报有两段内容是其独有的:"水务集团表示,实施阶梯水价的各项条件均已成熟,杭州推行阶梯式水价已经势在必行。9月底前会推出具体方案并举行听证,预计今年年底前正式实施。""水价到底会涨多少? 大家最关心的问题水价到底会涨多少? 相关部门还没有给出具体回答。综合各方面消息及全国36个大中城市的平均水价,一般推测杭州居民阶梯水价应该会与这个平均水价持平,也就是说,一级水价很可能会设在2.5—3.5元/立方米以内。"正因为其有这两块关键性新闻内容,快报的新闻就感觉很接地气,很贴近读者实际。

快报报道的这些信息和分析应该不是空穴来风,作为党报我们遵守宣传纪律,从政府的角度做些宣传无可厚非,但同样的新闻来源,同城的报纸实质内容相差这么多,读者会怎么看我们的报纸呢,我们有没有改进的空间?

我们要不要"按部就班"?

2014 年 12 月 2 日,快报 A3 杭州新闻《串起城西和城北的地铁 3 号线具体怎么走?站点怎么布置?什么时候建成?(主标题) 大家最关心的这些问题快报记者一一帮你问(副标题)》

2014 年 12 月 3 日,杭州到海宁的城际铁路计划 2018 年年底前建成。还有前期快报报道的《环城北路杭州游泳馆附近至五常 02 省道,沿天目山路准备建设地下大通道》等重要新闻一一见报。可惜,这些事关城市交通建设,治堵新举措的大动作及事关杭州湾区域城市发展的大新闻,我们都没有相关报道。

也许,我们会觉得没有政府部门正式批文或拿到有关文件,杭报去做报道有失权威,在一定程度上还有风险,还是不报为好。可是,当我们拿到了正式文件再做新闻报道,往往所报道的信息大多数已是明日黄花,关键的信息早已被人家报道过了。因为,其他媒体往往会通过项目评审会、外围信息收集等途径就采写了报道。尤其是在全媒体格局之下,党委机关报还能这样按部就班做报道吗?很值得大家思量。

研究快报这几则新闻,或许我们不可能与其一样去操作,但留给我们的报道空间还是有的。从采访途径和写作技巧两个方面我们都可以尝试创新。这样努力了不至于新闻再炒人家陈饭。

抓得住心就能做出更好看的新闻

2013年10月,有两场杭州学生拿到冠军的大赛颇为引人注目,一是较为"冷门"的第八届世界数独锦标赛,杭州市学军中学金策在决赛中以3比2战胜日本选手,获得冠军;二是央视热播的《中国汉字听写大会》总决赛,杭州外国语学校陆佳蕾夺得全国总冠军。对这两场大赛,本报教育新闻版都进行了及时的报道。尤其是2013年10月21日教育新闻版《一个有关汉字听写的电视节目缘何成为街谈巷议的话题?》对汉字听写大赛掀起的汉字新热潮进行了深入解读。

在阅读本报报道的同时,也关注了同城媒体对这两场大赛的相关报道。对比分析下,其中《都市快报》的报道颇有亮点,也很有启发性。在报道"数独"大赛时,快报除了文字报道外,还刊登了总决赛的题目,并请金策同学出了几道数独题目,难度系数各个层次都有。这些题目直观形象地解释了数独是怎么回事,以前做过"数独"游戏或者对"数独"从无了解的读者,都可以拿起笔来,愉快地在报纸上面填数字。这些题目为报道增添了一项互动内容,读者无疑是喜欢这种形式的。在汉字听写大赛报道上,快报除常规报道外,还组织人手整理了听写大会全部13场比赛出现过的考题,把那些听上去耳熟但写写又会写错的汉字,加上简要的解释,用两个版刊登出来。翻到这两个版面时,无疑会迅速抓住读者的眼球,也调动起大家对这些汉字的阅读热情,相信有读者特别是学生家长,会将这两个版收藏起来。分析快报对这两场大赛的报道手段,留下深刻印象的是,快报很善于抓住读者心理,知道读者爱看什么,把读者所思所想了解得很透彻,从而调动新闻报道各项手段,做出更好看的报道。

当然,本报版面有限,在报道模式上与快报也是有区别的。但对比快报的上述做法,本报的报道也有改进的空间。比如"数独"大赛的报道,配个"数独"题目行不行?汉字听写大赛报道,把那些考过的汉字搞个链接列一列行不行?这些手法都可以探讨,在"螺蛳壳里做道场"的情况下,也是可以做到的。更关键的是,善于抓住读者心理进行新闻报道,值得学习研究。编辑都需要在了解读者心理上下点功夫,只有抓住了读者心理,才能做出更好看的报道。教育新闻是如此,其他领域的新闻报道也是如此。

多为读者着想介绍好新闻背景

2013 年 9 月 25 日 1 版要闻《学习兰辉同志先进事迹 争做为民务实清廉表率》，报道了市委理论学习中心组专题学习习近平总书记重要批示精神，深入学习好干部兰辉同志的先进事迹。通篇报道里对兰辉同志的介绍除了"好干部"外，只字未提他的身份背景和先进事迹。

兰辉究竟是什么人呢，为什么习总书记会批示？习近平总书记的相关批示是前一天（9 月 24 日）见报的，但这篇新华社发的报道中对兰辉的事迹介绍也仅仅是寥寥数语，并不多，让人有些遗憾。现在很多人都爱上网看新闻，因为网络媒体不仅快，而且还有着无限的背景链接，因此信息量丰富，海量的内容牢牢吸引着读者的眼球。比如同样是习总书记对于学习兰辉事迹的批示报道，在各大网站的报道中，都加上了相关的链接，读者可以了解兰辉的生平事迹。当然我们的报纸版面有限，不可能有那么大的信息容量，但也可以借鉴一下网络的处理方式，比如在报道中简单介绍一下兰辉，至少在兰辉前面加上身份背景——因公殉职的四川北川县副县长兰辉。

2013 年 5 月 30 日 B1 版都市新闻《博物馆一日游让孩子学会勤俭奋斗》，主要介绍的是吴群设计的博物馆一日游线路，但这位"吴群"是何许人，是学生还是老师，是普通市民还是专业人士，则一概不知。一般来说，新闻里的人物，在第一次出现时，应该介绍一下，比如"吴群"，即使他只是一位普通读者，也应该加个定语——"读者吴群"。

2013 年 6 月 17 日 4 版杭州湾新闻 • 专版《德清 载歌载舞喜迎高铁时代》的报道，文内写道："15 日傍晚，德清县乾元镇近千人汇聚高铁德清站广场，载歌载舞喜迎'家门口'即将运行的高铁。"即将开通的是什么高铁？加上"杭宁"两个字，读者就用不着去猜了。

在新闻报道中免不了会出现相关的人物，比如新闻事件的当事人，或目击者，或有关专家、普通读者等，出于新闻报道真实性和客观性的要求，应该介绍其身份或背景。之所以新闻常常缺少背景，主要还是缺乏读者意识，有时是跑线记者写稿时疏忽了，有时是编辑编稿子做了删减，但背景为新闻要素之一，必要的新闻背景介绍是不可缺少的，须引起重视。

从读者的视角去报道

在第 41 期审读报告中，我们提出社区是个新闻富矿，作为城市党报，应该在观念上"身入"社区，"心入"群众，以老百姓也就是读者的视角去报道。这些道理大家都知道，说说也很容易，但真的要做起来就不那么容易了，来看看下面这两篇报道。

2013 年 12 月 13 日 A6 版区县（市）新闻，《余杭顺利完成可移动文物普查前期摸底调查》。读完这篇报道，有几个疑问：1. 什么叫可移动文物？2."有文物收藏或疑似有文物收藏的国有单位共 14 家"是哪些单位，为何要说"疑似有文物收藏"？3. 调查中发现了哪些可移动文物珍品？会向公众开放展出吗？4. 这个摸底调查的目的是什么呢？这些疑问，相信是很多读者想要知道的，也是很吸引人的，遗憾的是这些疑问在文中一个也没有得到解答。相反，报道从头到尾都是相关部门所做的工作，比如成立领导小组、开会、培训、宣传等，说实话，这些工作普通读者一点都不会感兴趣，就这样，原本值得一读的报道就这样被读者一晃而过了。

再看看另外一篇。2013 年 12 月 10 日 A6 版区县（市）新闻，《民工培训 政府埋单》，报道的内容是富阳春江街道免费为外来民工开设培训班。如果读者是一位外来民工，应该会有兴趣看看，但估计他读完后会失望，因为通篇报道的主要内容就是培训班的意义，以及有关部门所做的工作，比如培训了多少人次，培训后的效果，等等，至于这位外来民工读者想要了解的培训班如何报名，需要哪些报名条件，一个也没有。试想，这样的报道对读者有什么意义呢？

当然，通讯员写稿站在本部门立场，无可厚非，党报要支持配合相关部门的工作也不可避免，但如果能考虑到读者的兴趣，站在他们的视角，报道就可以更吸引人、更生动，宣传效果也就更好，这一点相信"相关部门"也是喜闻乐见的。

新型城市党报要有开放的胸怀

2013 年 11 月 26 日 A10 版财经新闻《浙江创新能力百强榜单 杭州企业占了一半》，报道 11 月 25 日揭晓的 2012 年度"浙江省技术创新能力百强企业评价"结果，杭州共有 44 家企业上榜，占了近半壁江山。报道中特别强调，杭州的海康威视摘得"榜眼"，吉利控股拿下"探花"。但既然有"榜眼""探花"，那"状元"是谁？在这篇千字报道里，却只字未提。

状元、榜眼、探花是明清时期科举考试的第一、二、三名，现也引申为各类评比、排行、考试等的前三名。在前三名中当然是"状元"更吸引人的眼球。为什么这篇报道不提"状元"是哪家？肯定"状元"不是杭州的。果然，上网一查，"状元"是地处新昌的浙江医药股份有限公司。

浙江医药股份有限公司也是我省一家著名的上市公司，其勇夺浙江创新能力百强榜首，我们的报道提一提又有何妨？虽然浙江医药不是杭州的，但不是杭州的，就只字不提，我们报道的视角是否太不开放了？我们报道的胸怀是否太狭隘了呢？

从这篇报道也反映出新闻采访报道的一些惯性思维，认为《杭州日报》就是报道杭州的。当然，《杭州日报》是一家地方党报，报道杭州是最大的职责。但《杭州日报》也是一家新型城市党报，在新闻上我们的触角已经伸向了杭州湾，作为省会城市，报道浙江也是理所当然。因此，在报道上，我们的眼光可以更开放些，我们的胸怀可以更宽广些。

"特约评论员"文章要接地气

"吴山时评"栏目为浙江新闻名专栏，是本报精心打造的品牌栏目之一，长期以来颇受读者关注。注意到 2014 年 7 月两篇特约评论员文章：24 日的《何妨善待陈光标式慈善》、28 日的《韩寒郭敬明也是观察时代的一个坐标》，从一般的评论要求来看，文章观点鲜明，自圆其说，似乎选登了未尝不可。但从主流媒体、品牌栏目要求来看，"吴山时评"需要有较高质量的特约评论员文章。

《何妨善待陈光标式慈善》评论主题缺少新意。陈光标的慈善行为和行事方式已存在好几年，舆论要么是批评，要么是认同，网络上这类文章成百上千。这次他到美国纽约行善，时评由此对他的行为来了一次正面褒扬，品牌栏目刊登此类文章意义不大，评论主题新意不够，读者阅读兴趣也就不浓。

《韩寒郭敬明也是观察时代的一个坐标》评论以 80 后两位新生代文化人物近来两部电影《后会无期》《小时代》上映展开，放到"吴山时评"刊发好像没有放到文化新闻版刊登来的合适。对新锐人物文艺作品创作应该鼓励包容，但缺乏普遍社会意义，因此放到文化新闻版刊登较为合适。

而且，这两篇特约评论员文章有个相同的问题即与本地关联度不够，作为地方主流媒体，评论所评题材、主题要么是社会热点，要么与杭州关联度高，才能形成舆论中心，起到引导社会风向风尚作用。如，2014 年 7 月 25 日的"吴山时评"《洋快餐的幻象与真相》，对上海福喜过期肉被曝光事件这一热点展开评述，触发读者理性认识洋快餐，读之与前面两篇文章是完全不一样的感觉。

特约评论员是办好"吴山时评"栏目的重要力量，他们感兴趣的题材会很多，所写评论有的不很适合本报，因此需要精心挑选，多刊发与杭州社会经济发展和民生密切相关的评论，坚持开设"吴山时评"的初衷不改，栏目将越办越好。

"印月潭"不宜慢半拍

　　"印月潭"是本报头版近来推出的小言论专栏,具有题材广泛、形式鲜活、文笔灵巧和篇幅短小的特点,因此受到读者的关注和好评,反响较好。一般来说,印月潭多为一事一议,若能及时配合所议的新闻报道一起刊发,就更好了,但是从 2015 年 5 月几期看,慢半拍的现象还比较常见。

　　比如 2015 年 5 月 9 日头版刊发了新华社记者写的《牛栏猪舍变身记》,报道了桐庐美丽乡村建设中出现的"牛栏咖啡""猪舍茶吧"等农村新景。但旁边的印月潭说的却是杭州开展机动车销售服务及成品油市场专项整治。第二天,头版印月潭刊发了《牛栏咖啡:美丽乡村的经典诠释》,说的正是前一天桐庐的美丽乡村建设,可是旁边的新闻却是《民办初中面谈学生,谈话内容很生活化》。第三天,印月潭发的是《从"面试"到"面谈"》,说的又是前一天的民办初中面谈学生的事。

　　这几篇印月潭写得都很生动,但在时效性上都差了一点,都是到第二天才来说前一天的事,假如能当天配合新闻一起发,效果就不一样了。眼下正是新媒体迅速发展的时代,信息流十分快捷、通信工具也非常发达,新闻报道都讲究实时滚动,因此即使是小言论,也不能慢半拍。况且,本报评论员都是资深评论员,给当天报道配评论应该不难,对见报效果来说却大相径庭。

头版应多做些导读

2013 年 12 月 10 日头版要闻，除导读之外总共发了 4 条稿子，版面信息量显得偏少了些，目前杭报报型已改成瘦长型，如果明年改版后字号再放大，版面所发字数还要缩减，势必进一步影响到头版的新闻信息量。

在这种情况下头版应加强导读，除了固定的导读条，应在版面上适当多做导读，这是提高读者注意力的主要选项之一。看 10 日这天的内页新闻，《韵动中国杭州本地版明年有望与大家见面》《红薯余香绕梁》《高考英语改革》等报道都是很不错的新闻，如果我们做好这些报道在头版的新闻导读呈现，相信头版的面貌会是另外一个样子。

此外，头版导读的方法也是多样的，除了固定导读条的导读，文内导读可采用文字导读也可采用图片导读，还可结合一版报道内容整合式导读，这又给版面增加了变化的余地。

加强导读应该成为一种共识，否则今天导明天不导，今天多导明天少导，版面风格会显得混乱。

要重视新闻提要的提炼

　　新闻提要,因为经过了编辑的再加工,有时也会出错。2015 年 4 月 25 日 3 版国内·国际新闻《习近平重走万隆路》,就出现一处错误。提要说:"1955 年 4 月 18 日,苏加诺、周恩来、尼赫鲁等亚非国家领导人从印尼万隆市的萨沃尔-霍曼饭店出发,完成了到亚非会议会场的'历史性步行';2005 年 4 月 24 日,习近平同来自亚非国家和其他地区的领导人一起缅怀先贤,重走这条路线,前往万隆会议旧址——独立大厦(下图)。"这里的"2005 年 4 月 24 日",应该是"2015 年 4 月 24 日"。因为这篇报道是习近平出席万隆会议 60 周年纪念活动,即新闻见报日前一天发生的事情。

　　这个错误也提醒我们,对于编辑再加工后的新闻提要,千万不能马虎,需要仔细核对,确保准确无误。所谓提要,是指一篇重要的长新闻,除了标题之外,再将其中的主要事实、做法、经验、问题等摘要提示出来,放在标题之后、新闻之前。提要比标题的内容稍详细,有了它,标题的文字可以简略些。有时,重要文章也作提要题,其作用近于副题或说明性的编者按。目前本报要闻版及各个版面,越来越多地运用新闻提要这一形式,既提升了报道力度,又美化了版面,也方便读者阅读。有些提要是"复制"报道里的内容,撷其精华,如有修改也应注意同步;有些提要则是综合报道内容重新撰写,则应注意与报道内容呼应。

应根据稿件重要性编排版面

一个版面中的稿件如何安排,体现了报纸对各条稿件重要性和新闻价值的判断,从而在编排版面时让它们各归其位。正因如此,在版面上也就有了头条、次条、边条等之说,这也符合读者的阅读习惯。但 2015 年 3 月 8 日 4 版的都市·热线新闻,在版面编排上没有体现出稿件的重要程度,主次有颠倒之疑,值得商榷。

当日版面除 3 条社会新闻稿件安排在边条外,版面"主战场"实际只有两条稿件。头条稿件是《科学松果会的"果冻"打造自己的"迷你花园"》,占据了版面的大部,而沉在底部的次条稿件为《沪杭高铁昨出现大规模延误 罪魁祸首可能是一只风筝》。从新闻重要性判断,沪杭高铁出现大规模延误无疑新闻价值更高,特别是稿件中提到的故障原因极可能是有人在高铁沿线放风筝,更吸引读者的关注。

按新闻重要性来说,这条稿件应该安排在头条位置才对。反观现在的头条稿件,只是科学松果会组织的一次盆栽花艺活动,虽然科学松果会是有关中心主推的活动,但在新闻的重要性上肯定不如次条稿件。

报道再短些，亮点再多点

报纸改版后，字号变大了，读报比原来要轻松了。但作为新闻版面，相应的是文字减少了些，对信息量有一定影响。如果版面上报道的篇幅还是很长，亮点又缺失，就会影响改版效果。从近期版面看，有些报道篇幅太长，有些版面缺少亮点，这样的情况还是值得引起重视的。

如 2014 年 1 月 14 日 B5 版消费新闻，用整版篇幅报道支付宝 2013 年度对账单。虽然年度对账单是热门话题，值得大做文章，但也架不住整版的篇幅。读报时就在想，如果我是一名普通读者，看完第一条报道已经足够了，如果后面的报道要继续看完，那阅读疲劳感是相当强烈的。但作为一名审读员，又不得不硬着头皮看下去，真的很累。可能是这个版面与经营有关。但不管如何，一个版面只有一个亮点，完全不顾及读者阅读感受，效果也会大打折扣。

篇幅太长的版面，经济新闻也较突出。如 2014 年 1 月 13 日 6 版"杭州好公司"《甘其食：让包子有了标准》，报道洋洋洒洒 4000 余字，再加上内容有些重复的推荐理由、公司名片、公司履历及常设的栏目联系方式等，占据了整版的五分之四，仅在右侧配了两三条小稿子。对甘其食的报道以前也有过，此时报道，新闻性并不强。作为"杭州好公司"栏目重点推介，体量也不用那么大吧。另外，同日 A8 版《监管层紧急修补 IPO 新政》、2014 年 1 月 15 日 A7 版《存款保险制度呼之欲出》等，虽都是热点，但篇幅也都太长了些。

报道篇幅太长，甚至让新闻版面专刊化，既影响读者阅读体验，又弱化了版面的信息量。让报道再短些，让亮点再多点，这样的版面才能吸引读者，也才能起到较好的报道效果。

让新闻从报纸延伸到网络

2013 年 12 月 25 日 A2 版要闻，《守护脆弱的生命》关于浙江省濒危野生动物的报道，信息源来自政府部门新闻发布会，按常规采编发在 2 版要闻没有什么不妥，但版面处置让这条信息含量丰富的新闻没有得到有效发挥。

看同城别的报纸这条新闻的报道感觉更过瘾，围绕野生动物保护提炼主题，有图出形象，文字精练，新闻价值得到提升，而且读者轻松阅读，一目了然。如果借鉴同样的方式处理新闻，按杭报目前版面、部门设置等实际一时难以做到。但我们能否尝试将这种新闻处理方式，引申到杭报在线上体现，做个保护野生动物的专题，把新闻做足做透，使之与报纸新闻报道相呼应。

目前杭报和杭报在线的互动，虽比以前有所进步，但仍有很长的路要走，有些深层次的问题仍没得到很好地解决。在目前情况下，报纸新闻应更优质，更方便阅读。同时报纸应利用自己珍贵的新闻资源，做好网络新闻，做好新闻衍生信息和相关链接，引导读者看网络。

做好延伸新闻应引起足够重视

2014年3月14日头版市决咨委全体会议的报道，按常规性处理着重报道了市委主要领导讲话精神，这对于作为党报的《杭州日报》来说，是无可非议的。但是作为一张主流新闻报纸来说，还有欠缺。这条新闻还有一些重要的内容没有报道，读者还有不少信息需求得不到满足。比如，一是受聘为第二届决咨委的56名专家学者，是由哪几路专家学者组成？二是作为市里最高决策层的智囊团，他们在以后的一个时期会研究杭州的哪些发展、民生问题，从而影响着一个城市的发展方向？

按头版目前的状况，这篇会议稿里要增加这些信息也许有困难。但是否可以充分利用2版或后面新闻版"榨干榨尽"这条重要新闻，以此满足读者更多的信息需求呢？翻开同城别的报纸，正是这么做的，它们不仅报道了主要决咨委委员名单，而且还点出"市委书记给56名委员出的10道研究题目"，涉及萧山、余杭产业高度融合主城，杭州城市国际化和城乡一体化，治水治堵治气治废，民生保障，建设网上自由贸易试验区等多方面的大事。

现代新闻理念不仅重视新闻本身的信息提供，还重视新闻相关信息的挖掘。遇到此类重要新闻，不仅做好头版的会议报道，而且在后面版面也要做好延伸新闻。这正是《杭州日报》充分利用新闻资源，发挥报道优势的长处所在。

做好名词解释就是服务读者

随着社会和科技发展，网络媒体迅速普及，我们的新闻报道中免不了会出现一些令人陌生的新名词，包括社会上流行的网络热词或是科技新名词等。在报道中做好名词解释工作，也是为读者服务理念的体现。比如2013年8月1日B5文化·娱乐新闻的专题报道《"饭"一个人能有多疯狂》，配了一个小栏目"知道一下"，对文中出现的新鲜词语做了注释和解读，比如什么是"饭"、放弃治疗、雨神萧敬腾，让不上网或是很少上网的读者也能够看得明白。

这样的名词解释工作比较烦琐，而且也占版面，因此常常在报道中会忽略，比如2013年8月26日头版《云计算应用 给产业插上"翅膀"》里就有很多新名词——云计算、阿里云开发者大会、首部云渲染3D动画、云数据中心、政务云、中心企业云、金融云……文中出现了这么多跟"云"有关的新名词，但在报道中却没有具体解释，只有几处有些含糊的比喻，读者最多只能留下一片模糊的"云"印象，如果这里能附上一个类似"知道一下"的知识链接就更好了。

从小处着眼提高服务读者意识

　　报纸是办给读者看的，服务好读者才能吸引读者。之所以发出这样的议论，是因为对比了 2014 年 2 月两篇稿件的一处小的处理方法，从中反映出的服务读者的意识。

　　2014 年 2 月 18 日 B2 版热线新闻《回家真好！》，报道了一位大专生求职不顺住桥洞捡垃圾，杭州好人王巽庠叩开了小伙子的心门，帮助他结束了长达一年的流浪生活，回到江西宜春的家中。"王巽庠"中的"巽庠"到底应该怎么念？相信许多人念不出来。为此记者做了一位有心人，特意在报道中介绍："王巽（xùn 音同'讯'）庠（xiáng 音同'翔'）是位 70 岁的退休摄影爱好者……"这两个难念的字，通过记者的注释，既方便了读者阅读，也体现了服务读者的意识。

　　2014 年 2 月 25 日 B9 版体育新闻《青春风暴 "杨"帆起航》中，也有两个难念的字，但记者并没有注音，顿觉遗憾。这篇新闻报道新赛季杭州绿城足球队新外援、新变化和新任主教练杨戩。（虽然这则新闻比别的媒体晚了一天，但总算有个"交代"。）报道中有个细节很有趣，新教练杨戩说："我的名字经常被人叫错。在小学的时候老师就问我，你的名字怎么读？"他还介绍说："有人叫我'二郎神'，但我不是杨戬。""杨戩""杨戬"确实有点相近，难怪有此趣闻。但"戩"与"戬"到底怎么念？连小学老师都念不出来，相信很多读者也是不能准确读出的。如果记者做个有心人，标注一下"杨戩（jǐ）""杨戬（jiǎn）"，既帮助了读者，也呼应了新闻。

　　汉字是较复杂的文字，笔画多，读音多。随着电脑、手机的运用，汉语水平近年确实呈现滑坡趋势，难怪"汉字听写大赛"会那么火。因此，在报纸上给生僻字、难念字注个音，虽然只是小小的处理方式，但也体现出服务读者的意识。

　　由此也联想到都市快报今年在"2 版"新推的一个栏目"看新闻读汉字"，既有字体笔画，也有注音、释义，还通过例句来报道新闻。既传播了传统汉语文字，也成为新闻报道的一个小创新。

要重视报道中的数据处理

　　数据是很重要的事实材料之一，有很多新闻报道都有数据，尤其是经济新闻，更是离不开数据。翔实的数据能加强新闻报道的力量，但如果一篇新闻全部都由大量的数据堆砌而成，则会削弱传播信息的清晰度。比如，2014年9月2日A8版经济新闻《杭州健康服务业潜力无限　增加值占第三产业的5.9%》，就是一篇完全由数据堆砌出来的新闻，从头到尾排列了一串又一串的数据，至于这些数据究竟是好还是坏，跟老百姓的生活有些什么关系，却没有提及。当然这篇新闻是统计局发布的统计公告，数据多无可厚非，但既然是作为给读者看的新闻报道，是不是应该对数据做一些分析，否则这篇新闻报道还有什么意义呢。

　　当前，大数据的概念很火，《解放日报》报业集团社长尹明华在2014年1月举行的中国传媒大会上说："新媒体的本质就是大数据分析。我们已经从信息时代走到了数字时代和智能时代，如果数据被赋予背景，它就成了信息；如果数据能够提炼出规律，它就是知识；如果数据能够借助于各种各样的工具在分析的基础之上为我们提供正确的决策，它就是资源。"可见，各种各样的数据已经成为新闻报道的重要内容，学会处理这些数据是新媒体的重要一环。今后，以多元化媒介来生产、分析、解读数据，更好地为受众和用户提供分众化服务和体验，这将是媒体竞争的必备技能。前段时间我们财经新闻中心推出了年中经济数据图解、通过企业中报看经济转型等系列报道，将数据配上各类图表和解读，应该说报道效果不错，可读性也较强。2014年9月5日头版《国务院出台高考新政》也用图表的形式解读有关高考的数据和内容，令人一目了然。可见，报道中的数据处理得当，是报道成功的重要环节。

纸媒也可以有自己的闪光点

2014 年 11 月在桐乡乌镇召开的首届世界互联网大会被全球各路媒体热追，本报 2014 年 11 月 17 日就推出"聚焦首届世界互联网大会"栏目，头版要闻先后发了《互联网乌镇峰会后天启幕》《我在乌镇等你，杭州佬马云要演讲 杭州组团展示智慧经济》《乌镇不愿意做第二个达沃斯》，杭州湾新闻也相继发了《智慧安保不留死角》《互联网之光展览杭州湾元素十足》等重要新闻，为读者了解首届世界互联网大会，认识桐乡、杭州在这次世界互联网平台如何展示自我，起到了新闻宣传作用。

但阅读过相关新闻网站、微信圈新闻，会发现我们所发的新闻，有的信息早在一天前甚至两天前就有了。大会四个时间单元的几十个论坛 11 月 18 日早上微信圈内就在传阅，桐乡世界互联网大会主会场、配套设施前两天新闻网站上都有，图片、视频非常直观，阅读后直接感受到大会高端大气，长三角区域信息经济发展全国超前、世界领先。自家人不说虚假的话，当下纸媒有的新闻与新媒体比较，至少在时间上慢了一拍。

面对类似同题报道，纸媒如何发挥自己的长处，同样的主题做出与新媒体不一样的新闻，再塑内容竞争力，确实是当下值得我们研究的问题。

翻阅 11 月 18 日《钱江晚报》有点启发，A3、A4 版"世界互联网大会特别报道"用了整两个版面，以《无线之城，杭州在路上》《免费 WiFi，杭州哪里最好用》开题，关注杭城目前免费 WiFi 的状况、城市各重要节点记者手机上网体验、如何建好真正意义上免费网络城市的办法等，一下子感觉世界互联网大会与我们这座城市的关联如此贴近。宽泛一些说，建好免费网络城市也是信息经济发展之根本，市民急迫之需求，正是杭城当前要着力办好的大实事。这个选题另辟蹊径，做出了特色，切中要点，拓展了主题，展示了一张老牌纸媒的厚度。

当然，本报"聚焦首届世界互联网大会""乌镇瞩目杭州智慧元素"也报道了《杭州小镇转塘作为信息经济的浙江发展样本推介》等内容，巧妙地把国际性大会与本地内容结合起来，做出了与新媒体不一样的内容。可见只要树立这个意识并努力实践，纸媒也可以有自己的闪光点。

关注春节版面的创新

　　2014年春节七天长假,同城各大报社也都进入了休假模式,仅安排值班人员留守,版面也相应减少。毕竟春节期间,采编人员也要回家过年,重要新闻也较少。比如说本报,除大年初一还安排了8个版外,其余几天均缩减为4个版。在春节长假的版面安排上,本报也沿袭往年春节的办报思路,1、2版为要闻、综合新闻,3、4版为都市、文体新闻或者专刊、副刊。在新闻报道上,主要以"文明过节"为主题,营造新年喜庆气氛。版面上也呈现一些亮点,如"新春走基层""他们的年续剧·新闻人物年度特别回访"等。

　　再来翻翻春节期间的同城报纸,本来以为各家面孔应该都差不多的,但2014年春节期间的《浙江日报》和《钱江晚报》,都面貌一新,其创新之处令人眼前一亮。比如说《浙江日报》,整个春节长假期间的1、2版,均以新闻图片为主打,在"之江两岸激荡改革潮 万马奔腾共筑中国梦""沐日丽风和 看马跃人欢""春来了,大地涌动希望""种下希望树 祈愿新岁福"等主题下,均配以大幅新闻照片,如"西湖大道大红'春'字""老街年味""南宋御街祈福""码头工人加班作业""菜农抢收""民工返城"等,版面极为喜气和大气。既贴合党报宣传主旋律,又营造了新年喜庆氛围。这样的新闻版面,对新闻图片的要求较高,既要有量,也要有质。同时对版面设计也有较高要求。

　　再来看一下《钱江晚报》。《钱江晚报》的春节版面一反常规,改为《春节读本》,以"团圆""故乡"等为主题,讲述人们的新年故事,走的是专刊化路线。这些版面"摒弃"国内外新闻、本地新闻,甚至连天气预报也没有,是纯粹的专刊。在版面设计上,1、8版打通,通版的素描,配上大号字体的主题和短而精的诗歌或散文,别具一格。对于《钱江晚报》的春节版面,有人说好,认为有特色、有新意;也有人不太赞同,认为报纸是新闻纸,虽然是春节假期,还是应该以报道新闻为要。

　　以上两张报纸的做法并非没有欠缺,但重要的一点是突破了多年的老套路,其中体现的创新精神是值得我们重视和学习的。

老报道有新变化,注意细节

2015 年 1 月 13 日 B1 版都市新闻,头条文明过节策划报道,引题"今年春节放鞭炮的日子只有 3 天,除夕、初一和十五",主标题"初八不放开门炮 商家过节拼创意",副题"绿色环保的开门庆,你最支持哪一种? 赶紧上杭州日报微信和城市通投票吧"。这里有个细节,国家对今年春节长假放假时间做了微调,放假时间为年三十至正月初六,改变了近几年正月初一至初七的春节长假时间惯例。因此,以标题的意思承接,春节后上班第一天时间为"年初七",与国家法定节假日时间相统一。

从另一层面说,既然已经规定了春节放鞭炮的日子只有 3 天,除夕、初一和十五,节后上班第一天即正月初八本身就不在这个时间范围,不存在放不放开门炮的问题,把这个时间点的内容作为新闻来做似乎没有什么意义。

倡导教育市民文明过节的报道每年都会做,但在策划系列报道时要注意"年年报道又相似,唯有今年有区别",要把这些"区别"在新闻里做出来,这样的新闻才会出新意。

资本市场热点新闻应及时报道

2015年11月下旬至12月中旬这个把月时间,国内A股市场十分火热。A股市场融资融券、改革公司上市政策预期、沪港通开启、银行降息、单日交易量上万亿元、上证指数站上3000点、大金融板块火热……本报12月5日、12日的城市周刊,分别以"降息意味着什么""A股牛市还能走多远""未来的牛股在哪里?"等主题展开,对当前金融改革、证券市场读者较关心的一些新闻内容做了解析。但在日常的新闻当中却很少有涉及这方面的报道。

在国内经济下行增速趋缓、周边国家股市低走等新的背景下,A股在2014年年终之时,启动牛市行情,有一些区别于以往牛市到来的不同之处。同城媒体《钱江晚报》《都市快报》《每日商报》对此轮资本市场出现的牛市,几乎每日都有动态新闻和解析性新闻推出,很好地服务了读者投资理财的需求,我们仅用每周一期的周刊来做显然时效不够,跟不上读者对资本市场每日的信息需求。

这里我们选取了2014年12月同城媒体对资本市场报道当中的部分新闻题目。一是钱报:12月2日,《股市流行"下午两点半"效应》,12月3日,《指数狂飙,研究员高兴得想哭》,12月10日,《天量巨阴 开启筑顶之路》,12月17日,《基金潜伏106只业绩翻番股》。二是《浙江日报》:12月3日,《上证指数昨创下近三年半新高,市场信心提升,专家提醒入市仍需谨慎》,配有评论《A股缘何大涨?》,12月8日,《本周首个交易日,沪指上三千,各方热评说》,等等,这里不一一列举。

可见各报对股市重要新闻报道基本不漏,市场热点跟得很紧,第二天就见报,而我们用周刊版面来做新闻时效跟不上,哪怕内容全面深入,但报道的新闻价值不如人家。

常规题材也可做出好新闻

节假日报纸版面缺新闻,没有好新闻更是一直以来很让人困扰的事情。党报新闻源大部分来自各级党委政府,节假日几乎没有什么值得报道的信息发出,从常规题材发掘出好新闻就成为有效方法之一,如 2014 年刚刚过去的中秋三天小长假快报《中秋能看到月亮吗》的策划报道,阅读后很受启发。

农历每月 15 日这天都是月圆日,但八月十五这天的圆月特别令人关注,因为国人有中秋赏月的传统。快报正是抓住了读者这个关注点,紧追不放连做三天"头版大导读+内文整版或较大篇幅"策划报道,从一个常规题材做出了一组不一般新闻。

且看快报 2014 年 9 月 6 日—8 日"中秋能否看到月亮"的新闻标题:6 日头版导读"刚刚下过雨 刚刚到秋天 昨天杭州空气有一阵儿中度污染(引题)去年 10 月才到来的雾霾天今年提前了?(主标题)中秋月亮可能在云间时隐时现(副题)"第一天的新闻就点出了今年中秋月亮不那么容易见得着。本报 6 日 5 版都市新闻也有边条新闻《中秋夜月亮云间时隐时现》,与快报一样的新闻源,同来自市气象台。

7 日,快报头版大导读《这个中秋能看到月亮吗?(主标题)八月十五看运气 八月十六没啥戏(副题)》延续前一天中秋月亮新闻,扣住"能不能看到月亮"连续报道。可惜,本报 7 日这天就没有了今年中秋月亮的相关新闻。到了 8 日,快报头版同个位置再一次导读《中秋赶在了夏天里 还撞上了白露节气(引题)今天多云和雾霾会同时来"捣蛋"还能看到一年中最明亮的满月吗?(双主标题)》。

当然,作为党报,我们也不一定要这样连篇累牍报道"月亮"。但其中一个道理显而易见:就是日常生活中不缺新闻,尤其是节假日需要新闻策划来解决"稿荒",常规性新闻题材只要精心策划也能做出好新闻。

要重视新华社稿件的选用

翻开 2015 年 4 月 13 日星期一的同城各家报纸版面，发现本报"漏发"了一条新华社稿件，即《A 股市场全面放开"一人一户"限制，今起每人可开 20 个证券账户》。作为经济新闻的热点事件，《今日早报》《每日商报》均以头版头条进行报道，《钱江晚报》《都市快报》也在相关版面进行大篇幅报道。特别是《钱江晚报》，除采用新华社消息稿外，还采用了新华社的解读稿件，详细分析 A 股"一人一户"全面解禁的影响，如开户数有望大幅增长、券商佣金大战在即、监管必须及时跟进等。反观本报，在国内新闻版上没有看见这条消息，在经济新闻版上也不见此"踪影"。当前证券市场正值热点，投身股市的市民越来越多，作为读者关心、关注的民生大事，这条消息"漏发"可惜了。虽然本报在次日的经济新闻版上发了《散户"一人一户"解禁 开户新人络绎不绝 杭州券商佣金费率相差还蛮多》的"财经热点"报道，把"一人一户"解禁新闻本地化，但从新闻角度看，毕竟不可同日而语。

因此要更加重视新华社稿件的选用。近年来，新华社稿件也在不断改革和创新，无论是新闻内容还是表现形式都在不断发生变化，给人耳目一新的感觉。从内容看，不仅有"授权发布""新华视点""中国网事""周观天下"等，还有财经新闻、体育新闻、社会文化新闻等专线，而且体裁多样，除消息外还有组合式报道、解释性报道等。面对每天数百条的新华社稿件库，除重大时政新闻必发外，如何选用稿件库中的各类稿件，编发落地于本报的相关版面，也考验着办报者的水平。对于新华社稿件的选用，一是要重视精挑细选，从新鲜、重要、接近、显著、趣味等入手，对新华社稿件新闻价值"含金量"再发现，多采用读者关心、关注的热点新闻；二是对于重大政策新闻稿件，如果时间允许，可根据杭州的实际，实现新闻本地化报道，从而更贴近读者；三是做好版面综合协调，比如说"一人一户"解禁新闻，如果国内新闻版版面不够，是否能够放到经济新闻版版面去呢？

国家领导人出访报道也可有"自选动作"

国家主席习近平 2015 年 5 月 7 日离开北京出访哈萨克斯坦、俄罗斯、白俄罗斯等国家，行程紧凑，内容丰富，与访问各国签约经济、文化合作项目和在俄罗斯出席纪念卫国战争胜利 70 周年庆典活动，备受国内外关注。本报 8 日 A4 国际新闻做了较翔实报道，文字重点放在丝绸之路经济带项目合作介绍和中俄两国反法西斯战争战斗友谊回顾，配了中国人民解放军三军仪仗队 7 日在莫斯科红场阅兵彩排中的列队照片和相关插图，版面美观大气，活泼清新。

拜读了 8 日当天国内几家主流纸媒，除了做与本报基本相同的报道内容之外，他们也还有自己策划的重点报道。如，《广州日报》A1（要闻头版）头条新闻，标题为《习近平明日出席红场阅兵》，A6 版整版做"纪念抗战胜利 70 周年系列报道"，延伸报道了当年苏联空军部队援华抗日情况，与 A1 版头条新闻内容呼应。当天更大的亮点在第 1 纸（封面导读版）的《明日红场大阅兵》，上了 7 张俄罗斯、中国、印度等国家军队仪仗队红场阅兵彩排照片，中国三军仪仗队长条彩排照片居中拉通。版面气势宏大，抓住读者阅读报纸关注点，相当夺人眼球，整组报道策划性很强。

《广州日报》对这次新闻报道的策划在第二天（9 日）的报纸上达到高潮，重点还是放在红场大阅兵。第 1 纸内容为"今日 15 时看阅兵 习近平等多国元首出席 中国方阵压轴外军方阵"，报纸内页除了时评"从俄罗斯阅兵看到的——光荣与警示"和继续"纪念抗战胜利 70 周年系列报道——百万苏联红军挥师东北，击败日寇最骄横关东军，东北抗日联军文物首现广州"等，还有 A2、A3 两个整版"红场大阅兵"报道，标题分别为：《顶级坦克洲际导弹"压轴"》和《〈喀秋莎〉伴中国方阵出场》。一天的报纸用了评论、专题策划、动态消息和片断回顾等多种报道手法，紧紧围绕当天红场阅兵、当年中苏军队携手抗日等内容，报道做得突出亮丽，可读性很强。

国家领导人出访，经济、文化、军事等重大国事活动，历来都会受到媒体的重视和关注。基本面上的报道各家媒体大同小异，有时还会显得枯燥，例行公事,但新闻题材经过精心策划之后,做出的报道就大不一样。常规动态报道显得零碎而分散,形不成报道的声势和力度,而且当下全媒体格局下随时可以看到;当抓住一个或两个新闻眼做大做透做深,纸媒的新闻优势就会得到充分发挥,报道效果就会与众不同,留给读者阅读印象过目难忘。诸如此类的报道正是读者所乐于阅读到的好新闻,也是本报采编需要主攻的难题。

重大事故报道要体现家乡报纸的人文情怀

2015年6月1日晚上"东方之星"游船在湖北翻沉牵动全社会神经,从6月3日开始本报要闻、国内新闻版面连续对各级政府高度重视沉船事件、各方积极救援善后做了详细报道,至7日国内新闻"东方之星"游船翻沉打捞现场的"头七"哀悼新闻,前后历时5天的连续跟踪报道基本结束,对各方整个艰苦救援过程和相关新闻做了有效传播。

如要说遗憾之处,总觉得对这次游船翻沉事件中4名杭州游客的新闻关注很不够。3日本报A3版国内新闻有条《4名杭州游客在船上 家属今日赴事发地》的简单动态消息,而且放在很不起眼的左下角位置。接下去每天的报道就没有了这4名游客的相关信息,既然开了题没有了下文会让读者很挂念。比较同城的《钱江晚报》,3日A4版整版报道翻沉游船上的4名杭州人,报道很详细,也很有人情味——《钱大伯、杨大妈、崔大伯、赵大伯 杭州老乡都盼你们早日回家》,杭州有4名游客在出事游轮上,他们都是通过上海协和国际旅行社杭州分公司报名参团。之后《钱江晚报》每天的版面都有跟踪这4名杭州游客的相关报道。至10日A17版中国新闻·焦点还有报道《他多希望,父亲再更新一次朋友圈 悲痛的兄弟俩相约,来年再到监利看望爸爸》的标题,新闻内容"杭州乘客赵翔老人的儿子赵永罡不知多少次红了眼眶。事到如今,他唯一的心愿就是再看老父亲一眼,接老父亲回家。昨晚七点,他在家属微信群发了一条消息:我们明天带爸爸回家,各位兄弟姐妹保重!",读来贴近感人。这般坚持报道也是对之前关注这4名杭州游客情况的一个负责任交代,体现了家乡报纸的人文情怀。

国内重大新闻事件当中与本地有关联的新闻不应放弃或中途搁下,要尽全力报道。

重大突发性报道如何出彩

2013 年 7 月 8 日，本报在韩亚航空坠机事故发生后，推出两个版的《旧金山坠机事故追踪》报道：4 版整合新华社、央视消息，5 版为记者采访报道，版面很好看，内容也很翔实。但仔细阅读，却也不能沾沾自喜，因为换一个角度看报道，还是能看到一些遗憾之处的。

坠机事件发生在北京时间 7 月 7 日凌晨，在这一天里，除广播、电视等反应及时的传统媒体外，各大网站，包括微博、微信等网络传播几乎把有关坠机事件的全部经过，前前后后都挖了个遍，基本上很多细节、故事都为人知晓。在这个时候，作为隔天才能出版的报纸，我们该做些什么呢？跟着网络走，采访当事人，还原事件经过，然后发一些现场照片，这对读者来说意义并不是很大，因为这些都已不再是新闻。要做得出彩，除主要事件"规定动作"外，应该在深度和广度上另辟蹊径，超越网络。《都市快报》在同一天做的《江山中学游学团是怎么组起来的？》《游学——代价不菲的游戏》就很有启发。

纸媒如何与新媒体竞争是个不新的话题，本报国内新闻的"网闻求证"栏目值得思考。2013 年 7 月 5 日 A3 版国内新闻《丽江小学生吃"江水泡饭"？网帖表述与事实有出入》，对网上热传与网友关注的新闻事件做了核实与澄清。这样的报道给读者传递出权威的信息，是读者爱看的报道，也是纸媒的强项，更是纸媒与新媒体差异化发展的一个方向。

强化本地视角 做好"落地新闻"

2013 年 11 月 19 日,《都市快报》在同城媒体中率先报道《浙江省人口计生委正在抓紧落实单独二胎政策 省妇保最快本周开出再生育门诊》,迅速把党的十八届三中全会中提出的"单独夫妇可生二胎"政策落实到本地新闻中。11 月 20 日,《都市快报》又推出《生,还是不生?》特别报道,用 4 个整版刊发民间观点,财经新闻版也刊登《奶粉尿不湿之外 生二胎你可能还要多花哪些钱?》,把政策解读、民间声音与服务类新闻,进行了立体、连续的报道。这两天的报道,体现了一家地方媒体如何将中央重大民生政策新闻"落地",实现新闻本土化的样本。

党的十八届三中全会闭幕后,《中共中央关于全面深化改革若干重大问题的决定》全文发布,各项深化改革政策密集出台,广受关注。其中在民生政策上"单独夫妇可生二胎""全国统考减少科目,不分文理科""加快房地产税立法并适时推进""研究制定渐进式延迟退休年龄"等,引起的反响尤其强烈。如何解读这些重大政策? 如何让新闻"落地"到本土? 同城媒体的做法确实值得我们借鉴。

又如十八届三中全会中提出的"探索全国统考减少科目、不分文理科、外语等科目社会化考试一年多考"的政策,《都市快报》也是率先做出"落地新闻",11 月 18 日就推出了《高考文理不分科 浙江在研究讨论 明年高考肯定不会有变化 本报采访省内知名重高校长、一线老师、考生家长和大学招生办主任的看法》。11 月 19 日,《钱江晚报》也推出了《高考哪些科目必考,哪些选考,本报专访省教育厅厅长刘希平 浙江高考改革,几个月内提方案》的报道。

本报在三中全会后,除全文刊登全会公报外,对学习贯彻三中全会精神也开辟了专栏,在国内新闻版上选登政策解读,同时在 2 版要闻推出了策划专栏《一理一论》,分主题做连续性的新闻宣传。但在读者关注的民生政策"落地"上,相比较《都市快报》《钱江晚报》等同城媒体,本报还是缺些声势,慢人一拍。当然党报新闻非常重视权威,没有党委政府部门出台政策一般不会随便刊发重大民生类新闻，十八届三中全会刚开好，地方政府也还没有这么快就出相关落实政策。但从快报的策划报道看，政府部门一时拿不到内容，还可以从外围、基层做新闻，从小切口入手同样能够采写出非常可看的新闻。而且，政府部门也并非完全没有"动作"，像省教育厅厅长刘希平的访谈也涉及了高考改革的思路，这样的内容来自生活，事关百姓切身利益，读者肯定要看。

强化本地视角，做好"落地新闻"，确实是值得我们研究的一个课题。当然，在报道中还涉及条块、分线等问题，单个记者短时间内要完成重大民生政策"落地"这样的报道也有困难，需要统筹策划，围绕主题分头采写，刊发组合式新闻。

读住房新政新闻看各报如何创新

国家几个部门最近调整个人住房贷款政策和税收政策是个重要新闻,改变了当前房产市场格局。2015 年 3 月 31 日,国内主流报纸几乎都编发了各有特色的大版面、大篇幅新闻报道。

《钱江晚报》用了两个版面来做这个新闻,前一版重点报道新政策两个关键内容:"二套房首付 4 成 满 2 年免征营业税""个人将购买 2 年以上(含 2 年)的普通住房销售的,免征营业税",并且介绍"杭州之前二套房首付最低七成,且利率上浮 1.1 倍和之前的楼市调控期,营业税免征期限为 5 年。这也是调控五年来,首次在货币税收政策上的放松,而且这一政策几乎回到 2009 年",用了对比的办法说明这次政策变化之大。后一版报道"暖风吹,楼市未来怎么走,请专家解读房产新政带来的变化和影响",落在"房价会不会大涨、换房潮会不会来、新政对经济作用有多大"三个读者关注的问题上。整组报道抓住重点、前后连贯、各有侧重、一气呵成。

《广州日报》则是头版拿出大版面报道这次房市政策暖风,这对于头版如"金"的报纸来说也是鲜有的举动。报道不仅有动态信息和帮市民算新政购房贷款账,还有"楼市组合拳释放稳定市场积极信号"的观点,体现权威党报对市场走势的引领作用。

一直以做内容著称的《南方都市报》用了五个版面重点报道这次房产调控新政策。特别是其中有个版面《楼市调控十年 你赶上哪个节点 南都记者梳理 2005 年至今房地产调控政策变化》富有特色,帮助读者全面了解历次调控政策在首付与税收两个着力点上的变化脉络。

本报 B8 版房产新闻,当日头条发了《二套房最低首付比例降至 4 成 二手房满 2 年免征营业税》的动态消息,与人家相比我们的新闻报道显得较弱。是担心这题材太敏感,不宜大做吗?不是!这事事关民生,和老百姓关系太大了,而且有关政策都已正式出台,没有理由不全面深入地解读。在新媒体与纸媒争抢主流地位的当下,纸媒对重大新闻如何进行报道?纸媒如何发挥好自身优势做出独到的新闻？或者说纸媒如何巩固自己的地位？值得重视。如果还是照着纸媒原有的报道套路，甚至连纸媒阵营的步伐也跟不上，如何实现全国一流的目标？学习兄弟报纸这些好的经验，也许我们对自己的办报思路会更加清晰。

增强"一图胜千言"的意识

2013 年 10 月 12 日 2 版《杭州地铁将直通富阳、临安、绍兴、海宁》，是一则读者关注度高、新闻性强的报道。报道说，4 条线路采用地铁制式，5 年内建成，形成杭州城际轨道都市圈，市民从武林广场站坐地铁，就能到达这 4 个地方。但这篇报道配用的示意图，却因为版面编排上的不重视，缩得太小，没有充分发挥示意图简明、直观、形象的特点和作用，有点遗憾。

这张由图说工作室制作的示意图，对 4 条线路进行了技术处理，重点突出、详略得当，是一张质量较高的示意图。但这张示意图在版面安排中却被忽视了，缩得很不起眼，示意图中除杭州、富阳、临安、绍兴、海宁能看清外，线路中的各个站点因字体太小而模糊不清，这对于关心线路走向和具体站点的读者来说无疑是增添了阅读困难。

当日同城报纸中，《钱江晚报》《都市快报》《每日商报》都做了报道，也都配了图。《钱江晚报》配的是一张取自《浙江省都市圈城际铁路近期建设规划环境影响报告书》的全图，但由于图片技术处理不够，4 条线路并不是很明晰；《都市快报》秉承其一贯重视图片的传统，配图突出，示意分明；尤其值得称道的是《每日商报》，以写意的一个圈标注杭州，4 条线路走向和具体站点一目了然。分析同城报纸的配图，虽然各有优劣，但普遍重视示意图的作用和效果。

西方新闻界流传着一个说法："一张照片胜于写一千字"。这主要是说一张图片如果用得恰当，往往能以较小的篇幅（版面）向受众传递更多的信息。在许多情况下，一件事如果用文字来表达，可能洋洋数千言下来，人们还是稀里糊涂；如果改用一张图片，则可以一目了然。正如高铁、地铁等交通规划类的报道，看个标题和导语，再加一张示意图，就能清楚明白地了解新闻事实。因此重视图片，发挥照片、示意图等的作用，改"重文轻图"为"图文并重"，甚至让图片唱主角，还需要编辑们提高认识，加以重视。

了解杭州是采编的基本功

在 2014 年审读中,发现有两篇报道在地名方面有明显的错误。此类差错在以前的审读中也多次指出。作为一家地市党报,《杭州日报》的读者大多是杭州人,而且其中还有不少是土生土长的"老杭州"。他们对杭州的历史、地理、文化等方面了解较多,如果在报纸上看到一些有关杭州的不专业的明显差错,会被这些"杭州通"当作笑话,从而也影响党报的权威形象。

其一是:桐庐县里还有个凤川县? 2014 年 5 月 20 日 B1 版都市新闻《捡到装有 7000 元钱和近 20 张卡的手包 两个刚辞职的大男孩共同的答案:"还!"》这篇报道,褒扬两位桐庐小伙拾金不昧的行为。但文内把一处地名搞错了。文内提到:"记者来到桐庐凤川县桑园村","项强明,26 岁,桐庐凤川县人。徐佳巍,24 岁,金华人,目前在凤川县生活。"其中,"凤川"并不是"县",以前是凤川镇,2011 年改为凤川街道。而且历史上凤川从来没有设县过。从行政区划上理解,一个县里也是不可能再设县的。这篇报道"凤川县"的提法,桐庐读者看到是要笑话的。

其二是:杭州哪来的环城南路? 2014 年 5 月 16 日 B2 版热线新闻《谁才是"白色飞絮"的始作俑者? 记者变身"福尔摩斯"盘查四大嫌疑树》这篇报道,在最后一个小标题下提到:"环城西路、环城南路、环城北路、解放路被这 4 条路围合着的传统老城区中,悬铃木是主打行道树。"在杭州市区有环城东路、环城西路、环城北路,唯独没有环城南路。为什么杭州独独没有环城南路? 以前也有过报道,有专家拿出民国时期(1927 年)绘制的《杭州市道路等级图》,那时候杭州就有环城线,环城北路(现在的环城北路)、环城西路(现在的环城西路——湖滨路一带)、环城东路(接近现在的秋涛路一带)和现在的主城区分布很像,但由于西湖把城南吃掉一块,所以那时候的规划里就没有环城南路,且延续至今。难怪造地铁的时候有专家直接说,杭州的城市格局"怪怪的",不适合环线。但不管怎么"怪",没有环城南路也是杭州的一个特征,决不能凭空想象有了环城东路、环城西路、环城北路,就一定会有环城南路。再说这篇报道,从文中描述的围合道路看,"环城南路"应该是"环城东路"。

　　一个地名,一条道路,虽然小,但却体现出杭州的历史、地理、文化等特征。"凤川县"与"凤川街道","环城南路"与"环城东路",虽然只有一两字之差,但对杭报的形象却会产生较大影响。作为全国一流的新型城市党报,它的采编人员应该要加强学习,读懂杭州才能贴近读者。目前采编人员来自天南地北、五湖四海,很多都不是杭州本地人。在一座还显陌生的城市当记者、做编辑,除了新闻业务培训外,了解杭州、熟悉杭州、融入杭州也是采编的基本功之一。

灾难报道常常有这类细节应重视

2016 年 7 月 10 日头版右边头条《地铁 4 号线中医药大学站 突发湿土灌涌事故》是市民较为关注的新闻，这起地铁施工事故发生在 8 日晚上，当天在网媒就有这起事故的内容播发。

本报 10 日对这起生产安全事故的消息做了报道，回应了社会市民的关切心情。但新闻结构有处细节处理不够严谨，有违逻辑。

导语写道："7 月 8 日 22 点 30 分许，杭州地铁 4 号线南段中医药大学站南基坑堵漏施工时，突发湿土灌涌事故……险情发生后，市委、市政府立即启动应急预案，市领导……第一时间赶到现场指挥抢险。"

消息主体部分展开后，有个细节问题出现："赵一德要求……争分夺秒抓好搜救工作，全力以赴搜救失联人员；……要认真开展伤员救治工作，妥善做好遇难、失联人员家属慰问抚恤工作，充分体现人文关怀。"这里，相关人员还在事故现场全力组织搜救 4 名被埋失联人员，生死不明，消息在这个节点出现"做好遇难、失联人员家属慰问抚恤"，是不合适的。报道说"对 4 名失联人员的家属作慰问安抚"于情理于逻辑才是通顺的。

因为这个新闻是隔天见报，4 名失联人员遗体在 8 日、9 日两天里陆续找到。那么，对"市领导要求做好遇难人员家属慰问抚恤等善后工作"这块内容应该补充在搜寻工作结束这个段落后较为合适。纸媒的新闻采写很多时候需要对多个信息进行综合处理，有别于新媒体的消息是单一、即时发布的，因此编写稿件时对细节需要考虑周全。这类细节虽不易被发现，但灾难报道常常有，提出来以引起重视。

管理

严格管理
从制度上防范差错

　　每天深夜,杭州新闻大厦 19 楼总是灯火通明,如果说《杭州日报》是一台每天不断生产新闻的机器,那么这里就是机器的核心——夜班编辑室。编辑和检校照排人员在各自的工作台前紧张忙碌着,小样、大样,一校、二校,一道道程序行云流水般走着,直到最后的清样放在值班总编的案头,等待着签字。子时前后,所有签过字的清样全部挂在夜班编辑室门口的墙上,像一排等待检阅的士兵,在送往印刷厂前,接受最后从头到脚的审查。几个小时后,崭新的报纸散发着油墨的清香,伴随着曙光,走进千家万户。

　　就这样,每一天每一份报纸都要经过采写、编辑,再到检校、印刷,最后经过投递才能送到读者手中,在此期间,任何环节出错,都会给报纸声誉带来不良影响。在审读中,我们发现有不少差错,跟报社的部门设置和流程管理有关,比如采编各部门配合得不够,互相之间不够通气,从而造成漏稿、重复发稿等;还有规章制度不完善,出现不同版面上的记者署名不统一等技术性的差错。

　　要减少差错、提高报纸质量,首先,要树立防范和杜绝差错的责任意识,密切配合,既要做到守土有责,做好本岗位的工作;还要有大局观念,部门密切合作,相互补台,才能最大限度地防止报纸差错的出现。其次,要建立健全制度和严格管理,比如谈版会制度,每天各部门汇报重点报道选题、策划,部门间勤通气;对采访组稿、发稿流程等相关规定要反复强调、严格执行,使大家增强责任意识,减少隐患。当然,最重要的还是对选题策划、采访组稿、编辑加工、终审签发等全流程进行质量和差错把关,明确职责,不能打折扣,不能图省事。有了制度保证,严格管理,才能最大限度地消灭差错。

两会报道比拼"自选动作"

每年年初,人大和政协"两会"新闻都是报道热点。一般来说,"两会"新闻报道可分为"规定动作"和"自选动作"两类。党报的两会新闻稿多数是"规定动作",突破性不大;媒体间相互竞争较劲的,更多的是"自选动作"。杭报的"自选动作"主要体现在"两会"特刊上。2014年《杭州日报》的"两会"特刊专设了"重点关注""两会侧记""举手发言""我在现场""两会日程"以及"议案提案"等栏目,内容较饱满,版面也处理得比较漂亮,不少稿子的文风贴近读者,在形式和内容上都较往年有所改变和提高。

但美中不足的是,"两会"期间有一批和百姓生活息息相关的"重要"新闻,我们在《都市快报》上看到了,如《被网友称为"最破最堵"的之江路今年重点改造》《杭州地铁二期建设计划有重大进展 最新上报国家发改委审批的有4条线》《富阳轻轨有了大致眉目》等,《杭州日报》上却没有相关报道。

这些新闻大多涉及远期规划,党报要刊发,可能在审稿程序上要求严格一些,但这些新闻直接影响到百姓的生活,作为党报,还是应该尽可能地去采写,争取发稿。从上述几条新闻涉及的新闻源来看,出自市发改委、城建和相关县(市)等。因此,要做好"两会"报道,仅靠时政记者还不够,需要跑部门的条线记者的通力合作。

另外,与《都市快报》等同城媒体比较,《杭州日报》的"两会"报道在贴近群众和挖掘新闻性上也有不足。《都市快报》的"两会"报道切口较小,关注的话题更贴近群众,贴近生活,如《今年杭州主城区准备关停所有燃煤锅炉》《老小区种了二三十年的大树 有些成了招人嫌的"扰民树" 用小树换走这些大树行得通吗?》《去年你请年休假了吗? 人大代表调查10位民企员工都说从没请过年休假》等。目前我们党报正致力于改进文风,提高质量,这些看似角度很"小"的新闻,值得我们关注,值得我们下功夫做好它。

专刊版面如何避免"吃剩菜"

　　2013年4月2日3C新闻版刊发了一则《1.59亿！国内最大单网络司法拍卖"落槌"淘宝》。新闻发生时间是3月30日，第二天也就是3月31日的《今日早报》《青年时报》等同城媒体早已刊发消息，而《杭州日报》的这则消息却放到3天后才见报，原因是3月31日和4月`1日是双休日，3C新闻版作为周刊版面，双休日是没有版面的。尽管杭报的这篇新闻在3天后才见报，但经过与同城其他媒体仔细比对后发现，其报道内容与其他报纸此前所刊发的消息大同小异，并无新意。

　　在这里，并不是批评周刊版面时效性差，而是讨论这些周期性的专刊版面该如何处理此类时效性强的新闻，从而避免"吃剩菜"的尴尬。有很多专刊版面并不是每天都见报，经常会碰到一些当日新闻，由于当天没有版面发，只能推到后面。虽然时效已过，但为了维持条线关系又必须刊发，怎么办？

　　不妨试试以下几条建议：

　　1.一般来说，当日新闻应该马上见报，即使本部门没有版面，也可以与其他新闻部门进行版面之间的协调，让稿件能刊发到当日的新闻版上。

　　2.如果当天新闻版面紧张，只能推迟到后面几天再发时，不妨再去挖挖新闻的第二落脚点，给报道增加一些深度和新意。如前面说的这条消息，除了报道国内最大单网络司法拍卖"落槌"淘宝这一事件之外，还可对这一事件做进一步的延伸报道。试举几例：自2012年7月浙江网络司法拍卖实现"首拍"以来，关于拍卖资质等质疑声一直不断；另外，此前拍卖领域主要集中于汽车，2012年11月首次拍出了一套不动产，12月又首次拍出了大型机器设备，而此番1.59亿出让土地"落槌"更是有里程碑意义的，司法拍卖领域正在逐步拓展；也可探讨网络司法拍卖是否真的渐行渐近。

新华社稿也不能保证全对

2014 年 10 月 26 日 2 版要闻,《"打虎"涌现新干将 "感动中国人物"当选中纪委副书记》一文中,在"亲民——常打电话给群众"一节第 2 段中说:"刘金国曾主动打电话给江西徐州的一位信访当事人闫某。"文中把"江苏徐州"错成"江西徐州"。这篇报道在叙述刘金国任公安部副部长的时间也前后矛盾。在"亲民——常打电话给群众"一节首段说:"今年 59 岁的刘金国,已在公安政法战线工作 22 载,2014 年 2 月任公安部副部长,……"而文后的"刘金国简历"中又称"2005 年 3 月,任公安部副部长、党委委员"。他究竟是 2005 年还是 2014 年任公安部副部长呢?查其简历,原来刘金国 2005 年 3 月担任公安部副部长、党委委员。2009 年 8 月起又兼任纪委书记、督察长。2014 年 2 月起又担任了公安部党委副书记,并明确为正部长级,在现公安部领导排序中位列第三。可见,2014 年 2 月是刘升任公安部党委副书记(正部级)的时间,并非其始任公安部副部长的时间。

2013 年 11 月 24 日 2 版综合新闻,《15 小时内,吉林松原发生三次 5 级以上地震》报道,开头说"继 22 日 16 时 18 分在吉林省松原市乾安县、前郭县交界发生 5.3 级地震后,今晨 6 时 4 分和 6 时 32 分,当地再次发生 5.8 级和 5 级浅源地震",文中的"今晨"应该是"昨晨",因为地震发生在 22 日。据推测,出现这个差错的原因应该是编辑删去了这篇稿子的电头——"据新华社 23 日电",却没有仔细检查文章里的细节。新华社是 23 日发稿,因此文中的"今晨"指的是 23 日晨,而我们报纸是 24 日见报,所以就应该用"昨晨"或"23 日"来替代。其实,不仅仅是处理新华社稿件,有时本地记者的稿子里也经常会用到"昨天""前天"等不确定的时间要素,编辑要根据见报时间进行处理。

以上两篇稿子都是新华社发的,新华社稿也不可能保证百分百全对,对此,版面编辑和检校不可掉以轻心。新华社也会发改稿,对一些稿件差错进行改正,以前,报社有专人接收新华社稿件,包括每天的改稿。现在新华社稿都在稿库里,由各版编辑自选。对一些重要稿件,相关人员一定要注意查看是否有改稿,及时接收,并按程序把差错及时处理。

广告审查和版面调配需要协调

2014年10月14日，B12版右下角的公益广告中，"与人为善"四个字因为设计的原因，字体出现变异，看起来像"与人伪善"，使得广告出现了相反的视觉效果。无独有偶，2014年10月17日，A10版的公益广告中，"责无旁贷"写成了"责无旁怠"。

一周内，公益广告连续出现两处错误和不当，引起不少读者不满，他们纷纷给报社打电话，提出意见。无论是新闻还是广告，报纸版面上的一字一符皆是语言，都有导向性。

国内纸媒广告出现重大差错的教训之前也曾几次发生，我们应该扎紧篱笆，以免再出现此类差错。目前，杭报的广告审查发布自成系统，并不在采编出版检校部门，所以广告部门应严格把关，堵上差错的漏洞。另外，从安全角度考虑，建议报社完善广告审查流程，看看是否能纳入采编检校系统。

除了广告内容审查外，广告的版面调配也需要注意。例如2013年5月17日A11版热线新闻是半个版加广告，A12版实时新闻也是半个版加广告，但热线新闻里有一篇稿子挂着实时新闻的栏头，实际上是实时新闻版放不下，只好移到热线新闻版。这样一来，等于实时新闻的栏头在两个版面上同时出现，显得很零碎。

这种情况以前也偶有出现，其实是可以克服的。比如这两个版面的下方，都是公告加分类广告，如果当天晚上对广告版面配置做些适当调整，将大部分广告放到热线新闻版面下面，把实时新闻集中放在一个版上，应该会好得多。

2015年12月25日B5版，报眉标着"旺财超市"，版面下部分却是"融媒体"的城市通。"旺财超市"与"融媒体"是本报两个不同的版面，不能混用。估计是做版面时复制了旧版心，报眉忘记改了。

从采编到出版，从广告到新闻，报纸是个环环相扣的系统工程，需要各部门的协调整合，也需要有个统一的指挥调配，而这个"指挥部"就是夜班编辑室。

很多时候版面上的一些问题在晚上是可以动的，包括新闻和广告版面的调配。另外，编辑、检校看版面一定要从上看到下，不放过每一个版面上的每一处信息，这样才能不出差错。

各版记者署名不能各管各

新闻稿要有署名，这是新闻写作最基本的要求，也是一件很严肃的事，它不仅表明报道的作者是谁，也意味着署名者要为报道的内容负责。2013 年 4 月 18 日 B7 版文化·娱乐新闻版《明星们都是用生命在跳水？有点夸张了……》一文没有作者，也没有注明来源。B8 版体育新闻版《麦迪"回锅"马刺 中国球迷这下纠结了》一文没有作者，也没有注明来源。2013 年 4 月 20 日 8 版体育新闻整版稿件都没有注明来源。

这样的例子还有很多，特别是文体新闻，因为很多都是转载或是根据其他媒体报道综合而成的，因此没有署名，也没有注明消息来源。事实上，新闻的最根本原则就是真实、客观、公正，因此记者、通讯员在采写新闻稿时，署上名字就意味着必须对其负责，如果是本报采写的，前面必须加上"本报记者""本报通讯员"，如果是出自新华社或是其他媒体的，也必须注明出自哪家媒体，或是本报记者综合报道，这既是对著作权的尊重，也体现对报道内容负责的认真态度。

按照报社的相关规定，各版面的记者署名形式基本是一致的，均为"记者×× 文或摄"，如果涉及文字加摄像，则为"记者××× 文＋摄"。然而杭州湾新闻版上却一直都为"文或摄/记者 ×××"，体育新闻版上经常出现"记者 某某 采写"或"记者 某某 综述"，但有时又没有，比如 2013 年 4 月 21 日 8 版文化·体育新闻，有两篇稿子是"记者 某某 采写"，而另外一篇只署了"记者 某某"，不知道是记者采写的还是综述的。2013 年 8 月 16 日 B1 版文化·娱乐新闻，右边条《最新版本十万个为什么》的报道，稿源来自新华社，但没有新华社的电头，只是导语前面加了个据新华社，文末也没署消息来源。

虽然版面上署名不一致，对读者阅读并无大不妥，但同一份报纸，各个版面署名不一致，总感觉有些别扭。为了报纸的整体版面风格保持一致，建议各版记者署名形式形成统一。

前后版面需要整合和呼应

2013 年 12 月 19 日 A2 版吴山时评《对"婴儿安全岛"不必有道德洁癖》对成都即将设立"婴儿安全岛"一事加以评说，刚好在同一天，B2 版热线新闻也刊发了《杭州或将试点"婴儿安全岛"》的新闻。可以说上述两篇稿子都做得不错，前者有理有据，后者生动鲜活，并配发了新闻背景、记者思考。但是，让人可惜的是这两条稿子在版面上却"各自为政"，互不相干，其实本来是可以配合在一起发的，毕竟内容是相同的，都是有关"婴儿安全岛"的。

对于报社来说，采编有条块分工，各部门也相对独立，但对读者来说，每天拿到手的报纸是一个整体，因此需要对各部门的报道进行整合，做到前后呼应，相得益彰。比如，在前面 2 版的吴山时评中增加一些杭州本地的内容，当然，吴山时评的成稿时间比较早，也许作者并不知道杭州也在考虑试点"婴儿安全岛"，那么这就要求晚上夜班编辑要下点功夫，把当天的新闻或改写或补充进去。

最简单的编辑工作就是在吴山时评后面加上一个备注：请读者关注 B2 版热线新闻上的相关报道。这样就能做到前后呼应，报道的整体效果就体现出来了。

一张图片竟有七个作者

2013 年 7 月 20 日头版要闻《绿色家园共呵护》的图片报道,内容为"天气炎热,市民给小区树木浇水"。一张小小的图片,但列出的作者却有一大排,其中通讯员有 6 个,再加 1 个记者,这张照片共有 7 个人"摄"。仔细看图片说明,其中提到,"自 7 月 1 日以来,天气炎热,有 6 个街道或社区组织号召市民参加了护绿活动"。

据推测,有可能这篇稿件在组稿时,同时向 6 个街道和社区都约了稿,或许这些街道和社区都发来了类似的照片,考虑通讯员的投稿积极性,而且天气炎热,既然大家都送来了照片,都参与了拍摄工作,所以在编稿时把他们的名字全都挂上了。

当然,此举照顾了通讯员,但对报纸的形象实在是有些影响。读者看到的是一则图片新闻竟有 7 个作者,他们心里会如何想呢? 处理好通讯员关系的同时,不能牺牲报纸形象,哪怕是一点点。

部门通稿应避免出现"记者"

2014年4月,杭州中泰九峰乡建设新的垃圾焚烧发电厂的事牵动了很多市民的心,市城管委等有关部门及时做出了回应,并在《杭州日报》上刊发了一组有关垃圾焚烧的系列报道,积极回答了市民有关垃圾发电厂的有关问题。这组报道处理中有个细节有些不妥,有必要提出来与同行们探讨。

4月25日A2版要闻,《日产垃圾8400吨 拉响垃圾围城警报》;4月29日A2版要闻,《5年后,每天有近万吨垃圾无处可去》;4月30日A2版要闻,《看看垃圾焚烧发电全过程》。这三篇报道都没有作者署名,但文内却都频频出现"记者",如:"记者就此采访了相关部门负责人""记者前段时间去探访过""记者来到距离广州主城区……""记者来到工厂四楼"等。

业内如今已形成共识,在消息导语前一般署上"电头＋作者(记者×××或通讯员×××)",如果外派记者采访重要新闻紧接着作者后加署"发自某某地"。之所以这样做第一是增强新闻真实性含量,第二也是给从业人员增强职业责任感。

有时候,出于宣传需要报纸也会采用部门送来的通稿,署记者或通讯员的名不合适,就采用不署名的方式来处理。但这时候文内如果出现"记者",多少显得有些矛盾,毕竟稿子并不是记者采写的。因此,外来的部门通稿中应尽量避免出现"记者",可以用"消息源的具体部门"来替代。

重复发稿何以一犯再犯

重复发稿，指的是同一事件的报道在近一段时间内重复刊登，这是报纸常犯的老毛病，对报纸品牌的影响很大。其中比较常见的重复发稿就是同样的稿子发了再发。

2013 年 4 月 2 日，A9 版财经·财富新闻《"竹语"获国际设计大奖》和 A11 版健康·教育新闻《杭州"竹语"伞获国际设计大奖》，报道内容一模一样。

2013 年 5 月 16 日 C10 版第十三届最佳人居环境展特辑，《杭州第三届"东田杯"少儿才艺大赛开赛》与当天 A4 版国内新闻·要闻上的《市第三届"东田杯"少儿才艺大赛开赛》，内容基本重复，连标题也基本相同。

2013 年 6 月 8 日 7 版区县(市)·杭州湾新闻《1 小时立起 31 米高塔 杭州首例应急"抢修塔"完成组立演练》，6 月 7 日 B2 版都市新闻《杭州首例电力抢修塔完成演练》报道过。所配图片相同，内容也基本相同，连通讯员的名字都是一样的。

2014 年 5 月 11 日头版《走进企业 现场办公》一文，在 5 月 4 日 7 版区县(市)新闻版上发过，两篇报道完全一样。

2015 年 7 月 13 日 13 版文化新闻，《第二届浙江工艺美术双年展开展》与 7 月 11 日 4 版要闻的图片新闻《去工艺美术博物馆看双年展》，虽然报道体裁不同，但是内容大同小异。

重复发稿的原因有很多。有的是报道领域重叠，如展览，既是文化新闻，也是旅游新闻，甚至是区县(市)新闻；有的是条块重叠，如电力报道，既是跑电力线记者的"阵地"，也是区县(市)的"范围"；有的是报道形式的不同，有的是文字报道，有的是摄影报道。

因为报道领域和采编条线有重合，记者写稿难免"撞车"，但稿子在报纸上重复刊登却是不应该的。既浪费了宝贵的版面资源，也不符合新闻报道求新求异的规律，严重影响报纸的声誉。

如何规避这样的差错，需要记者、编辑增强责任心，同时在稿件签发流程上也要把把关，一旦稿子见报，就要及时从稿库中撤去，避免其他版面编辑再次误用。

另外，报社要明确各环节把关的职责，一是谈版会上，如遇相同报道应及时汇报沟通，以便领导协调，避免两路记者各自写稿发稿。二是排版制作时，各版编辑要留意报纸的其他版面，如遇到别版有同类报道，应沟通协调；值班编委在清样时要特别注意重复发稿问题，发现后应考虑换稿。三是检校在校对过程中如果发现各版有重复发稿的，应及时向相关编辑、值班编委反映。通过层层把关，努力减少重复发稿的现象。

把好三类重复发稿的关口

随着版面、部门、线口的增加,新闻在不同版面的重复刊发成为一个突出的问题。这无疑造成了版面的浪费,也使报纸整体编排显得不够精致。以以下报道为例,主要存在以下 3 种情况:

1. 多部门重复发稿。

2014 年 4 月 22 日 B2 版都市·热线新闻《第十届动漫节建德分会场圆满落幕》,与 4 月 21 日 5 版区县(市)新闻《动漫节开设建德分会场》内容雷同。2015 年 1 月 13 日 A4 版要闻,刊发了新华社的图片新闻《3.4 兆发电机组舟山下海》,内容与 1 月 12 日 A9 版杭州湾新闻的头条新闻《世界最大海洋潮流能发电机组下海》相同,前者是本报记者采写的,内容更为具体翔实。2015 年 7 月 2 日头版报道了《人民科学家钱学森生平事迹回顾展昨开展》,同日 B2 版也刊登了一则简讯《钱王祠举办钱学森生平回顾展》。1 版的报道有个副标题——龚正参观展览,是时政记者采写的,而后面的简讯是园林部门通讯员发的。

2. 线口划分不明晰。

浙江博物馆的"守望千年:唐宋元书画珍品特展"的报道就是一个例子。文博线是文化新闻,但园文线归城市新闻,就出现了两边记者报道同一条新闻的现象。2014 年 4 月 18 日 B4 版文化新闻《"守望千年:唐宋元书画珍品特展"今天开幕》,与 4 月 19 日 6 版都市新闻·融媒体《守望千年书画珍品展在杭开展》相比,除了多了一些现场的描写,报道的内容完全一样。2015 年 7 月 9 日 A10 版消费·教育新闻《锦江都城酒店入驻杭州东站枢纽》与 B2 版热线新闻《东站东广场商业配套完成招商 锦江都城酒店正式入驻》重复。从报道看,应该是不同部门的两路记者同时写的。

3. 同样的内容,多次炒冷饭。

2014 年 3 月 21 日 2 版要闻,刊发了头条稿件《老厂房变身茶都地标建筑》,为即将召开的茶博会预热。过了一阵子,4 月 16 日区县(市)·经济新闻刊发《茶厂老厂房变身"茶都名园"》,再次报道同一事件,虽然时间间隔近 1 个月,但内容并没有新意，基本是一模一样。同样报道，隔了一个月又发一次，无疑造成版面资源的浪费。

采编部门条线划分比较细，难免有重合的地方，关键要有一种机制来预防，把好关口。比如像动漫节这样的重大活动，编辑部应该统一指挥，集中力量，发挥重大主题报道效应的最大化。再比如谈版会上，各中心在报题目外，要对选题做统一安排。又比如晚上清样时，检校人员应加强对此类问题的检查，一旦发现重稿或报道内容前后矛盾，要及时向值班编委、值班总编反映。值班编委对版面清样的检查也是重要环节，各个环节都做细致到位了，重稿基本可以杜绝。

节假日的重复报道较常见

重复报道是报纸常见的顽疾，特别在某些时间节点，如节假日更容易出现。

如 2013 年 10 月 2 日 2 版要闻，报道了"我市行政审批事项第一批清理减少率达 41.5％"的新闻。10 月 9 日 2 版要闻·国际新闻，再一次报道了"我市第一批清理减少行政审批事项确定"的新闻。

2013 年 10 月 5 日头版要闻，报道了余杭超山的"恐龙科普巡回展"。其实在 10 月 1 日 4 版区县（市）新闻，《国庆黄金周玩转余杭》的报道当中，就曾有一节已经详细预告了这个恐龙展。

新年首场雷锋广场活动，2014 年 1 月 3 日都市新闻版、5 日都市·新闻热线分别进行了报道。在 1 月 3 日《雷锋广场新年第一场活动 让志愿者帮你写过年春联》这篇服务类稿件中，对活动进行了预告，把参加雷锋广场活动的 17 支志愿者队伍罗列了一遍，方便市民读者参与。1 月 5 日《就像冬天里的一把火 新年头场雷锋广场活动火爆》这篇活动类稿件中，选取了雷锋广场活动中的一些亮点进行报道。但在报道的最后，又跟前一篇报道一样，把参加活动的 10 多支志愿者队伍又罗列了一遍。其实，在前面已有报道的基础上，现场报道抓住活动亮点即可，相同内容就没有必要重复了。

这两组重复报道的新闻主要内容都相同，且都发生在相隔没几天的节假日，应该引起重视。节假日，记者、编辑写（编）稿前应该看一下自己的报纸，特别要注意前后几天本报所发新闻。同时采编人员假日值班时，跑线记者、责任编辑交接班时互相通气联络也显得尤为重要。

边条位置的重复发稿较多

2013年2月26日区县（市）·杭州湾新闻版头条，《面对从天而降的18万元，你会如何选择》所报道的新闻事件发生在2月9日，其实在2月17日都市·热线新闻版就已经登过了，当天的标题是《"村警"老吴骑的电动车上多了个有18万元现金的拎包》。热线新闻版上的这条消息是作为边条发的，可能不引人注目，区县（市）新闻的记者编辑没看到，所以又刊登了一遍，而且还做了个头条，但从报道内容看，后面这篇报道新增的内容并不多。

2013年11月23日8版文化新闻，图片新闻《留住一份西湖印象》与前一天（11月22日）2版边条新闻《当一回观众 留一份西湖印象》，内容和作者均一致，只是前者有图，后者无图。

2013年7月20日6版都市·热线新闻，《现场为啥总有个梯子？原来小偷是个木匠》的新闻，报道了发生在临安几个乡镇的一桩偷电线案子。时隔4天，7月24日A8版区县（市）新闻，以《专偷变压器上的线缆，何某或将面临3—7年的有期徒刑》为题，对发生在临安的这起偷盗案又报道了一次。不同的是20日的报道来自公安线上，24日的报道来自记者站，新闻来源在不同的部门，新闻出口在不同时间、不同版面，但都是在版面的边条。

虽然重复发稿是顽疾，这个问题也已提出过多次，但这次需要再提醒一下的是重复发稿经常发生在版面的边条位置。也许是编辑平时不太留意看边条稿子，不知道其他版面已经发过了。因此，以后编辑看报纸时，应该多注意边条，小心检查，尽力杜绝重稿现象。

编发网络稿件要特别留意

2015 年 5 月 15 日 A3 版国内新闻，"热点热评"栏目，转载了人民网文章《许涛还钱 为何被万千网友"点赞"？》主标题是"许涛还钱"，题要是"舆情一致给徐涛点赞……"，再读内文，前面是许涛，最后两段又变成徐涛。那么，还钱的到底是许涛，还是徐涛？

经查阅其他媒体的报道，正确的人名应该是许涛，而人民网的这篇评论发布于 5 月 14 日，原文中后面两段有两处为"徐涛"，与文章前面的人名"许涛"不一致，可见网上初发的原文就存在人名前后不一的差错，而本报在转载时没有仔细校对，原文照登，所以跟着犯错了。可见，在编辑和检校这两道环节中都没有发现这一差错。

之前，本报使用网络稿件时也曾发生过类似人名弄错的事情，网络稿件有别于新华社稿库的新闻稿，没有新华社严格的发稿程序，因此在稿件使用时尤其要小心，即使对像人民网这样来自国家权威主流媒体网站的稿件，编发检校稿件时也要多加留心，仔细核对，避免发生差错。

逢年过节注意别漏大新闻

2013 年 4 月 30 日，"五一"小长假第二天，杭报漏发了一条重要新闻：《阿里巴巴 5.86 亿元收购新浪微博 18％股份》。翻看同城报纸，《都市快报》以头版次条导读刊发，《每日商报》《今日早报》《青年时报》均作为头条导读刊发，在专版里进行大篇幅报道。《钱江晚报》虽然没有导读，但也是将该新闻作为财富新闻版头条，进行了半个版的报道。在外地报纸方面，正好手头有一份上海的《东方早报》，也是在头版进行导读，在财经版上刊发了大半个版的报道。

阿里巴巴入股新浪微博，这无疑是两大互联网巨头的最新动向。这体现了阿里巴巴和马云的商业嗅觉，也将推动微博这一社交工具发生重要的变化，吸引了各大媒体的重点关注。像这样的重要新闻，为什么漏报？如何在今后的报道中"亡羊补牢"？有几点揣测，也有几点建议，供大家思考。

一是这条新闻正值"五一"小长假第一天，即 4 月 29 日发生的，是否因为放假，记者休息，而导致这条新闻无人关注？作为相关的跑线记者，在同城媒体同行都在抢这条新闻的时候，没有一点新闻线索，应该不可能。如果记者获得新闻线索，应以抢抓新闻为己任，放弃休假，追踪报道。如果记者确实有事脱不开身，也应向中心主任汇报，由中心主任安排其他记者进行采访报道。因为放假而放任重要新闻的缺失，这有违新闻记者的职责。

二是没发这条新闻，是不是因为没有专刊版面的缘故？这条新闻与 3C 新闻最为相关，与财经新闻、财富新闻等也相关。但由于假期是缩版的，可能没有安排有关专刊。如果是这个原因，应该检讨本报的发稿机制。像这样的重要新闻，时效性是第一位的，不应该把它作为专刊的新闻内容，等到有专刊版面时再发，因为到那时，就已经成为"旧闻"了。应该打破部门藩篱，直供新闻版面。

三是通过这件事，报纸应建立重要新闻漏发的扣罚制度。如果是重要新闻，同城其他媒体都发了，本报未发则为漏发，要扣罚相关责任人，以此增强记者抢抓新闻的意识，提升报纸的竞争力。

热点新闻需要及时跟进

2014 年 5 月 3 日星期六，杭州前八所重点高中进行保送生测试，2194 名入围学生参加。作为家长、学生关注的杭城教育热点新闻，但杭报第二天的报纸上缺了这条鲜活的新闻。

从同城媒体报道看，这次保送生测试还是蛮有看点的，如考生们普遍叫难；高中学校对保送生的选拔比往年严格，最多可按照 7% 的比例退回；英语面试时学生每人开口都是"Nice to meet you"，老师听得很崩溃等。

这条新闻的缺失，可能与周日没有教育新闻专版有关。当然，目前教育新闻专版正在进行的"中考冲刺"公益讲座，也是本报教育新闻专版的独家优势和品牌。但对家长、学生关注的教育热点新闻，还是应及时采访报道。虽然次日没有教育新闻专版，但从时效性的角度出发，应该要及时向要闻版供稿。

本地大新闻不应该漏掉

2013年12月18日，翻开同城媒体报纸，均可看到醒目位置和大篇幅的报道《杭州警方打掉一特大制假卖假团伙，淘宝最大A货女卖家被批捕》的新闻，引起读者的关注。但反观杭报，却没有只字报道。漏报这样的本地大新闻，实在不应该。

在当日报纸中，《都市快报》《钱江晚报》《青年时报》《今日早报》均以头版导读、内版大篇幅的方式，对这起案件进行报道，可见这是一起当日的重大本地新闻。从报道看，杭州下城警方17日向各媒体通报了这起经济类案件。85后杭州姑娘李某除做服装生意外，还在淘宝开网店卖假冒国际大牌产品，仅最后6个月的销售额就达2000万元人民币，成为公安部督办、省市区三级经侦部门和淘宝网联手侦办的大案。9月29日下城区公安分局经侦大队专案组将李某抓获归案，且已被检察院批捕。有的媒体除报道李某如何制假售假外，还请来律师，从法律角度说"法"，这对于众多网店卖家来说，也是个警醒。

按理，这则新闻是由杭州下城警方向各媒体通报的，但为何单单就《杭州日报》没有报道呢？是怕影响社会安定？应该不是。是因为经营原因？更不像是。如果是因为失误漏报了，就很不应该了，要树立杭报"一流新型城市党报"的形象，需要从每一条新闻做起。

学费涨价被漏报太不应该

2014 年 7 月 12 日,同城各大报纸均报道了省物价局召开高校学费调整听证会的消息,我省公办普通高校的学费,明年秋季起拟平均提高 15.22%,平均学费标准为 6483 元。比如浙大工科类,目前学费 4800 元,明年将提至 6300 元。上大学更贵了,学生、家长都很关心。但对于这一牵动社会广泛关注的新闻,杭报却无任何报道,明显是漏报了。

翻阅当天的同城报纸,《今日早报》《每日商报》均以头版头条导读、版内较大篇幅的方式进行报道,《钱江晚报》《都市快报》《青年时报》也均在版内做了较大篇幅的报道。比如《钱江晚报》的报道,以"办学成本连年涨,90 多亿债务压得高校有点累"为第一小标题,介绍了高校学费调整的背景;以"来自社会代表的声音:用途关、审计关要把牢"为第二小标题,反映了听证会上社会各界代表的意见;以"困难学生保障成最关注话题,方案提出将加大资助力度"为第三小标题,表达了对贫困生今后能否上得起大学的担忧。报道还配以省内高校各专业学费拟调整价格和省内高校现状、部分省市调整学费的涨幅情况等图表,让读者对调整情况一目了然。

教育是众多学生、家长关注的话题,而学费调价更是牵动社会的神经。虽然今年刚考上大学的学生和家长们不用担心学费涨价的问题,因为调整后的学费标准明年秋季才执行,但学费调价的新闻影响,与每一位大学生、高中生,还有众多家长,都是直接相关的,社会各界的读者也是颇为关注的。从报道看,本次听证会由省物价局主办,而省级部门的新闻源是市级党报的一大软肋,有时会有漏报,但当天杭城各大媒体包括《每日商报》均对此有报道,杭报记者应该不会"缺席"此次听证会,如果是参加了,而后续环节出现漏报情况,就太不应该了。

抗战老兵的爱情故事没抓住

2014年9月8日、9日这两天，有则萧山抗战老兵周福康与日本姑娘70年前的爱情故事，成为报纸、微博和微信圈热点新闻，读后令人唏嘘不已。可惜，我们杭报漏了这则相当可读的新闻故事。

中秋是万家团圆的日子，这个时点报道出周福康的故事无疑是符合时宜的。再者，今年全国上下大力宣传中国人民抗日战争暨世界反法西斯战争胜利69周年，围绕抗战老兵身上发生的当年事新闻性很强，当然成为媒体争相报道的内容。

看快报9月9日4版新闻，这个新闻故事来自于网络，文内写道：一则关于抗日老兵周福康的微博，这几天被各大新闻网站转载。昨天下午，腾讯新闻也在微信上推送了这条消息，一时间成为网友中秋热议话题。

有网友评论说，这段故事简直是电影《海角七号》的翻版，很多网友关心老人现在的生活。老人的现状如何？他还能见到70年前的那位日本恋人吗？

……

其实，翻阅杭报9月3日B12版镜像，"最后的守望　不老的精神"这组新闻摄影报道当中就有这位周福康抗战老兵的影像和文字介绍。不知道其他媒体记者是否是看了杭报报道后，才去挖掘出这个感人的新闻故事的，但杭报记者看到摄影报道后却没有继续深挖下去，有点可惜。

多家媒体记者通过新媒体重新挖掘报道了这个题材，我们却没有发现或是发现了没有引起重视，让其漏掉了。之前，审读报告曾经指出要善于从新媒体发现和挖掘可以报道的本地新闻，其实这也应该是媒体融合发展的题中要义之一，不重视两者间融合是难以做好报纸新闻的。

党报不能缺席趣味新闻

2014 年 4 月 8 日,《都市快报》用了两个版的篇幅报道了"第二届菠萝科学奖",后来又采访了来参加颁奖的几位著名科学家,作了专访报道。

据介绍,这个奖是由著名的科普网站"果壳网"和浙江省科技馆联合颁发的,效仿美国的搞笑诺贝尔奖颁奖,奖励具有想象力且有趣的科学研究成果的。虽然它是非官方承办的,但作为一个趣味科普盛会,很受世界各地科学爱好者关注。据说今年颁奖吸引了海内外 100 多家媒体聚集参加,也算得上杭城科学界的盛事。但作为杭州本地最有影响力的党报,我们《杭州日报》却对此次科学盛会只字未提,不能不说是一大憾事,在趣味新闻报道方面,党报也不应该缺席。

编辑有删改相应文字也应调整

2015 年 1 月 14 日 B2 版热线新闻《"兴趣是最好的老师",但万一"老师"不靠谱呢?》,在导语段提到:"但有时候,兴趣这位'老师'要是跑偏了,它们的'学生'也会被带到沟里。比如说,下面这三位……"但后文只提到了两位,一位是对枪械有兴趣、非法持有枪支的四川小伙小吴,一位是喜欢养宠物、养了一条缅甸蟒的丽水小伙小甘,并没有提到第三位有特殊兴趣爱好的人。估计记者写的原文里有三位,但因为版面有变化,编辑删除了一位,但导语却没有跟着调整,才出现三位与两位的前后不符现象。这种情况在本报并不少见,在此提醒一下,编辑删改内容后,报道中的相关文字应作调整,否则就容易出现前后不符、文题不搭的情况。

类似的差错还有 2015 年 7 月 1 日 B4 版文化新闻,《一锅小米粥的故事》第一节标题是"父子一起从军,哦,介绍人原来是地下党",但内文却丝毫没有提及介绍人是地下党的细节,估计是相关的内容被编辑删掉了,但标题却没有改过来。

"城市通"已改名为"城事通"

2016 年 4 月 18 日《杭州日报》刊发消息，宣布新版"城事通"APP 隆重上线，从原来的"城市通"改版升级为"城事通"。但改名后，在杭报的报道里仍然存在把"城事通"写为"城市通"的情况，如 2016 年 5 月 3 日 4 版都市热线新闻《镜头下，杭州之夜的每一面都很美》："看着如此的美景，镜头是记录下它最好的方式。这个小长假，《杭州日报》城市通发起了'全城试灯，市民摄影大晒'活动……"这里的"城市通"，仍是老名称，应该是"城事通"。

"城事通"是杭报重点打造的新闻客户端，旨在通过新手段、学会新能力，在移动互联网端延续和扩大杭报 61 年的品牌力量。因此，在涉及"城事通"活动的新闻报道中，也要紧跟步伐，做到名称统一，从而扩大影响。

大视觉主镜头应聚焦杭州

　　2016 年 5 月 9 日 16 版大视觉推出两组摄影报道。下半版的《走走拍拍，渤海的鲅鱼圈》，是本报记者参加全国新闻摄影采访活动，为读者带来了渤海湾营口的风光，介绍了当地丰富的旅游资源和独具特色的海洋经济，开阔了读者眼界。而上半版的《胡明明的光明世界》，来自大视觉图库，报道的是河南省夏邑县城关镇盲人按摩师胡明明在家乡创业的故事。这组摄影报道与杭州并无联系，且事迹也不典型，该不该发，值得商榷。

　　其一，报道从头至尾，胡明明与杭州并无任何关联。从报道中看，胡明明从小患有眼疾，并逐渐失明，但她考入西安交大国际贸易专业，又去郑州一家按摩学校学习盲人按摩技术，回河南省夏邑县城关镇家乡创业后，还进入北京联合大学特殊教育学院学习，其经历与杭州并无交集。从地域性看，像这样的报道在河南当地媒体中刊发更加合适。《杭州日报》作为地方城市党报，除国内国际新闻外，报道的主战场是杭州。大视觉作为杭报的摄影报道之窗，其主镜头还是应该聚焦杭州，反映杭州的人和事。

　　其二，作为配合 5 月 15 日全国助残日的宣传报道，胡明明事迹也不典型。虽然胡明明自强自立，学习按摩技术，创办按摩专业店，帮助患儿康复，并安排五位残疾人就业，成为当地的盲人创业之星，但像她这样自强不息的残疾人，杭州也有很多，有些残疾人的事迹比她更典型，更值得报道。就在 4 月 21 日，本报专版刊发了杭州市首届"最美杭州人——十佳残疾人"和第二届"最美助残志愿者"评选，其中自强不息的残疾人和扶残助残的志愿者，都是杭州的"最美"，从中选取报道人物，更贴合本报的宣传。

要重视边条的内容及处理方式

在报纸版面中,边条是相对次要的,因此一些短小、信息量少的报道可以安排在边条位置,也作为版面有益的补充。但边条也不能随意"填空",还是要看稿件的内容。之所以说到这个话题,是看到2016年6月24日A12版经济新闻的一则小稿件《衢州交行首家普惠型网点开业》,全文不到两百字,且安排在最右下角的边条位置,但读来却有不少疑问。

全文很短,就不按报纸格式,引用如下:

"本报讯(通讯员 衢交行 记者 ××)经过紧张的前期筹备,日前位于衢州龙化路的衢州交行首家普惠型网点正式开始营业。据了解,交行衢州龙化路支行作为衢州交行首家普惠型网点,经前期紧锣密鼓筹备,对网点周边商圈社区的扫街宣传、联合街道在中心广场的造势预热及全员的助力营销,开业当日实现开门红,累计人流量达千余人次,发放宣传资料千余份,500多位客户到该支行开办了借记卡、手机银行、个人网银等业务,受到了客户的欢迎和好评。"

看完这篇报道,觉得有三点不妥。其一,交通银行在衢州开了家网点,与杭州有什么关系?杭报作为地方党报,报道的触角虽已延伸到杭州湾,但并没有延伸到衢州。衢州多了一家银行网点,杭报的读者不会关心。其二,如果交通银行与杭报有经营合作关系,希望杭报多宣传,可选择与杭州有关的新闻,把衢州一家网点开业刊登在杭报上是否有些突兀?其三,如果是经营合作的软文广告,用"本报讯",署记者名,更不合适。

因此,对边条的内容及处理方式也要重视。在内容上,要贴合报纸定位和版面主题,选择与杭州有关联的稿件刊登,以免不和谐、不搭调。对经营合作单位的软文,不能来稿照登。在处理方式上也要研究。如果是经营合作的软文,最好不要挂"本报讯",不要署"记者",可以在文末署名,这样就与其他边条稿件有所区隔。如果要挂"本报讯",要署"记者",应该深入采访,变换一下报道角度,切合版面主题。正如以前审读报告中提出的,为广告客户或经营合作单位提供软文支持,在新闻版面中刊登一些报道,是必需的,也是正常的,但也要针对它的特点,给它找个好去处。如果能与版面主题融为一体,那效果最好。如果融为一体有困难,那也要与版面主题搭边,同时又有所区隔,这样就不会显得突兀。

小长假里这些新闻没看到

清明小长假,虽然只有短短的三天,但报纸仍旧是要出的,新闻也是要报的。但翻阅这几天的报纸,有几条新鲜点的新闻并没有看到,有点遗憾。

一是 2016 年 4 月 1 日晚在黄龙体育场进行的杭州绿城与山东鲁能的中超比赛。作为漫长的中超联赛中的一场比赛,不报道也是可以理解的,但这场比赛有点特殊,因为在当天的杭报 B4 版文体新闻中已经提前进行了预热,标题就是"今晚绿城大战鲁能"。报道中提到山东鲁能是中超劲旅,而为了迎战这场比赛,杭州绿城外援卡希尔从澳大利亚火速归队,可见还是蛮有看点的。当晚的比赛也让杭城球迷惊喜:杭州绿城在 5 分钟里连进两球,击败劲敌山东鲁能。但 4 月 2 日的报纸上,并没有看到赛况报道,给人有头无尾的感觉。可能原因是当天没有文体新闻版,所以就不了了之了。

二是 4 月 3 日发生在江干区新塘路乐购超市某珠宝店的黄金盗窃案。一位 24 岁的温婉美女化名应聘店员后,上班仅 5 天时间就"监守自盗",将两只保险柜里的项链、手镯窃走。江干警方迅速破案,仅 5 个小时就将嫌疑人抓获。这个新闻《都市快报》《钱江晚报》《青年时报》都有报道,但在本报并没有看到。

小长假虽然减版,但读者关注的新鲜新闻不能"减"。像杭州绿城与山东鲁能的比赛,作为预热报道的延续,应该派出记者采访报道;次日没有文体新闻版,也可以版面间"互通有无",稿件安排在综合新闻或都市新闻中也是可以的。而像江干区乐购超市黄金盗窃案这样的突发性新闻,则是考验报纸应急能力的"试金石",也从一个侧面反映了报纸的管理问题。

见报时日期错误会误导读者

为保障 G20 杭州峰会顺利举行,其间杭州除重点区域全封闭外,还对机动车实行单双号限行。随着峰会圆满落幕及首个双休日(9 月 10 日、11 日)的到来,特别是双休日杭州部分地区调整为工作日,杭州是否实行机动车"错峰限行"和西湖景区单双号限行?2016 年 9 月 10 日 9 版都市·热线新闻《明后两天西湖景区不实行单双号限行》,为读者提供了出行参考。但由于报道见报是周六,报道中的"明后天"指周日、周一,而实际上应该是指周六、周日,即"今明天"。这个日期错误,会引起误会,甚至误导。假如有读者周一"错峰限行"时间开车上路或不按照单双号限行措施进入西湖景区,受罚后向杭报"讨说法",怎么办?

文中说:"记者昨天从杭州公安交警部门了解到,明后天两天,杭州市区不实行早晚高峰'错峰限行'措施。同时,西湖景区也不实施单双号限行措施。"根据见报日期 9 月 10 日(周六),这个"明后天"是指 9 月 11 日(周日)、12 日(周一)。而根据杭州交警发布的信息,9 月 10 日(周六)、11 日(周日),考虑到杭州部分地区调整为工作日,且外地游客密集来杭,杭州市区不实行早晚高峰"错峰限行"措施,同时西湖景区也不实行单双号限行措施。

究其原因,第一种可能是稿件本应周五见报,但因故推到周六见报,但日期没改动;第二种可能是记者周五稿件发到新媒体,那"明后天"是对的,但报纸上版后是周六见报,日期没有调整过来。这样的"时间差"随着新媒体、报纸"一稿两用",更需引起重视。要避免这样的日期差错,见报稿件应以见报时间为参照系,据此写作日期,也可在今天、明天后用括号标注具体日期,方便编辑、校对判断正误。如果是因故推迟见报,重新上版后编辑要对日期进行修改。

事实

小枝小节
关乎新闻品质

导演"田沁鑫"写成"田泌鑫","梅灵隧道"写成"梅岭隧道","荻浦村"写成"狄浦村",一个产业园入驻2000万家企业……这些见诸报端的差错对于一张争创全国一流的大报来说,真如眼中长钉,肉中长刺。

对于《杭州日报》这样一张城市党报来说,要出现大的事实差错也是很不容易的,因为有各种规章制度,各道关口哨卡,但是这些看上去不起眼的小差错却能轻而易举地瞒过我们记者、编辑、检校的视线,隔三岔五轻松跃上我们的版面。

一个人名、一处地名、一个数字,有人认为是芝麻绿豆大点儿的小事,现在是新媒体横行的时代,值得这么认真去注意这些细节吗?我们却认为这些看上去细枝末节的差错,改变了新闻的基本事实,关乎新闻质量和舆论影响。从采编方面能够反映素养,反映态度;从媒体方面能够反映报品,反映报风。

时下,业内有"无错不成媒体"的片面观点。客观地说要做到"无差错"是媒体力求达到的完美境界,但据此不可为发生的差错寻找理由,如果思想上没有筑起防错的堤坝,"无错不成媒体"就会成为读者对媒体质量的刻薄评价。这足以引起业内的警惕和重视。

要从根本上解决差错问题,从业人员的业务素养很重要,但更重要的还是思想重视,态度认真。

是不是真的可以下河游泳？

　　2013 年 2 月 21 日 B1 版都市新闻《年内，主城区要消除 30 条黑臭河道　打造 5 条"生态示范河道"》是一篇好稿子，稿子选用了一个非常出彩的"新闻眼"——网络近来热议的"请环保局长下河游泳"，由此引出杭州不少河道也面临综合治理的问题，再层层剖析河道污染的来源并提出治理的办法，读来一气呵成。

　　不过，有一处提法值得商榷。看导语，"可以说，主城区内可以让人游泳的河道并不多，除了饮用水取水河——贴沙河以外，就只有中河、东河、五常港、湘湖、西湖、沿山河的局部河段和比较小的浙大护校河等，不到 10 条"。记者的本意是这些河流清澈得可以让人产生下水游泳的欲望，但这样表述容易引起误解，读者会误以为这些河道真的允许游泳。事实上，我们每年都有禁止在贴沙河、西湖偷泳的报道。文内小标题"主城区内能下水游泳的河不到 10 条"以及主标题"生态示范河道"后面特意跟了"（能下水游泳的）"更加容易强化上述误解。

　　当然，稿子要契合"请环保局长下河游泳"这个新闻眼，不提"游泳"，难显精彩。"能下河游泳"的提法可否改为"让人不禁想下河畅游"更妥帖一些？最后文内专门做个小提示（说明），"让人不禁想下河畅游"是指河道治理后达到的直观效果，杭州河道并不允许游泳，美丽环境，大家维护。

木兰？玉兰？

　　是木兰？还是玉兰？看了2013年3月15日A14版都市·教育新闻《梅花退场 来植物园赏木兰大道》这篇消息，却是一头雾水。

　　标题是说去植物园赏木兰大道。文内首先说的是"这几天，玉泉路两边100余棵玉兰花已争相开放"，然后说"其实植物园作为杭州著名的赏玉兰胜地，有不少赏玉兰的地方，最值得推荐的有3条景观大道"，看来这标题做错了，应是"来植物园赏玉兰大道"吧？且慢！后面接着说"除玉泉路外，还有玉古路和植物园北门主干道，两边道路均种植百余科（棵）木兰树。"不是"玉兰"，是"木兰"？那标题"来植物园赏木兰大道"是对的呀。且慢！后面又说"玉兰花花期时间较短，只有10天左右"，"要赏玉兰的市民游客赶紧迎着春天的气息共赏这洁白无瑕的玉兰花吧"。看到这，到底是"木兰大道"还是"玉兰大道"？一头雾水，真心无语了。

两条新闻两个结果自相矛盾

　　2013年3月28日,C2版地产周刊论战《不听话的"坏孩子"》,提到"一家机构"统计数据显示,"目前65％左右的买房客户表示不受影响,仍然按计划买房",而在C3版业界的地产快讯中,却有这样一条新闻——《七成投资性购房者推迟购房计划》,说"据《华西都市报》报道,近日,国家统计局成都调查队针对'新国五条'在市民中的反响进行的调查显示,七成投资性购房者将推迟或取消购房计划"。这两个调查结果截然相反,一个说不受影响,一个说受影响,出现在同一天报纸前后两个版面上,未免会让读者糊涂。

地区、省份、城市不可并列搭配

在审读中偶有发现地理常识错误的。如 2013 年 5 月 4 日 4 版国际・财经新闻《一只鸭子牵动多个产业》:"不少企业不得不前往非疫区收购原毛,比如东北、山东和广东等省份。"文中"东北"是地区,不是省份。又如 2013 年 5 月 7 日 A8 版财经・杭州湾新闻《野生动物湖州安家》:"从江苏、南京、杭州等地赶来的很多游客都是对朱鹮好奇想来看一看",其中江苏是省份,涵盖南京(南京是江苏省省会城市),"江苏、南京、杭州"是不能这样并列搭配的。

"时间"搞不准要被读者笑话

在新闻报道中,时间要素是很重要的,这既是新闻真实性的要求,也是报道的基本元素。但在 2013 年 6 月的审读中,发现几处在"时间"问题上有点马虎的事例。

如 2013 年 6 月 10 日头版左下角的图片报道《遗产日看皮影》:"6 月 9 日是第 7 个中国文化遗产日,市民们在潮鸣街道市民文化广场上欣赏已列入世界非物质文化遗产名录的海宁皮影戏。"回想起前一天看到的 6 月 9 日 10 版都市新闻《世界文化遗产日很多展览等你去看》,报道中是说"今年的 6 月 8 日是中国第 8 个文化遗产日"。到底是 6 月 8 日还是 6 月 9 日是中国文化遗产日?是第 7 个还是第 8 个?看了两篇在"时间"上有点出入的报道,不知道哪个答案是正确的。这个"谜底"在 6 月 11 日头版《杭州市 2013 年中国文化遗产日活动昨启幕》中揭开了,作为官方活动,报道中说"6 月 8 日是我国的第 8 个文化遗产日"。看来,6 月 10 日头版的图片报道,把"时间"搞错了。

2013 年 6 月 8 日 8 版人大视窗《奔走在抗震救灾的前线》,报道的是杭州市人大代表何军和杭州户外运动协会(公羊会)赴雅安地震灾区救援的事迹,但在报道中也有一处"时间"留下疑问。报道中说:"21 日凌晨,救援队又奔赴当时灾情更为严重的宝兴县的永福乡和五龙乡灾区……"而根据前文,"4 月 20 日上午10 点 30 分,一支由六位专家、一条搜救犬和一辆通信指挥救援车组成的公羊赴川突击抢险救援队正式从杭州开拔……经过 25 个小时的长途跋涉,突击救援队在四川成雅高速与公羊会从成都集结的满载医疗用品和抢险生活物资的后勤物资抢险车顺利会合。队伍又以急行军的速度于 21 日 15 点 30 分进入震中芦山县城……"21 日下午才进入震中芦山县城,怎么可能 21 日凌晨又奔赴宝兴县?此处的"21 日凌晨"是否是"22 日凌晨"或"23 日凌晨"?"时间"问题,真的马虎不得!

杭州德清何止"一桥之隔"

2013 年 6 月 24 日 5 版杭州湾新闻·旺财超市,《都市圈驶出"人才直通车"》:"说到杭州,德清人更喜欢用'一桥之隔'来形容。从杭州武林广场开车去德清,正常情况 40 多分钟就够了。而即将开通的杭宁高铁,将德清与杭州的距离拉至更短:在德清站上车 10 分钟后,就可到达杭州。"一般来说,一桥之隔形容的是隔江相望的两个地方,但杭州与德清显然不是这样,有可能此处是用来将杭州与德清之间的 10 分钟高铁车程比作是一座桥之间隔江相望的距离,但文中并没有相关的说明,用"一桥之隔"不是很贴切。

"民渠"恐是"明渠"之误

　　2013 年 6 月 28 日 B2 版都市·热线新闻《从窨井中拉出一床棉被 雨中馒头山 24 小时疏堵忙》报道说，上城区市政园林管理所的施工人员正在打开的窨井里清理阻水物，而阻水物就是从馒头山民渠冲刷下来的树枝和各类生活垃圾。此处和后面两处提到的"民渠"是什么意思？ 是指民用的渠道？ 据查找资料，并没有"民渠"的说法，恐是"明渠"之误。明渠，是指天然河道或人工渠道，其特点是渠中液面与大气相接触，是没有遮挡的，与之相对应的是阴沟、暗沟或下水道。从报道中看，流经馒头山社区的这条渠道的水，是从馒头山上流下来的，应为"明渠"。

茶农挑的水量被放大一倍

　　2013 年 7 月 13 日 5 版都市新闻头条"天气笔记"——《再不下雨，金贵的龙井茶叶要被晒干了》，报道西湖区茅家埠村的茶农因天天高温，凌晨五点半就去给茶树苗浇水，四个半小时要挑 1.3 吨水。但仔细分析，这 1.3 吨水是计算错误的，因为在计算中记者把 1 吨错当成了 1000 斤，而正确的换算应是 1 吨为 1000 公斤。

　　报道中说，茶农吴师傅每次挑 2 桶，约 100 斤的水，上午他挑了 13 趟。计算一下，他挑了 13×100＝1300 斤的水，换算成公斤应该是 1300÷2＝650 公斤。而 1 吨＝1000 公斤，1.3 吨＝1300 公斤，而不是 1300 斤。因此，正确的是，吴师傅挑了 13 趟，每趟挑 50 公斤，共挑了 650 公斤，为 0.65 吨水。

　　由于在日常生活中使用得更多的计量单位是"斤"，因此在换算时容易把"公斤（千克）"忽略，从而在换算成"吨"时搞错。因此在计算重量时，应该有公斤（千克）的概念，这样就不会闹笑话了。

错用降价文件做涨价新闻

　　2013 年 7 月 20 日 7 版财经新闻《成品油迎来新定价机制后最大涨幅》，报道从 7 月 20 日零时起，全省汽、柴油（标准品）最高零售价格上调，93 号汽油上涨了 0.26 元/升，97 号汽油上涨了 0.28 元/升，迎来新定价机制后的最大涨幅，私家车主的油耗费用将增加不少。但这篇报道却出现"乌龙"，其调价依据竟是稿件首句里的"《浙江省物价局关于降低成品油价格的通知》"，而准确的应是"《浙江省物价局关于提高成品油价格的通知》"。

　　分析这篇稿件出错的原因，有可能是记者写稿时"复制"了以前汽油调价的稿件，而疏忽了文件名的改动。据了解，今年 3 月国家发改委推出成品油定价新机制，调价周期缩短至 10 个工作日，因此汽油涨价、降价也成为常态，报纸有关成品油调价的报道也成为常规性报道。如果把上一次汽油降价的报道"复制""粘贴"过来，再增添新数字、新内容，就容易疏忽。

　　在常规性报道中，"参考"一下此前的报道未尝不可。但复制以前稿件时要十分小心，要按新情况仔细核对，否则就容易出错。

《青蛇》导演的名字写错了

2013 年 7 月 30 日 A16 版文娱新闻《田泌鑫来杭谈〈青蛇〉 眼睁睁地看着秦海璐袁泉从"良家"变"妖精"》,报道一位著名话剧导演来杭举行"名家说戏"讲座,话题是她的《青蛇》。但这篇报道把导演的名字写错了,"田泌鑫"应该是"田沁鑫"。

新闻报道对人名要求准确无误,把导演名字写错,而且错在了标题上,报道做得好粗糙。

"梅岭隧道"应该是"梅灵隧道"

2013 年 8 月 2 日 A12 版"来自一线的高温报告⑨",《雷击松树引燃景区山火 250 余名联防队员和村民冲上山顶救火》:"梅岭隧道南口的小牙坞有山火","起火的地点是西湖景区梅岭隧道南口大岗山白沙坞山顶",其中两处提到的"梅岭隧道",应该是"梅灵隧道",是西湖景区梅家坞至灵隐间的一条隧道名。

经查资料,2014 年西湖景区已有西湖隧道、万松岭隧道、玉皇山隧道、九曜山隧道、吉庆山隧道、五老峰隧道、梅灵隧道(梅家坞至灵隐)、灵溪隧道(灵隐路至西溪路)、九里松隧道等,紫之隧道(紫金港路至之浦路)正在建设中。隧道名都是以隧道所在地点或隧道两端地名而取的。

孙杨撞车到底在哪个路口

奥运冠军孙杨无证驾驶撞车事故的报道比较及时,但对于他出事的路口,连续两天的热线新闻版上却出现了三种说法,到底是哪一条呢,让人有些糊涂。2013年11月4日10版都市·实时新闻,《奥运冠军孙杨涉嫌无证驾驶》,一开头就说:"昨天14:00许,体育场路与武林路西口,发生一起追尾车祸……"第二天,11月5日B3版都市·实时新闻上,引用警方说法,孙杨闯祸的地点变了——"在体育场路由东向西行驶至体育场路西跑道口被公交车追尾",但是新闻旁边附的孙杨道歉信的图片上,出事地点却是"在延安路"。

"体育场路与武林路西口""体育场路西跑道口""延安路"这三个地点,究竟哪个才是准确的呢?看看其他媒体的报道,4日和5日的《都市快报》报道的地点均是"延安路体育场路路口",但所引用的警方通稿地点也是"体育场路西跑道口"。至于"体育场路西跑道"是哪条路呢?据网络查找,应该是指杭州剧院和杭州大厦前面这条路,这条路人们通常称为武林广场西通道。

虽然孙杨车祸的新闻焦点不在发生地点上,但作为新闻事实的一部分,马虎不得,严格核实每一处细节是记者必须要做的功课。

绿城的投入是大？还是小？

　　关注了一个赛季的中超联赛终于落幕了，本土的杭州绿城足球队战绩不理想。本报 2013 年 11 月 4 日 13 版体育新闻《绿城结束本届中超收官战　俱乐部老总或将换人》对此也进行了总结和点评。但有一处没看懂，那就是绿城投入到底是大还是小？

　　这篇报道中写道："今年，绿城共投入 1.8 亿，6000 万给了青训，1.2 亿给了中超。如此大手笔，却只换来一个踢到倒数第二轮才能保级的惨痛赛季，老板不满意，教练不满意，球迷更不满意。"从这段文字看，杭州绿城本赛季的投入是大的，可称是"大手笔"。但后面语意却急转直下："相比之下卓尔对足球的投入都比绿城多，和恒大的'金元足球'更是没法比。"广州恒大是中超冠军，投入据称是 7 亿，不比也罢，但武汉卓尔是本赛季降级球队，他的投入也要比杭州绿城大，这样看来，绿城的投入在中超球队中是小的。看到这里就有点云里雾里了，绿城的投入到底是大还是小？前后表述得有点自相矛盾了。

当前二套房首付不是四成

2013 年 11 月 8 日 A11 版财富新闻《传统融资通道受阻，地产基金风头正劲》中写道："而现在的贷款政策让按揭炒房没有了操作空间。首套房是刚需，不是投资行为；二套房是改善，还要首付四成利率提高 1.1 倍；三套房已经不可能贷款。"

杭城二套房实行首付六成，利率为不低于基准利率 1.1 倍的政策。因此，文中所述的二套房首付与实际相差甚远。把房地产这一重要政策规定搞错了。

当前执行的房贷政策依据为 2010 年国务院发布的《国务院关于坚决遏制部分城市房价过快上涨的通知》内容：实行更为严格的差别化住房信贷政策。对购买首套自住房且套型建筑面积在 90 平方米以上的家庭（包括借款人、配偶及未成年子女，下同），贷款首付款比例不得低于 30%；对贷款购买第二套住房的家庭，贷款首付款比例不得低于 50%，贷款利率不得低于基准利率的 1.1 倍；对贷款购买第三套及以上住房的，贷款首付款比例和贷款利率应大幅度提高，具体由商业银行根据风险管理原则自主确定。

商品住房价格过高、上涨过快、供应紧张的地区，商业银行可根据风险状况，暂停发放购买第三套及以上住房贷款；对不能提供 1 年以上当地纳税证明或社会保险缴纳证明的非本地居民暂停发放购买住房贷款。地方人民政府可根据实际情况，采取临时性措施，在一定时期内限定购房套数。当前杭城居民家庭不可购买第三套商品房。

镇改街道后名称也要改过来

2013年12月17日B2版都市·热线新闻,《杭州建立犬类收容中心 养狗政策正在酝酿变化》文中"收容所内9成以上是无证犬和流浪狗"一节中的第1段:"市民们可能不知道,今年1月,杭州市犬类收容中心已建立。它位于半山镇刘文村186号……"早在2010年12月,半山镇就已撤镇建街,改为半山街道了。两者的差别主要在街道办事处是区政府的派出机构,镇(乡)则是基层的一级政府。

类似的市镇建制错误还出现2013年12月10日B10版西湖副刊·融媒体上,《义冢》一文中"临安县锦城街道的'大罗义冢'建于道光年间……"其中的地名也不准确,因为1996年,临安撤县设市,2001年锦城镇撤镇改街设立锦城街道,"县"和"街道"两个建制分属不同时期,不能混在一起,应该改为"临安市锦城街道"。

2014年1月12日头版要闻《上游治好水 下游水好喝》一文第1段中说:"黄爱铣大姐的家在临安市藻溪镇闽坞村,是一幢相当气派的乡村别墅……"2011年1月,藻溪镇与西天目乡合并为天目山镇,临安市境内现在已经没有藻溪镇了。

2014年2月12日B2版都市·热线新闻《孙浩辉:病床上的消防大队长,一路走好!》一文,"一直关心的结对孩子快升初中了 他却再也看不见了"一节第2段中说:"柴先生一家住在青山湖镇……临安大队了解情况后,便与柴家结了对。"临安市没有"青山湖镇"。临安旧有"青山镇",现有"青山湖街道"。

2014年2月22日3版国内新闻《停电预告》中"计划停电"部分"3月5日8:00—18:00"第2段出现了"袁浦镇"。其实,袁浦镇早已撤并,应改为"双浦镇"。西湖区双浦镇于2007年10月27日由原袁浦镇、周浦乡合并而成。

2015年7月16日头版要闻《她能为城西截住40％的降水》第1段:"7月15日,经过一个多月的下闸蓄水,位于余杭区闲林镇的闲林水库已蓄起一库清水,标志着该工程建设的圆满成功。"文中的闲林镇提法错误,正确的称呼是闲林街道。2011年6月,经省市政府批准,余杭区撤销运河镇、乔司镇、崇贤镇、余杭镇、闲林镇、仓前镇、良渚镇、仁和镇、中泰乡9个镇乡建制,在此行政区域分别设立运河、乔司、崇贤、余杭、闲林、仓前、良渚、仁和、中泰9个街道办事处。2011年8月23日闲林镇正式更名为闲林街道。

2015年7月22日A2版要闻《"神奇路标"文字禁左图标禁右》一文第6段说:"对于这一点,江干区彭埠镇彭埠社区的周荣鑫也许能帮到忙……"这里的"江干区彭埠镇"错了,彭埠已经撤镇设街了。2014年12月,杭州市政府网站公布了《杭州市人民政府关于江干区部分行政区划调整的批复》。根据批复,同意撤销笕桥镇、彭埠镇、九堡镇、丁桥镇建制,在四镇原行政区域范围内分别设立笕桥、彭埠、九堡、丁兰四个街道办事处。

审读小组多次指出过撤镇建街道,但报道中没有随之改过来,在采编环节出现弄错行政单位名称的问题。可见,当前城乡一体化发展行政区划调整较多,采编一线要留意这个变化,特别是记者采访时要多留个心,不忘问句"你们这里现在叫什么",把地名弄清楚,避免报道出现此类错误。

东站已搬迁"原"字少不得

2013 年 12 月 21 日 A6 版都市热线·新闻《这辆嚣张的福田卡车,大家都来坷牢它!》导语第 3 段有"但货车司机很警觉,后视镜中发现了执法车,便迅速启动车子,从艮山东路由西往东朝着汽车东站的方向逃去……",这里的"汽车东站"前应该加个"原"。杭州汽车东站 2010 年 1 月已经搬走,虽然当地居民口语中讲到位置时还会出现"汽车东站",但要登报纸时不可直接这么说。毕竟新闻语言要求表达准确。

跨年时刻"时间"问题有点多

跨年时，最容易产生"时间"的问题。去年、今年、明年有没有调整过来？年前、年后是指元旦前后还是春节前后？如果"时间"没有转换过来，就容易出现差错。

如 2014 年 1 月 19 日 5 版都市·热线新闻《客流高峰来了，铁路杭州站的节奏忙而有序　春运回家路，要的就是稳稳的幸福》，在"也许一路上不免辛苦　只要能回家，就是稳稳的幸福"一节："我们离开车站时，在一楼广场层遇到了一对东北小夫妻，他们来自黑龙江齐齐哈尔，今年 6 月来的杭州。"这里的"今年 6 月来的杭州"应该是"去年 6 月来的杭州"。

2014 年 1 月 22 日 B5 版教育新闻《杭州民办初中招生　今年仍是面谈和电脑派位结合》："'面谈＋摇号'仍然是明年民办初中招生的主旋律。"今年刚到，明年还太遥远，此处的"明年"应该是"今年"吧。标题已经改过来了，但文内没改。

2014 年 1 月 25 日 B12 版热线新闻·融媒体《快来"杭报爱游会"热热身》，则把春节作为年的分界，如"关注一下年后的新动态""'杭报爱游会'在年后将成立一个'线下活动俱乐部'""明年通过'杭报爱游会'也可以报名了""多积攒一些福币、福豆和贝壳，为加入明年的'线下活动俱乐部'做好准备。"这里的"年后""明年"均是指农历春节以后，也即是过年之后，虽然阅读时也能理解这些时间点，但报纸作为大众出版物，是以公历为准的，此处如果改成"春节后""过年后"，更为妥当。

杭州"七县市"提法已是过去时

2014 年 2 月 11 日 B8 版杭州湾新闻·专版《给市民送上"直播大礼" 杭州移动 4G 保障"两会"顺利进行》一文，在"杭州移动 4G 助力'两会'"一节第 6 段中说："据估测，到今年 6 月，杭州 4G 基站将达到 6300 个左右，覆盖区域包括市区及七县市主城区以及机场高速……"

这里有必要罗列一下杭州目前的行政区划：上城区、下城区、西湖区、拱墅区、江干区、滨江区、萧山区、余杭区、淳安县、建德市、桐庐县、富阳市、临安市，即为 13 个区县（市）。很清楚，杭州市范围内只有"五个县（市）"，因此，"七县市"的提法不准确。行政区划的提法相对固定，政府一经划定不会时常变化，话题又很敏感，报纸上的提法应该与之统一，否则会引起读者疑惑。

一瓶茅台酒差了一元钱

2014 年 1 月 21 日 A7 版消费新闻《今年,有商家推出买两瓶茅台送两瓶红酒》,在"高端白酒竞相降价"一节:"14 日,记者在世纪联华江城店看到,53 度飞天茅台原价 1499 元,买第二瓶促销价 697 元,算下来,两瓶飞天茅台的价格 2198 元,平均每瓶 1099 元。"这里的"算术题"算错了。两瓶飞天茅台的价格应该是 1499＋697＝2196 元,平均每瓶茅台的价格应该是 2196÷2＝1098 元。因此,文中的两瓶茅台价格"2198 元"应该是"2196 元",平均每瓶茅台的价格"1099 元"应该是"1098 元"。虽然只相差一元钱,但"算术题"没算对,总是不应该的。

何来"浙江名牌驰名商标"

2014 年 1 月 15 日 B11 版状态,《彭汉平:投身绿色产业要善于"无中生有"》第 2 段:"彭汉平的永德信集团原来是一家生产阀门的小工厂,后来被他经营成了一家获得浙江名牌驰名商标、知名商标、国家免检、国家级高新技术企业等荣誉的控股集团。"

查相关资料:有中国驰名商标、浙江省著名商标、浙江名牌产品等一说,驰名商标是国家级的,浙江省级称著名商标,要么是"浙江的中国驰名商标""中国名牌产品""浙江名牌产品",没有"浙江名牌驰名商标"一说,用法要规范,不能混淆。

司机应该是多赚了 32 元

2014 年 2 月 13 日 B1 版都市新闻《乘客优惠乘车，的哥还要倒找钱？"补贴打车"滋生出了各种"新世相"》，其中提到的一个案例说"的哥"多赚了 25 元，但根据计算，司机应该是多赚了 32 元。

报道中说："2 月 9 日下午 2 点，贾师傅通过软件抢了一单从密渡桥路出发的生意。按时到达后，上来了一位打扮入时的姑娘，她要去的地点是北大桥。"

"一上车，姑娘就和贾师傅说用'接力打车'的方法，用两个软件分别叫车，再分别付款。贾师傅同意了。很快就到达了目的地，车上打表显示的费用是 15 元。"

"在快到 11 元跳表的时候，小姑娘先用'滴滴'表示要付 11 元，减掉优惠的 10 元，等于直接付 1 元；到了目的地，她再用'快的'表示要付 11 元，减掉优惠 10 元，等于直接付了 1 元。这样的哥已实际获奖励共 25 元。也就是说这笔生意，姑娘实际省了 13 元，的哥实际多赚 25 元。"

根据计算，司机多赚的钱不止 25 元。因为实际打车费是 15 元，而小姑娘分别用两个软件付钱，司机从两个打车软件上实际收到的钱是 22 元（11 元＋11 元）。22－15＝7，这 7 元是司机多赚的。而两个打车客户端会返利给司机，分别是 15＋10＝25 元，这是司机从打车软件补贴中赚到的。因此，25＋7＝32 元，司机应该是多赚了 32 元。

一条新闻搞错了两处地名

2014 年 3 月 18 日 A12 版教育新闻《今年 9 月份家门口有哪些新学校可以读?》一文,在"上城区"一节中把两所学校的地址搞错了。

一是"备受家长关注的北京师范大学附属杭州中学(原勇进中学),将于今年 9 月 1 日正式投入使用,新校址位于钱江路与姚江路交叉口西南角……"错了。该新校址应该是位于钱江路与姚江路交叉口的"西北角",而不是"西南角"。钱江路与姚江路交叉口的西南角是紫阳街道凤凰北苑的住宅小区。

二是"此外,今年 9 月,上城区还将有一所热门公办小学——天地实验小学也将全新亮相……建成后的新校,位于秋涛南路(原杭州味精厂)……"其中"秋涛南路"是子虚乌有。在杭州"详图"上,秋涛路与秋涛北路,以东西向的杭海路为界,往北是秋涛北路,往南叫秋涛路,没有秋涛南路。把"秋涛路"错成"秋涛南路"的情况之前也曾出现过。提醒采编人员对新闻内容里面出现的地名加以重视,防止差错出现。

高校名字切不可随意"切换"

　　2014年3月16日3版都市热线·新闻，《杭州公务员与教师资格证今日开考　近5万人参加》一文第2段介绍全国中小学教师资格考试考点时有"浙江师范大学（仓前校区）"。文中的"浙江师范大学"应该是"杭州师范大学"，前者主校区在金华，后者众所周知是杭州市唯一一所综合性大学。

　　2014年4月4日B3版热线新闻《"超级实习生"走红中国计量学院》一文，标题上提到的是"中国计量学院"，但文内有3处提到的是"中国计量大学"，有一处简称为"计量大学"，也有一处是"中国计量学院"，学校名称不统一。

　　那到底是"中国计量学院"还是"中国计量大学"？经查询，正确名称是"中国计量学院"。曾有网帖称，学校早就争取改名为"中国计量大学"，省政府根据省高校设置评议委员会的审议意见，也曾致函教育部拟更名为"中国计量大学"，但并无下文。在2013年的全国东部高校改名潮中，学校也未改名。

　　2014年7月3日B7版西湖副刊·散客，《繁华与宁静相遇》第2段"杭州拥有浙江大学、中国美院、中国工商大学等35所高校，有杭二中、杭高、学军中学、杭州外国语学校等国内一流中学，还有安吉路小学、天长小学、学军小学、保俶塔实验学校和江南实验学校等一批名牌小学（含9年制），……"其中，有部分院校名称不规范。杭州没有"中国工商大学"，应该是浙江工商大学，简称浙商大，前身是创建于1911年的杭州中等商业学堂，1980年经国务院批准成立杭州商学院。2004年经教育部批准更名为浙江工商大学。"安吉路小学"应是"安吉路实验学校"，该校前身为安吉路小学，1990年进行九年一贯学制改革，改名为安吉路实验学校。

　　同样学校名称不准确的还有2014年7月6日8版《市井深处的"钱塘记忆"》，第六自然段"……她用熟练的汉语告诉我，她1994年来中国留学学习中国绘画，原打算在北京中央美术学院求学，来到杭州，看到了就像我拍摄的老照片里的市井坊巷，小桥流水人家，毅然决定留在杭州的'浙江美院'学习。"浙江美术学院已于1993年更名为"中国美术学院"，而文中这位外国女孩是1994年来该校学习,因此学校名称应该是中国美术学院,不应该再称浙江美院。

2014 年 11 月 10 日 12 版专版,《安吉路幼儿园〈亲子游戏宝典〉风靡家长圈》一文"请体育博士为晨练'诊脉'"一节中:"于是,幼儿园请来了北京体育学院体育教育学博士,专门为老师做专项培训和辅导,……"文中的"北京体育学院"是不存在的,因为现在北京只有"北京体育大学"和"首都体育学院"两所体育院校。其中北京体育大学筹建于 1952 年,1953 年 8 月成立中央体育学院,1956 年 3 月更名为北京体育学院,1993 年 12 月改名为北京体育大学。首都体育学院始建于 1956 年,原名北京体育学校,1960 年改建为北京体育师范学院,1962 年被合并为北京师范学院体育系。1979 年重新独立办学,恢复校名北京体育师范学院。2000 年,更名为首都体育学院。

2015 年 7 月 21 日 A5 版国际新闻·融媒体《杭州的空气、水、垃圾怎么样?"周末去哪儿"小粉丝做了个考察》:"采荷一小风帆小队的同学们带上空气培养瓶,在杭州中医药大学研究生学长的指导下,分别采集了……"这里提到的"杭州中医药大学"有误,应为"浙江中医药大学"。浙江中医药大学是一所以中医中药学科为主的省属高校,2006 年由浙江中医学院更名,现校址在钱塘江南岸的滨江区滨文路,在校生有 1.2 万余人。

2015 年 9 月 29 日 A10 版专版,《杭州主城区"娃哈哈·春风助学"名单公示》中的"子女就读学校"中出现了一些错误的大学校名,现罗列如下,括号内为正确的校名。"浙江树人学院"(浙江树人大学)、"杭州商业职业技术学院"(浙江商业职业技术学院)、"浙江艺术职业技术学院"(浙江艺术职业学院)、"上海同济大学"(同济大学)、"浙江财经学院"(浙江财经大学)、"浙江旅游职业技术学院"(浙江旅游职业学院)、"上海市华东大学"(东华大学)。

学校校名在一个时间段里是固定的,有的学校在不同时期名字会有变化,当新闻报道里具体到某一时间段的校名时,一定要核实清楚,准确使用。使用校名切不可像放电影一般来个时空"切换"。

"人大副主任"应为"人大常委会副主任"

2014 年 4 月 10 日 B12 版艺术典藏,《11 位艺术家挥毫泼墨 书写一座城市的大爱与深情》一文"陈振濂:这个活动,让公民意识细化到了生活的细节之中"注明:著名书法家,现任杭州市人大副主任。这里的"杭州市人大副主任"应为"杭州市人大常委会副主任"。地方人大常委会设主任、副主任、秘书长、委员等。

"杭州市工商局"已被合并

　　2014 年 5 月 21 日 A6 版消费新闻，消费维权栏目"有话要说"报花的联办单位挂着"杭州市工商局"，需要改一下单位名称为"杭州市市场监督管理局"。2014 年三四月间杭州市市场监督管理局挂牌成立，市工商局、市食品药品监督管理局和市食安委合并，成立了一个新的政府部门即杭州市市场监督管理局。所以报花的联办单位仍挂"市工商局"已经不合时宜。看报花是今年"3·15"期间所开栏目，在杭州市工商局被合并前，之后有了行政机构改革工商局被合并之事，因此报花再出现时需要更改联办单位名称。

"复兴路""光复路"相距甚远

2014 年 4 月 16 日 B2 版都市·热线新闻,《复兴路 100 号本周五有残疾人招聘会》一文的标题搞错了。该文中明确告诉读者:"4 月 18 日 8:30—12:00,2014 年残疾人人力资源交流会将在上城区人力资源市场举行。具体地点是光复路 100 号,光复路与开元路交叉口(汉庭快捷酒店旁)……"也就是说本次残疾人招聘会的举办地点是在"光复路 100 号",而不是标题中的"复兴路 100 号"。杭州的光复路南起河坊街东段,北至庆春路。而复兴路则南起虎跑路,北至复兴立交桥与秋涛路相连。也就是说,"光复路"与"复兴路"相距甚远,是两条完全不同的道路。

章太炎与章炳炎并非同一人

2014 年 6 月 16 日 13 版西湖副刊·散客《烟霭苏堤吟拙句》一文中提到"从新建的雷峰塔,到章炳炎纪念馆,然后沿苏堤北上"。句中的"章炳炎纪念馆",应该是"章太炎纪念馆"。在杭州太子湾公园的旁边,有杭州章太炎纪念馆。我们知道,余杭出了个历史名人章太炎,名炳麟,号太炎。现在余杭区仓前的中心地带,坐落着章太炎故居。

历史上还真有个章炳炎,是著名楚剧演员,原名章得贵,艺名小桂芬,他的生卒年份比章太炎晚好多,生于 1893 年,1967 年逝世。他们不是生活在一个时代的人。章太炎 1936 年 6 月病逝于苏州,葬于旧居后园,1956 年 4 月迁葬于南屏山北麓,今墓为 1981 年重修。章太炎纪念馆于 1988 年 1 月在南屏山北麓落成,占地 1900 平方米,建筑面积 870 平方米。纪念馆后是章太炎墓,墓圆顶,为混凝土结构。墓碑上"章太炎之墓"几个篆字系他本人生前亲书。

这样的差错不该出现在头版上

2015年5月17日,2015全球对冲基金西湖峰会在杭开幕之际,本报头版头条刊登《青山绿水间,小镇放飞大梦想》,报道杭州已经成为国内私募和风投云集之地。5月18日,本报头版通栏刊登吴山平署名文章《美丽杭州——美丽中国的实践样本》,阐述杭州贯彻"两山"理论,建设美丽中国的实践。两篇报道尤其是第二篇不能不算为本报重要报道,然而遗憾的却是多处出现低级差错——主要地名差错。《青山绿水间,小镇放飞大梦想》引言及第3段分别出现"云溪大数据互联网金融小镇"的称呼,从此前的新闻报道来看,这个大数据互联网金融小镇应该是"云栖小镇"。《美丽杭州——美丽中国的实践样本》同样出现地名差错。第3节第7和第8自然段,共出现四处"狄浦村"和一处"荻浦村"。正确的地名应该是桐庐县荻浦村。

"云溪"与"云栖","狄浦"与"荻浦"读音相同,用拼音输入时很容易弄错,此前的审读报道中我们已指出过多次,但一直没有引起足够重视,仍屡屡出现差错,这次两个差错都出现在头版的重要稿件上,非常不应该。

同样的差错还有,2014年10月3日头版《文化新地标 精神好家园》的报道"凝聚乡村正能量 共建时代新家园"一节最后一段:"余杭区临浦镇通二村还举行了风雅通二米酒节……",余杭区没有临浦镇,萧山区有这个镇。

报道中地名准确与否绝非小事,以上出现的地名差错,给读者的误导暂且不说,当余杭、萧山、桐庐的读者或新闻当事人看到时,他们会对报纸留下什么印象?是否会想"这杭报怎么连个地名都搞不拎清"! 杜绝此类差错也并非很难,如果思想上能重视,写完稿能核实一下,应该不会犯这毛病。

近年来,新闻奖在评选中已有相关规定,出现错别字的一律取消评奖资格,作为有冲奖资格的重要作品,尤其要把握好最基本的文字关。当然,更希望这样的差错不再出现在任何版面上。

"寿昌县""富阳市"已是过去时

2014 年 7 月 3 日 B3 版实时新闻·融媒体,《星爸萌娃住什么房子？吃什么农家菜?》一文在"小贴士"一节中说:"如果需要住宿,推荐去建德市区,车程约 40 分钟,或者 25 分钟车程的寿昌县。"寿昌县早就撤销了,建德市境内今有"寿昌镇"。

2014 年 8 月 17 日 3 版都市·热线新闻,《错过长途大巴上车点 偷公共自行车上高速》一文第 1 段中说:"杨师傅是贵州人,30 岁出头,在建德杨春桥打工。"文中地名有误,建德没有"杨春桥",应是"杨村桥"。据传元朝时,杨姓卜居此地,建一桥,取名杨村桥,地以桥名。

2015 年 3 月 30 日 6 版区县(市)新闻,《醉美视界·梦里常安 主题摄影大赛开镜》一文第 4 段中说:"这里是富阳市红色革命发源地之一……"

文中有个地理错误,富阳已撤市划区这里再出现"富阳市"不恰当。或者原文中不要出现"市",表述为"这里是富阳红色革命发源地之一……"也是可以的。

失事客机遇难人数有误

　　2014 年 7 月 24 日各大报纸的国内新闻头条大多都是台湾客机失事的报道，本报也同样以头版导读，国内新闻半个版的篇幅报道了此事，但标题和文中有关失事客机遇难人数却与其他报纸不一致。《都市快报》在头版头条进行了导读，也在 B 叠以半个版的形式加以报道，称"已发现 36 具遗体，12 人送医"；另外，《钱江晚报》和《今日早报》也都在头版做了醒目标题导读，数字跟《都市快报》一致——"已发现 36 具遗体"，看来，本报的数字是错的。

　　为什么会出现这个差错？最大的可能是新华社最初的稿件数字统计不完全，后面的改稿编辑没有注意到。

是"全国妇联"非"中国妇联"

2014 年 8 月 12 日 B10 版倾听·人生,《踏雪寻梅》一文第 6 节倒数第 3 段说:"去年,我们被中国妇联评为'恩爱模范夫妻',到北京去领奖。"这里的"中国妇联"错了,应为"全国妇联"。"中华全国妇女联合会"简称"全国妇联",成立于 1949 年 3 月。它是由中国共产党成立的妇女组织,其基本职能是团结和动员广大妇女参与经济建设和社会发展,代表和维护妇女利益,促进男女平等。

读者对错报天气很生气

2014年8月11日头版,市区天气预报"今天多云到阴有时有阵雨,东北风3—4级。今天白天最高气温30℃,平均相对湿度75％。明天阴有阵雨或雷雨,东北风3—4级,气温24—38℃"。

这里把天气错报了,明天(12日)最高气温38℃!同城其他媒体报道的均为28℃,同时说本周气温不会超过30℃。不要小看这个阿拉伯数字的出错,对这个错误读者非常生气,不完全算了下当天有二三十个读者专门来电反映。不妨摘录两个读者来电。金大妈187×××××89:"气温好相差十度嗒?我们好多老年人看到这个都在说,这个东西是最主要的东西,还随便处理嗒?这是极大的错误!杭报越来越不行了……!"匿名读者85×××20:"气象都登错,这么一件小事都没做好,说不过去,你们要向读者致歉。"

报纸每天的天气预报差错时有发生,是出版流程的环节上出了问题,还是具体到某工作人员疏忽没有及时改正过来,需要找到根源,把这个漏洞及时补上。

权威新闻的时间必须准确

2014 年 8 月 22 日 A6 版专版《一代伟人——邓小平的西子情怀》，文中两个时间节点有出入：小标题"我老幸福了"中："1983 年 2 月 11 日，也就是农历大年初一……"小标题"要像岳飞一样精忠报国"中："1983 年 2 月 12 日，是农历除夕……"当这两个时间点放到一块看就出现了矛盾，出现"大年初一跑到了农历除夕前一天"这么个匪夷所思的事情。

经查资料，1983 年 2 月 12 日为除夕。那么就是前面那个小标题中的时间搞错了，正确的为"我老幸福了"中："1983 年 2 月 13 日，也就是农历大年初一……"

2014 年 9 月 19 日 B12 版领导者，《谷建潮：让农业变得更加美好！》一文第7 段说："9 月 5 日，中秋节前一天下午，在九溪玫瑰园酒店，召开'蓝城中国'媒体见面会。"这里把今年中秋节的时间搞错了。按文内说法，中秋节是 9 月 6 日，而实际上今年中秋节为 9 月 8 日。

2014 年 9 月 19 日 B9 版城市周刊《课本里的中国》一文第 2 段说："2014 年9 月 9 日，教师节，中国最高领导人习近平赴北京师范大学看望师生。"这里也把教师节的日期搞错了，教师节为每年的 9 月 10 日，而非 9 月 9 日。如果在"9 月9 日，教师节"后加上"前夕"，就通顺了。

2015 年 3 月 10 日 A7 版区县（市）新闻，《乔司老人们为故土寻找下一任"讲师"》倒数第 2 段："而今年，恰逢世界反法西斯战争胜利 75 周年，这意义，又更深远一些。"世界反法西斯战争胜利是在 1945 年，今年是 2015 年，两者相减等于 70，也就是说，今年是世界反法西斯战争胜利"70 周年"，不是"75 周年"。

2015 年 3 月 4 日 B5 版旅游新闻，《白乐桥旁，如愿而来》一文第 3 节第 2段："灵隐寺：建于东晋咸和元年（公元 326 年），至今已有约 1800 年历史……"这里的时间计算也不对。灵隐寺建于 326 年，今年是 2015 年，两者相减等于1689，也就是说"约 1700 年历史"，不是"约 1800 年历史"。

"罪证"放到这儿很不妥当

2014 年 6 月 22 日 2 版国内新闻，《罪证发掘》报道了侵华日军南京大屠杀遇难同胞纪念馆北侧一建筑工地发掘出一批子弹、弹头、弹壳、弹夹，经专家初步考证，这批遗物为第二次世界大战期间南京保卫战中国守军所使用，对研究南京保卫战历史有着重要价值。

但新闻标题"罪证发掘"值得商榷，如果当年侵华日军使用的装备弹药在南京被发掘出来，说是"罪证"很贴切，对日本至今抵赖当年侵华犯下恶行是个有力物证。但这批弹药却是当年中国守军使用的，中国人抵抗外来侵略新发现的"实物"，能说其是"罪证"吗？显然把意思弄反了。

陈毅只担任过副总理

2014 年 6 月 17 日第 B6 版倾听·人生,《大陆最后的军统女特务》一文第 6 节第 13 段说:"有一次,我看到报纸上登着陈毅总理讲的几句话,……"这里的"陈毅总理"错了,陈毅只当过副总理,从未任过总理。口语里时常把"总理""副总理"统称为"总理",把"局长""副局长"统称为"局长",但在正规出版物出现职务、称呼时要求准确,要把口语化的改过来。更何况是国家领导人,职务更应该确切。

只有"蒙古族"没有"内蒙古族"

2014 年 9 月 19 日 B4 版文化新闻"电商女孩"评选专栏,《生活在杭州的东北女孩柔情似水》第一句话出现了错误:"罗娜是一个内蒙古族女孩儿,老家在东北吉林……"这是一个常识性差错,中国有 56 个民族,里面只有"蒙古族"。虽然有内蒙古这个地方,但这位内蒙古女孩不能称为"内蒙古族",而应称为"蒙古族"。

灵隐的门票只要 30 元吗?

2014 年 10 月 30 日 A4 版国内国际新闻·融媒体,《"72 小时过境免签",官博助推杭州走向世界》一文,内容称赞杭州市旅游委员会官博第一时间发布"杭州 72 小时过境免签"的消息,向网友推销杭州。文中提到"西湖旁边有灵隐寺,……灵隐寺的门票只要 30 元。

有网友回复:'什么? 门票只要 30 元?'

没错,只要 30 元。……"

其实,要进灵隐寺,必须过两道门。第一道门是飞来峰景区的大门,门票 45 元;第二道门才是进灵隐寺的大门,门票 30 元。杭州市民如果持公园年票,第一道门票是可以免的,但对外地游客和没有公园年票的人来说,要进灵隐寺,必须买两道门票,也就是 75 元,并不是 30 元。这篇文章的作者是外地人,可能并不清楚其中的门道,但文章在我们杭报上刊发出来,有如此明显的差错就说不过去了。

龙游本属衢州"境内"

2014 年 12 月 4 日 A13 版杭州湾新闻，《杭长高铁除了更快，还有什么新玩意？》一文第 7 段："9 点 39 分，到达龙游；9 点 49 分，到达衢州；10 点 6 分，到达终点站江山。在高铁 G55551 上，记者们聊天时，往往还在聊龙游的事情，一转眼，就到了衢州境内，再接着聊衢州美食……"这里有个地理概念，龙游、衢州、江山三个地方同属衢州境内，这里的三个地名是指杭长高铁线上的三个站点。龙游县与建德交界，属衢州市所辖。如按上文所述意思，龙游就不在衢州市境内了，改为"往往还在聊龙游的事情，一转眼，就到了衢州"，这样表达就妥帖了。

地名已时过境迁要搞准

2014 年 12 月 5 日 A14 版杭州湾新闻,《记者走访美丽乡村安吉寻找村庄新气象》一文第 2 节第 3 段说:"绍兴华堂村如今已是绍兴县比较知名的景点之一,村落内有国家级文保单位王氏宗祠和省级文保单位王羲之墓。"文中有个地理错误,"绍兴县"现已撤销,取而代之的是"绍兴市柯桥区",而王羲之墓所在的华堂村也不在"绍兴县"境内,而是位于嵊州市金庭镇。嵊州市隶属绍兴市,所以文中"绍兴县比较知名的景点之一"应改为"绍兴市比较知名的景点之一"或"绍兴嵊州市比较知名的景点之一"。

2014 年 12 月 14 日 A2 版《南京大屠杀幸存者刘兴铭老泪纵横》一文,"那是一辈子的灾难"一节第 2 段中说:"那时,我们一家人住在汤山镇刘岗头村。爷爷是国民党上元县(今江宁县)县参议员,房子也很大……"南京现在已经没有"江宁县"了,取而代之的是"江宁区"。而上元县也在 1912 年并入江宁县,2000 年 12 月,江宁县撤销,设立南京市江宁区。

2015 年 7 月 24 日 B3 版热线新闻,《这场 90 后之间的正邪较量,民警完胜!》一文,最后一节第 6 段:"700 多公里路,从杭州追到海宁、桐乡,再到嘉兴、嘉善,再到上海的松江、闵行、宝善,再到江苏省境内的启东,最后追到了淮安。"文中有个地名错了,上海没有"宝善",最为接近的应该是"宝山"。宝山区是上海市市辖区之一,位于上海市北部,东北濒长江,东临黄浦江,南与杨浦、虹口、闸北、普陀 4 区毗连,西与嘉定区交界,西北隅与江苏省太仓市为邻。

2015 年 7 月 20 日 16 版大视觉,《纪念中国人民抗日战争暨世界反法西斯战争胜利 70 周年 "长沙会战"118 位浙江籍将士遗骸回家》一文第 2 段:"1941 年 9 月在长沙春华山的抗日会战中,近万名中国军人英勇牺牲……这块墓碑由春华山镇的一位普通农民守护了 50 年。"文中地名有误,湖南长沙县境内没有"春华山镇",只有"春华镇"。长沙县境内原有春华山乡、茶叶乡、大鱼塘乡,1995 年 5 月合并为"春华镇",地处长沙县东部,镇域总面积 132 平方公里,辖 12 个村和 1 个社区。

"下属"与"下辖"的意思有区别

2014 年 12 月 26 日 B4 版都市新闻,《王伟,"最美"的专职消防站站长》,"最美名片"的提要介绍中错了一个字,"……2009 年被评为杭州是专职消防站优秀站长……"。"杭州是"应为"杭州市"。

文内还有两处表述明显不妥当。第 3 段:"王伟回答道,专职站下属辖区 91.72 平方公里,下属很多企业和民房,压力可想而知。"消防站与辖区内的单位没有上下级关系,消防站只是负责一个区块的消防安全及相关工作,"下属"一般指具有上下级行政关系中对下一级单位或人的指称,此处用"下属"不妥当,应该用"管辖"或"下辖"。第 9 段:"如今,队伍里 12 名队员都把消防员当作自己热爱的职业奋斗着,也以'最优秀消防员'为目标而努力着。""消防员"是消防站内的岗位设置,不是职业,他们从事的是消防安全工作,准确的表述应为"队伍里 12 名队员把消防安全工作当作自己热爱的职业奋斗着……"句子就通顺了。

同个版面《看 80 后法官吕后旺是如何"打七寸"的》,"出彩名片"的提要介绍中错了一个字,"因上班路上铤身而出抓小偷,被网友点评说'公平正义就在身边'"。这里把"挺身而出"错成"铤身而出"。

这两篇稿子似乎是合作稿,但不管是哪类稿,登在《杭州日报》上都有关《杭州日报》的形象,采编、检校都应加强把关。

职称职务头衔要规范准确

2015 年 1 月 8 日 A7 版《杭州统一战线服务改革发展"群英谱"》在介绍张治芬时说其为"主任医生"。文中的"主任医生"应为"主任医师",它是医生职称中的最高级别。在我国的医院里,医生的专业技术职务即职称分为主任医师(正高级)、副主任医师(副高级)、主治医师(中级)、医师(初级)和医士(初级)五类。凡职称名称都用"医师"或"医士"而非"医生"。

再者,在介绍张治芬和张邢炜时都出现了"市人大常委"。实际上应为"市人大常委会委员"。各级"人大常委会委员"一职,常被称为"人大常委"或"人大常委会常委",这些都是不规范的。人大常委会委员是各级人民代表大会常务委员会的组成人员,它有别于各级党委和政协的常务委员会委员,这两类"常务委员会委员"均可以简称为"常委"。

2015 年 1 月 11 日 5 版热读《重返战场》一文首节第 3 段说:"晚饭后,中共中央军委副书记周恩来和八路军医疗服务协调人博古就出现了。"中央军委只设主席、副主席和委员,并无书记、副书记。当时周恩来在军队的最高职务为中央革命军事委员会副主席。1937 年 8 月 22 日,中共中央决定成立中共中央革命军事委员会,毛泽东为主席,朱德、周恩来为副主席。

"三面环水一面临江"的"健康小镇"？

2015 年 3 月 21 日，头版头条《桐庐大奇山脚崛起"健康小镇"》一文，第 1 节第 3 段："总规划面积 6.06 平方公里的'健康小镇'，因其三面环水一面临江，地形宛如一把太师椅，山木繁盛，绿意葱茏，成为得天独厚的风景佳地。"文中"三面环水一面临江"让人不好理解，按字面意义，"三面环水一面临江"应该四面都是水了，那又怎么"宛如一把太师椅"呢？应该是"三面环山一面临江"才对。

96 岁怎能经历清末和辛亥革命

2015 年 5 月 12 日 B6 版西湖副刊·散客,《我的母亲》一文中说:"母亲已经 96 岁了。经历清末到辛亥革命、军阀混战、民国纷争、日寇侵略、国共内战以及新中国成立后的建设与革命各个时期,……"然而,这里说一个 96 岁的老人经历了"清末到辛亥革命"是不妥的。

据推算,96 岁应该是 1919 年或 1920 年生人。而辛亥革命爆发于 1911 年,在伟大的革命先行者孙中山的领导下推翻了清朝统治,结束了两千多年的封建君主专制制度。是年 12 月 29 日,孙中山当选为"中华民国"第一任临时大总统并于次年元旦宣誓就职。1912 年 2 月 12 日,宣统帝溥仪宣布退位,清朝结束。五四运动发生于 1919 年,"清末到辛亥革命"在 1911 年前后,现年 96 岁的人在那个时候还没有出生。

1939 年没有"解放军"称呼

2015 年 5 月 26 日 A9 版区县(市)新闻,《解放军 3949 部队的生死兄弟,你们在哪里?》的报道,第 1 段写道:"胡长生 1939 年应征入伍,加入中国人民解放军。几年后,为了解放杭州,他被派往浙江,并加入了浙江军区训练团。"接着的第 2 段写道:"直到一九五八年,胡长生作为转业军人,被分配到杭州第二棉纺织厂。"

这里共有三处值得商榷:

1. 1939 年没有中国人民解放军称呼,那个时间为中国抗日战争时期,人民军队为八路军、新四军,人民解放军的称呼是在 1945 年抗战胜利、爆发国共内战时期才有的称呼。1937 年全面爆发抗日战争之前,人民军队称呼为中国工农红军,再往前为中国工农革命军的称呼。

2. 胡长生加入军队到参加解放杭州,中间隔了 10 年,用"几年后"的时间概念相差太大。1949 年 5 月 3 日杭州解放,胡长生差不多在这个时期加入浙江军区训练团,从他 1939 年开始当兵算起中间隔了 10 年,文中用"几年后"的时间概念很不准确。

3. 年份一般为阿拉伯数字表示,同一篇报道前后文也应该统一。"直到一九五八年,胡长生……"这里应该用"1958 年"表示,也是与前文"1939 年""1955年"的表述相统一。否则,显得报道的年份表示有些随意。

时间、称呼的准确和数字规范使用是新闻写作的基本要求,这些问题看似报道中的小事,但忽略这些常被我们忽视的问题会让报道质量打折扣。

基金小镇占地 2 万平方公里？

　　2015 年 5 月 13 日 A5 版"致杭州《杭州日报》创刊 60 周年特刊报道",《大佬云集　小镇演绎财富神话》导语"打造中国版的'格林尼治小镇'"说:"玉皇山南基金小镇规划总占地面积 2 万平方公里,总建筑面积 30 万平方米……"一个小镇占地居然有 2 万平方公里,显然不对。据有关部门的统计数据,整个杭州总面积才 16596 平方公里,其中市区面积才 3068 平方公里(当时不包括富阳、临安),玉皇山南基金小镇怎么可能有"2 万平方公里呢"? 显然,是多写了个"万"字,小镇占地面积"2 平方公里"应该差不多。

老太太平时会使用支票吗？

2015 年 6 月 2 日 B2 版《百岁老人出庭 状告三个儿子 谁养我？》在"记挂老太太十来万存款"一节第 3 段至第 6 段中多次提到了"支票"一词，如"老三当庭拿出 2 张支票，'这个 35000 块钱，空头支票！'""反正据我了解这支票是挂失了的？""这支票确实挂失了，但钱全部转到了老太太的卡里。"

支票是以银行为付款人的即期汇票，支票出票人签发的支票金额，不得超出其在付款银行处的存款金额。如果存款低于支票金额，银行将拒付给持票人。这种支票称为空头支票，出票人要负法律上的责任。开立支票存款账户和领用支票，必须有可靠的资信，并存入一定的资金，且支票兑付有时间限定，个人申请支票有诸多条件限制。根据这些条件可以判断，文中的百岁老太太用支票支取钱款应该是不太现实的，因为按常理推测，普通老人有点余钱，往往会存定期或活期，存款凭证是存单或存折，这位百岁老太太想必也是如此。所以文中的"支票"可能是"存单"。同城其他媒体如《都市快报》上提到该细节时说的是存折，比较符合常理。而文中有一处提到"空头支票"，应该是指已经挂失不能兑现的存单，取不到钱的，并不是真的空白支票。

杭州居然成了"残疾大市"？

杭州总人口有多少？如果还有印象的话，在 2015 年 2 月春节过后的首个上班日，市委、市政府曾在杭报公开发表感谢信，要给 900 万杭州人民点赞，为去年取得的成绩，也为今年春节期间不放、少放鞭炮等现象。因此，杭州的总人口就在 900 万左右。

那杭州有多少残疾人呢？看了 2015 年 9 月 2 日 B1 版都市新闻《杭州这家机构将打造成全国标杆 明年要制定出智力和精神残疾人托养服务的国家标准》有点慌，因为报道首句："杭州目前约有 110 万持证残疾人，其中智力残疾人约有 3 万人，精神残疾人约有 4 万人。"杭州居然有"110 万持证残疾人"？难道杭州是"残疾大市"，残疾人占到总人口的 12％？这显然是离谱的。

那杭州到底有多少残疾人？这一数字在报端倒也难以寻找。经过检索，查到了这几组数字：一是在 2014 年年底浙江省和杭州市庆祝"国际残疾人日"活动中，杭城媒体报道了一个权威数字，据 2006 年全国残疾人抽样调查结果，我省有 311.8 万残疾人，占总人口的 6.36％，目前有持证残疾人 104 万。这是全省残疾人的情况，从中也可以看出，杭州不可能有持证残疾人 110 万，这已经超过全省的数字了。二是在市残联网站上找到一篇 2013 年 7 月市残联第六次代表大会的工作报告，在报告的最后提到"为全面提升 48 万残疾人的生活品质而努力奋斗！"如此看来，我市残疾人总数是 48 万人。三是在"中国杭州"政府网站上，找到一篇《杭州市残联 2014 年工作总结和 2015 年工作思路》的文章，其中提到"2014 年……扎实开展'基础管理建设年'活动……全市共动员和组织 3000 余名市、区县、镇街、村社四级残联工作人员和志愿者，开展残疾人基本服务现状和需求专项调查，按照在户调查率不得低于应调查总户数的 95％ 的要求，顺利完成全市 17.6 万持证残疾人的入户普查工作"。从这段文字看，杭州持证残疾人为 17.6 万。从以上检索结果看，杭州残疾人总人数为 48 万，其中持证残疾人为 17.6 万，是准确、权威的数字。

为何会出现杭州有"110 万持证残疾人"？在检索中也发现，本报并非"始作俑者",在 2014 年 12 月 4 日《今日早报》的一篇《昨天是第 21 个国际残疾人日 本报独家调查智精残疾人托管现状 1 名护理员照料 7 个残疾人,还须兼职保 安》的报道中,就提到:"据不完全统计,杭州目前约有 110 万持证残疾人。在这 部分残疾人群体中,智力残疾人约有 3 万人,精神残疾人约有 4 万人。"本报报 道中的数字与这一篇报道的数字是相同的。这也说明,在媒体中也存在"以讹 传讹"的现象。因此在采访报道中,对关键数字要进行核实,切不可人云亦云。

开幕不会开四天

2015 年 8 月 30 日头版新闻《"网上丝路"连接世界 "杭州出发"辐射全球 2015 中国(杭州)国际电子商务博览会进入 60 天倒计时》第 4 段：10 月 29 日至 11 月 1 日，2015 中国(杭州)国际电子商务博览会盛大开幕。句中的"盛大开幕"，应改为"盛大举行"。因为"开幕"一词，是"开始"的意思。2015 中国(杭州)国际电子商务博览会将于 10 月 29 日开幕，开幕之后，至 11 月 1 日，就不能称为开幕。而"举行"一词，是"进行"的意思，包括了开幕。

山鸡到底多少钱一只

2015 年 8 月 27 日 A7 版《上百只鸡失踪，少说了也值 2000 元 这桩离奇的"刑事案"，破了！》一文，讲了夏先生的养鸡场无端消失上百只鸡，最后逮住肇事元凶是一只猫头鹰。但文章中对简单的数字计算却发生了错误。文章第 1 段中有"因为他养在农场里的几千只土山鸡，几乎每天都在减少——上百只鸡就这样无声无息地消失了。要知道，每只成年土山鸡的市价要 200 多元！"从这段话里可知，共损失了上百只土山鸡，每只市价是 200 多元，也就是说损失计20000 余元。但该文的引题却是"上百只鸡失踪，少说说也值 2000 元"，在该文的第 3 段也有"夏先生叫来了巡查员工说：'它偷吃了一百多只土山鸡，价值超过 2000 元，该追究它的刑事责任了'"。数字整整缩小了 10 成。由于该文的数字不实，会使读者对新闻的真实性产生怀疑。需重视新闻数字的计算和核实。

杭州的地理位置错标到南京

  2016 年 2 月 23 日 A2 版《杭州加快迈入世界名城行列》的报道采用了一张虚化过的图片,画面有线条勾出的中国版图,用红点标出杭州的地理位置。对照中国政区地图这个红点的位置正处在长江入海口,应该为南京的位置,这是因制作配图不细带来的差错。杭州的地理位置处在南向的杭州湾入海口这个位子,南京与杭州中间那个突出的位置是上海。虽然这个细节对整个报道效果没有产生多大影响,但在图片运用时涉及国家地图、地理位置标注时要十分细心,更何况我们自己生活的城市,处在祖国版图的哪个地理位置应该要搞准确。

去印度取经的是玄奘

　　2016 年 2 月 3 日 A10 版《2015 年，"企明星"开启"速跑模式"》一文，第 1 节第 1 段："交出了纪录片《南宋》、中印合拍电影《大唐玄藏》、电视剧《武神赵子龙》等多部作品，在业内打响了知名度。"文中有部电影名称写错了。《大唐玄藏》应该是《大唐玄奘》。玄奘（602—664），通称"三藏法师"，俗称"唐僧"，唐朝佛教学者、旅行家，唯识宗创始人之一。文学名著《西游记》就是根据他的事迹演绎而来。据查询，《大唐玄奘》为中印合拍电影，由霍建起导演，黄晓明、汤镇业等主演。

三分线到底长啥样

2016 年 3 月 22 日 B1 版都市新闻，看完《看到禁停牌和路边黄色的"三分线"司机们，千万别去碰啊！ 违停代价挺"肉痛"，罚 100 元扣 3 分 "三分线"长啥样？老司机可能都不认识》全文，"三分线"到底长啥样，笔者还是不认识，因为除了标题，1300 多字的正文里竟然没有一处提到"三分线"。不知道是记者疏忽漏写了，还是编辑误删了。

经百度查询，"三分线"指的是篮球场上人工划出的一条弧线，呈半圆形，篮架的落脚点即是它的圆心位置。在这条线外且没出球场投进的球即三分球。至于道路上禁停的"三分线"并没有找到相关的解释。那么，问题就来了，"三分线"到底长啥样呢？

这些候选人是哪里的？

2016 年 4 月 5 日 7 版专版，刊出《杭州市首届"最美杭州人——十佳残疾人"和第二届"最美助残志愿者"候选人（团队）公示》，其中"20 个十佳残疾人名单"里，有多名候选人所在地名不全。如 12 号候选人李彦术，只介绍是"汤口镇残疾人专职委员"，这"汤口镇"在哪？13 号候选人沈柏潮，只有"后岩村党总支书记、村委主任"的信息，至于这"后岩村"又在哪里，更让人摸不着头脑。同样的情况也出现在 15 号候选人魏菊琴、16 号候选人唐正平身上，也只介绍是"枫树岭镇残疾人专职委员""桥岭村党总支书记"，至于"枫树岭镇""桥岭村"在哪个县（市、区）或乡镇（街道），也没有说明。虽然是有关部门的专版公示，但刊登在报纸上，读者还是会关注的。如果相关记者或编辑能发现这些问题，应联系市残联，把这些基本信息补全为好。

是甲减不是甲碱

　　2016 年 4 月 6 日 15 版倾听·人生,《咳着出生的女人》第 4 节倒数第 4 段:"后来公公住院抢救期间,我因过度劳累,甲亢复发,接着因为碘用药过量,3 个月后变成严重甲碱。"在本文后面几段,"甲碱"这个病名又多次出现。实际上,这里的"甲碱"应该全部改成"甲减"。

　　甲减是甲状腺功能减退的简称,是由于甲状腺激素合成及分泌减少,或其生理效应不足以致机体代谢降低的一种疾病。而甲亢刚好相反,是该激素过多所致。在甲状腺疾病中,甲减和甲亢是最常见的两种疾病,虽然从病理上讲,甲减和甲亢是两个相反的过程,但患者在进行治疗时,用药不当,会导致甲亢变甲减,或甲减变甲亢,就是文中所说的病情。

郑佩佩没有得过奥斯卡奖

2016 年 5 月 9 日 13 版文体新闻《郑佩佩：每个人都在为自己的希望而活下周她来杭州演赖声川的话剧》，报道在成都演出的赖声川话剧《在那遥远的星球，一粒沙》，为话剧即将登陆杭城舞台预热。报道中重点介绍了年已 70 岁的话剧女主角郑佩佩，并提到她夺得过奥斯卡最佳女配角奖。但这段事实是有出入的，郑佩佩并没有得过奥斯卡奖。

报道中说："快 60 岁，她在《卧虎藏龙》中演碧眼狐狸，这个反派角色让她夺得奥斯卡最佳女配角奖。"据查阅资料，2001 年，由中国台湾选送、李安导演的《卧虎藏龙》夺得第 73 届奥斯卡最佳外语片奖。凭借此片，鲍德熹获奥斯卡最佳摄影奖，叶锦添获奥斯卡最佳艺术指导奖，谭盾获奥斯卡最佳原创配乐奖。四项大奖收入囊中，《卧虎藏龙》可谓大丰收。但演"碧眼狐狸"给观众留下较深印象的郑佩佩，只获得此前举行的香港电影金像奖最佳女配角奖，并角逐奥斯卡金像奖。但在奥斯卡金像奖评选中，郑佩佩并没有进入最佳女配角提名名单，自然也就没有获得个人的奥斯卡奖。

在查阅资料时也发现，此前各地一些报道中也有说郑佩佩得过奥斯卡最佳女配角奖的，看来报道也会"以讹传讹"。

前后两天的报道数字出现矛盾

2017 年 2 月 3 日,头版的《后峰会效应释放 今年春节旅游和消费两旺》文内有:"据市假日办和市旅游大数据中心(旅游经济实验室)统计,2017 年春节假期七天全市共接待中外游客 450.48 万人次,增长 13.6%。"

2017 年 2 月 2 日,头版的《春节假期前六日 杭州接待游客 829 万人次》文内又有:"记者从杭州市旅游委员会了解到,春节假期前六天,杭州共接待游客 829 万人次。""昨日是春节长假第六天,气温依旧偏低,我市各景区(点)共接待游客 169.32 万人次,这是春节假期以来杭州旅游接待量最高的一天。其中,西湖风景名胜区管委会所属公园景点共接待游客 53.92 万人次(其中免票公园景区接待人数为 33.78 万人次,收费景点 20.14 万人次),雷峰塔景区接待 3.05 万人次,运河景区接待 1.05 万人次……"

这里有组数字不合逻辑。"2017 年春节假期七天全市共接待中外游客 450.48 万人次"与"春节假期前六天,杭州共接待游客 829 万人次"矛盾,春节黄金周七天总的杭州游客人次没有前六天的多。

还有,"昨日是春节长假第六天……我市各景区(点)共接待游客 169.32 万人次,这是春节假期以来杭州旅游接待量最高的一天。其中,西湖风景名胜区管委会所属公园景点共接待游客 53.92 万人次(略),雷峰塔景区接待 3.05 万人次,运河景区接待 1.05 万人次……",句内的"169.32 万人次"与"其中,……53.92 万人次(略),……3.05 万人次,……1.05 万人次"矛盾,这里列举的"其中"部分合起来 60 万人次不到,而这天总人次为"169.32 万",另外那 100 多万人次游客从何而来,文内也需要有个交代。

常常说"数据出新闻",但是当新闻里的数据出处、统计方法等基础功课没有做扎实,特别是前后数据有了矛盾,报道读起来会令读者一头雾水。记者采写稿子时对收集到的新闻素材做些梳理很有必要,如果对来自多部门的文字材料照搬,就容易发生纰漏。

采编

用工匠精神
磨就"金刚钻"

城市党报以做政经新闻、城市新闻见长。但有的时候，为何读到的时政要闻如同阅读文件？一些唱四季歌式的新闻为何有年年花相似的感觉？这正是此篇想探讨的难题。

篇内审读文字都是针对新闻采写的不足所写，比如《我们需要这样的高质量新闻》和《世界艾滋病日，读者记住的是这个"小字"》。前篇重点提出在全媒体时代记者如何拓展信息获取渠道和怎么把"干巴巴"的27条政策转化为可读的新闻；后一篇意在探讨像"世界艾滋病日"这类新闻如何做得出彩，与人不同？两篇短文讲的都是一个意思，记者怎样重视采访，记者怎样写好新闻。

工欲善其事，必先利其器，器利而后工乃精。新闻工作是项创造性的劳动，更需要一种精益求精的工匠精神。虽然在互联网环境下传播渠道、信息来源、技术手段发生了非常大的变化，但在内容与思想创造的本质上，并没有变，有价值的新闻、可读的新闻才能带给受众思想的升华和阅读的愉悦。

这里没有总结定式化的新闻操作技巧，意在从篇篇具体报道分析入手，从只言片语的业务探讨里，让广大新闻从业者得到启迪。希望对提升新闻实务有所帮助。

用合成式报道做出新闻深度

2013 年 2 月 16 日 3 版国际·杭州湾新闻,"俄罗斯天降陨石,千人受伤"的新闻深度和延伸不够。地球本身自然灾害频发,现在天外之物又给地球带来灾害,这显然是地球人非常关心的问题。杭报的报道涉及了关于陨石的一些知识,但还不够。快报的陨石报道非常详细全面,首先以 4 个小标题展开:白光把所有东西都点亮了,10 吨陨石砸出 6 米大坑,3 万人参与救援,小行星今晨划过地球。接着,采访了南京紫金山天文台和北京天文馆的专家,对陨石生成、预警防范、小行星撞地球、天外之灾等详细报道,让读者对陨石有了一个比较完整的科学认识,消除读者恐慌心理。快报这样的新闻合成式报道很有必要,以后杭报遇到类似重大新闻能否调集力量,联合作战呢?

头版标题重复的"惯例"要下功夫改变

近日,一位读者给总编辑写信,反映 2013 年 3 月 29 日本报头版两个大标题同时用了"攻坚战":"坚决打赢三改一拆攻坚战""打一场治理交通拥堵的攻坚战"。读者认为这样的标题读起来很不舒服,提出能否动一下脑筋,拟出生动活泼、通俗易懂的标题呢?

这封来信提到的问题还是有点典型意义的,这样的标题在我们的头版上并不少见,特别是涉及市委、市政府主要领导活动的报道,不要说两篇报道标题相同,就是一篇报道,主题、副题重复的也不少见。现举例如下。

2013 年 3 月 28 日头版右边条,引题"黄坤明在'三改一拆'三年行动暨治理城市交通拥堵工作动员大会上强调",主标题"扎实抓好'三改一拆'和治理城市交通拥堵工作",数一数,有 14 个字是重复的。

同日头版次条,引题"王金财在市'两非'车辆综合整治工作推进会上强调",主标题"坚决打赢'两非'车辆综合整治这场硬仗",有 8 个字重复。

实际上,随便翻翻报纸,很长一段时间以来,只要头版有市委、市政府主要领导活动的报道,标题就会出现报道和评论重复、引题和主标题重复的现象,分析其原因主要还是"领导稿件",怕不用完整原话不能准确表达原意,怕改了标题反而受到批评。

但这样重复,让我们这张权威大报很丢面子,读者看了很不舒服,也不合标题制作要求。

在标题制作中,两行及以上的复合型标题中,引题和主标题有各自的特点,所担负的任务和所起的作用各不相同。引题和主标题有很多的搭配关系和技巧,但很忌讳的一点是:引题、主标题之间的语义重复和文字重复。因为信息重复、冗余,最让读者生厌。翻看《人民日报》《浙江日报》等,他们的标题制作还是讲究规范的,至少引题、主标题除关键字眼外,语义是不重复的。如 2013 年 3 月 29 日《浙江日报》:《夏宝龙在全省"三改一拆"工作座谈会上强调(引题) 坚决打赢"三改一拆"这场攻坚战(主标题)》,仅关键字眼 4 个字重复。同一天《浙江日报》:《李强赴舟山群岛新区调研时强调(引题) 重创新重实干重项目(主标题)》,就没有一个字重复。

　　首先,虽然这是市主要领导活动的报道,稿件需要送审,但记者在写稿时,把标题提炼得新鲜生动一些,还是有些自主权的。其次,在版面上如出现较严重重复的标题时,编辑花些时间修改一下应该也不会有大的问题。

网络上的本地新闻源值得重视

2013 年 3 月 14 日，两会冷艳美女翻译张京走红网络，许多媒体也做了相应挖掘报道。张京是杭州人，毕业于杭州外国语学校，快报做了个非常详细的报道，很有看点，可惜杭报没有报道，这是两会新闻的一条好花絮，又是一条本地新闻。

长期以来，杭报新闻源多来自各政府口子。看快报这则报道，新闻源是从网上得来，记者联络上张京本人，她不便接受采访没有与记者交流。记者就通过外围展开，主要是家人、外国语学校老师、同学等，见报后成了当天本地新闻很出彩的报道。

这种高度的新闻敏感和深入挖掘新闻的精神值得我们学习。要做强本地新闻，需要改变我们的新闻观念，努力拓宽新闻来源渠道。

非现场体验式报道不要用"我"

2013 年 4 月 16 日 B1 版都市新闻,《它好比是隋唐版的"高铁" 大运河申遗进入冲刺阶段》导语中出现"我从杭州市大运河申遗办获悉","我专门采访了杭州市大运河申遗办的有关专家",用第一人称的"我"来取代记者,有些不妥。新闻教科书上说,记者写稿,特别是新闻消息稿,除非在人物的直接引语中,其他地方都不应该出现第一人称的"我""我们",如果需要提到作者时,要用"记者"来代替。因为记者采访不是个人行为,是代表媒体的职业身份,是代表读者去的,要求客观真实。如果用"我"则显得主观片面,也不够严肃。

当然,近年来随着体验新闻的兴起,再加上新闻写作的创新需要,有时也有一些新闻会采用第一人称,这样显得更有亲切感,而且有记者更多的现场感受。这样的写作方式在实时新闻版面经常可以看到,比如 2013 年 4 月 11 日 B3 版实时新闻《丢了面子,也丢了车德》,多处出现"我"和"我们",因为是现场报道,所以用第一人称直接面对采访对象也还比较自然;还有 2013 年 4 月 9 日 B1 版都市新闻《被隔离的日子》,也采用了第一人称,模仿西湖里的天鹅、野鸭的口吻,显得生动活泼,富有趣味性。

尽管用第一人称写新闻已屡见不鲜了,但对于一般的非现场体验式的新闻,特别是采访政府部门的新闻,还是建议不要用第一人称。

记者体验式报道更要合法合规

2013 年 5 月 20 日 4 版"杭州湾新闻·市民大学堂"请来杭州市交警支队专家主讲十大开车陋习,提醒驾驶员行车上路别和这些坏习惯沾上边。其中陋习之六就是开车打手机。但紧邻的 5 版都市·热线新闻"杭州治堵系列报道"《"杭州交通拥堵指数"升级了 手机一开就知哪里在堵,哪里可绕》里,记者在开车路上体验手机新软件,却有沾上"陋习"的"嫌疑"。两者相互对照,也提醒我们,记者体验也须注意避免交通违法。

在体验报道里,虽然记者没有打手机,但有在路上翻看手机信息的情节:"上午 9 点半,我从城西丰潭路附近出发……我打开了苹果手机上的'杭州实时路况'软件,路况图布满红红绿绿的线条。一扩大,所有道路的拥堵情况清晰可见……搜索了一下,发现文二路古翠路口以西这一段果然用"红色"显示严重拥堵,以东这一段也是'红色'和'橙色'(中度拥堵)相间……我再次打开软件……"因为记者并不是出门前查询的,而是在路上查询的,但又没有交代是等红灯时查询,还是把车停靠在路边后查询,因此给人留下开车时看手机软件信息的印象。

如果记者能在报道中注意一下这些细节,既能给使用这款软件的驾驶员起到正确的导向作用,也避免了沾上开车"陋习"甚至交通违法的嫌疑。

"长寿之乡"到底有多"长寿"？

2013 年 6 月 16 日头版《全国 46 个长寿之乡 杭州有了一席之地》，报道桐庐县喜获"中国长寿之乡"称号。看到这篇报道，读者最想知道的是，作为"中国长寿之乡"的桐庐人到底有多"长寿"？桐庐人的人均预期寿命有多高？但遗憾的是，报道并没有给出"答案"，把最重要的新闻元素"遗漏"了。

查询了一下，"中国长寿之乡"评定标准最主要的是区域人均预期寿命比全国水平高 3 岁、区域现存活百岁及以上老年人多、80 岁以上老年人占总人口 1.4％以上。再查询，桐庐 2011 年人均预期寿命为 80.3 岁，远高于全国水平 74.83 岁（2010 年全国人口普查数据），但比杭州主城区及萧山、余杭低（2011 年，杭州市户籍人口人均预期寿命为 80.89 岁），估计是这个原因在报道中把桐庐人均预期寿命"隐"去的。

其实大可不必。主城区及萧山、余杭以城市居民为多，人均预期寿命是要长些，但桐庐的农村人口所占比例大，人均预期寿命能达到 80.3 岁，是很了不起的。加上桐庐有那么好的山水和养老政策，应该是城里人羡慕的地方。因此报道没有必要把最重要的新闻元素"遗漏"掉。

把见人见事的新闻做出来

看了 2013 年 6 月 24 日头版，冒出这个想法。这天头版较吸引人的标题《"我也来投一票"》，就是一个实题，有"人"有"动作"，简洁生动。《朗朗西湖音乐会昨晚举行》《共建智慧能源研究中心》，这两个标题陈述了新闻的主要内容，有新闻主体也有新闻事件，也是实题。而《优质计生服务助推杭州品质生活》《物防技防心防　层层保平安》《节能增效　杭州在行动》三个标题比较空洞，不见人也不见事，而且所用词语也缺乏新意。

新闻标题是对整个新闻最简洁的概括，或是最吸引读者的内容。一般来说，读者一看标题就大概知道全文的主要内容，或是看了标题就有阅读的兴趣。因此，"题好文半"，精心制作新闻标题是做好新闻报道的重要内容。怎样才是好标题？简单说，就是大话、空话、套话在标题中要避免，而且要尽可能生动地陈述事实，要以"何人""何事"为主，突出新闻中最重要最新鲜的事。

是不是工作性比较强的新闻难以做出好标题呢？也不尽然，比如，同一天的 4 版财经新闻，《今后一元钱或能开公司》是政府部门的文件解读，工作性也比较强，但标题却较吸引人，因为它很具体。相反，如果标题做得虚就没有这个效果了，比如也在同一天，杭州湾新闻《都市圈驶出"人才直通车"》，细读新闻，发现里面有不少生动的细节和亮点，但主副标题却都很虚，不见人也不见事，使得这篇新闻给人的吸引力也大打折扣。

新闻细节不可"合理想象"

真实是新闻的生命，来不得半点马虎，更不能合理想象。但 2013 年 7 月 3 日 A2 版要闻《英国皇家爱乐在杭州奏响》，却有两处新闻细节带有想象的成分。这样的文风值得警惕，也是不应该出现的。

其一是第 4 段里："最后返场加演的《法兰多尔舞曲》，听起来欢快、活泼，实际上演奏难度极大。观众们聆听后把手都拍疼了。"可能记者在采访中了解到有观众把手都拍疼了，但能不能"合理想象"所有观众都把手拍疼了？

其二是最后一段："所有的目光都汇聚在王羽佳身上，这位出色的中国姑娘在深深鞠躬表示谢意后，最终加演了三首钢琴独奏曲目。每一首都很炫，琴键上她的手指如花般飞舞，所有人都一边聆听，一边微笑。"所有人？难道就没有"开小差"的，或大笑或面无表情的？观众并不是一个模子刻出来的。

有句行话说得好："新闻保真实，采访须过细。"一是采访时，要尽量到现场细致观察，踏实采访，对新闻事实做到充分掌握，了然于心；二是下笔时，要避免拍拍脑袋想当然，自作判断瞎推理；三是遣词造句时，要以能准确、具体反映客观事实为前提，不随意，不浮华。

大而全并不代表深度

最近财经新闻版有了新变化,触角更灵敏,反应更快速,力图以深度解读经济热点。这是一个很好的开端。但从最近一些经济报道来看,也有一些不足,就此提出一些建议。

比如 2013 年 7 月 30 日 A11 版财经新闻《华策影视拟以 16.52 亿元收购上海克顿传媒》,以将近整版的篇幅报道了这起国内影视业最大并购案。但通读全文,报道仅围绕着两家公司的情况、合作的缘由、并购后两家公司如何管理来写,没有跳出并购案来审视其对文化传媒业的影响,显得有些单薄。版面尾部《这将是一场漂亮的交易》,也只是交易方案的补充介绍,与上文有些重复之处,而且其中很大篇幅是用来介绍华策影视在股市中的具体表现。在附件中,列出了近期有关文化传媒业的并购案例,但只是一些表象,缺少对于目前风生水起的文化传媒业并购事件的评说。

做好财经报道,深度必不可少,但篇幅长、大而全,并不代表着深度。对于重大经济新闻事件,应透过表象进行深入剖析,特别是事件背后深藏的意义,此时请业内专家来进行"头脑风暴",可能是借力的好办法。

微信 5.0 的报道没有做到位

微信 5.0 苹果版正式上线很让大众关注，这也是移动互联网快速发展的大事。2013 年 8 月 6 日，全城各媒体都做了报道，国内有的主流媒体称微信新版本的上线建立起了数字移动枢纽。

阅读了本报当日 A15 版 3C 新闻·融媒体的微信 5.0 报道，感到有些不足。报道版面位置不突出，头条的阿里巴巴全球实习生第一期"开学"的报道淹没了这篇报道，而"阿里巴巴"显然没有这条新闻来得有新闻性，有关注度。翻开《都市快报》的同日报道，将微信 5.0 报道放在重点版面"第一事件"刊发，而且整版刊登，吸引读者注意。

报道写作上也还可以更加方便读者轻松阅读。微信 5.0 主要新增游戏中心、聊天时可以用语音输入文字、扫一扫、在线支付、用微信交换名片、公众号和服务号的分离等内容。本报报道的这个稿子中也写到了一些内容，但采用的是一般消息稿写法，看过报道读者对新功能了解不甚清楚全面，而有的报纸干脆用图说办法，用精练文字把新功能一一列出，简单直观明了，服务阅读目的明显。

腾讯从 QQ、微博到微信，在网络社交领域不断推出新产品满足客户需求，取得自身大发展，媒体人已深深意识到服务的宗旨和意义。把新闻报道做细做透做到位，更好地服务好读者同样应是我们时时刻刻不忘追求的目标。

"海宁元宝"值得杭州湾新闻关注

2013 年 8 月,《钱江晚报》《都市快报》对海宁许家老宅挖出银元,引发盗宝狂潮进行了连续报道,引起了读者的浓厚兴趣,成为了近期的热门话题。但遗憾的是,本报的杭州湾新闻对这一事件没有进行报道。

《钱江晚报》分别在 2013 年 8 月 24 日、25 日、27 日连续报道,《都市快报》也分别在 8 月 25 日、26 日、27 日连续报道。报道说,海宁市海昌街道双喜村里,传说 80 年前海宁地主许阿六埋下大量银元,最近许阿六后人居住的老宅要拆迁,结果在拆除后的宅基地里挖出了许多银元,还引来了盗宝贼。媒体除报道这一事件外,还报道了海宁许姓是个大姓,追缴回来的银元归国家还是归个人,银元的鉴别与行情等,颇为抓人眼球。

目前本报杭州湾新闻以策划报道居多,如聚焦杭州都市圈、杭报招待会、杭州湾的朋友们、杭州湾美丽乡村等,但对杭州湾发生的社会新闻报道是不多见的。像"海宁元宝"这样的事件,要不要报道?作为发生在杭州湾县市里的热点新闻,作为老百姓关注的可读性强的社会新闻,应该报道。这既是杭州湾新闻的职责所在,又可为杭州湾新闻版面增色添彩;既可提升杭报在杭州湾县市读者群里的影响力,又能为杭城读者了解杭州湾县市打开更丰富的窗口。虽然这次没有报道,有点遗憾,但通过这个事件,也为杭州湾新闻报道提供了一个新的视角和启发。

新闻要素切勿含糊其辞

新闻语言既要简练也要明确，不能有含糊的地方。但在我们的报道中，还常常出现这样的问题。如 2013 年 9 月 12 日 A2 版要闻《2013"创新中国"总决赛杭州上演》，最后一句"获胜企业，将会获得总计 26 万现金，30 万美元的 windows Azuer 云服务奖励等"语意不明确，据推测，26 万元现金应该是人民币，而 30 万美元的服务奖励应该是价值 30 万美元的等值服务，所以这句话应该改成"将会获得总计 26 万元人民币现金，价值 30 万美元 windows Azuer 云服务奖励等"，这样就比较明确了。

2013 年 9 月 19 日 4 版国际·区县（市）新闻《40 载"拼卫"生活 一朝幸福圆梦》，从导语中得知，蕲王路 11 号的 40 多户居民即将拥有自己的卫生间，告别"拼卫"的生活。接下来，报道也透露了更多细节，讲述多年来居民共用卫生间的烦恼等。但是，随后讲到旧房改造时就让人有些糊涂了——"精诚所至，七户不同意拼卫方案的居民最终对协调方案逐一认可。今年 4 月，蕲王路 11 号拼卫工程顺利开工……"究竟改造后居民们是一户一卫还是拼卫呢？按理说居民告别了"拼卫"的生活，改造后应该拥有一户一卫了，可是文中又多次提到"拼卫方案""拼卫工程"，这又是怎么回事呢，报道中对此没有任何说明，难免会让读者糊涂。

抗击台风报道,漏了个"水困余姚"

　　2013年国庆长假后期,台风菲特仿佛捅破了浙江的天空,狂风暴雨大作。杭州也是受灾严重,全城多处积水,山区县(市)还发生山体滑坡、塌方事件。对此,本报连续推出"抗击台风特别报道",对政府决策、受灾情况、救灾救援等做了较为翔实的报道。但在这次台风报道中,本报却"忽略"了一个人们关注的报道焦点,那就是"水困余姚"。因为在这次台风中,余姚是浙江受灾最严重的地区。当同城媒体都把目光投向余姚时,本报却只字未提,毫无报道,直到2013年10月10日,A7版杭州湾新闻才有余姚灾后情况报道,令人遗憾。

　　据10月9日同城媒体报道,浙江余姚由于持续降雨、水库泄洪、姚江江水倒灌,导致余姚成为受台风菲特影响汛情最严重的地区。截至10月8日晚8时,余姚过程雨量496.4毫米,姚江水位达5.33米,超警戒水位1.56米,24小时降雨量和姚江水位均创中华人民共和国成立以来最高纪录。余姚全市21个乡镇、街道均受灾,145个行政村和社区被困,受灾人口达83万余人。城区大面积受淹,主城区交通瘫痪,大部分住宅小区低层进水,主城区全线停水停电,市民生活受到严重影响。为此,省委书记、省长都做出指示,要求动员一切力量抢险救灾。宁波、杭州等地调运物资,驰援灾区。驻浙部队也派出大型卡车和冲锋舟挺进受涝地区。对此,《浙江日报》《钱江日报》《都市快报》《青年时报》《今日早报》等同城媒体,都派出记者,进行了报道,"水困余姚""余姚告急""余姚陆埠挺住"等标题很是醒目。电视台、电台也进行了连线滚动报道。

　　反观本报,似乎无视余姚灾情,显得波澜不惊。10月9日本报杭州湾新闻,也仍是《桐乡建设中国旅游第一大县》《嘉兴:重组中国毛衫"超级联盟体"》《海盐照明企业获国内行业最高奖》《好玩不好吃的大西瓜》等常规报道。

　　本报杭州湾新闻既是报道杭州湾各地区的一个窗口,也是在杭州湾地区打响杭州日报品牌的一个窗口。对余姚发生这样重大的灾情,对人们关注的社会焦点,杭州湾新闻进行及时报道和跟进,哪怕是几百个字的报道,应该是责无旁贷的。

好的新闻要抓得住主流

2013 年 10 月 8 日 9 版财经新闻发了黄金周的财经盘点特稿《像黄金一样褪色的"黄金周"》,形式比较新颖,以记者报告的形式逐一盘点"十一"长假黄金周的财经见闻,内容生动,贴近读者,数据翔实,有很强的可读性,但最后的"尾声",让人读后却感觉比较消极,缺乏力度。

尾声中主要引用了网上一些对长假的批评,比如长假太漫长,每天吃吃喝喝,没意思;长假太无聊,出去玩人太多,宅在家里又无所事事;长假游玩,时间长了,吃不消,比上班还累⋯⋯对此,记者做了分析,认为"出现这样的状况,很大原因在于我们假日生活的平淡。假日来临,大众在心理上想好好过节,无奈节日缺乏对应的节目。一放松就觉得很难受,适应不了,放假不知道干什么"。这个分析是中肯的,但可惜只是点到为止。接下来最后一段,"生活又将回归常态,早起上班,洗衣做饭,这长假的最后一夜,在台风的肆虐中,人们放弃外出的想法,还是窝在家里,看完《中国好声音》这类电视节目,洗洗睡吧"。这个结尾伤感消极,让人感受不到正能量。

前面网友对长假的恶评不能说没有道理,但是有些片面,长假有其积极的一面,比如促进经济发展,丰富人民生活,等等。作为新闻媒体,不能人云亦云,至少应该做到客观分析,提出建设性的建议,比如对今后如何过好长假做一些积极正面的引导,这样的新闻才有说服力。

披露案件关键细节应谨慎

2013 年 10 月 17 日 B4 版热线新闻《小偷"飞天遁地",警方顺藤摸瓜》,报道了一起案件,对小偷的作案手法进行了很细致的叙述,比如他是如何踩点,如何躲过监控,如何逃走等,对这些过程都有较大篇幅的详细讲解。2013 年 10 月 22 日 B2 版都市·热线新闻《男刑警化身网络美眉 网聊 4 天"钓"出小偷》,报道了民警用"美人计",骗小偷上钩。整个警察"骗"小偷抓小偷的过程也非常详细,活灵活现。

当然,案件报道不可能没有细节,而且细节越多写得越生动,可读性就越强,读者也特别爱看。但是,如果将犯罪分子作案过程、犯罪手段描写得过细,就有可能成为教唆犯罪的反面教材;而对侦破手段描写过细,则会带来各种不良后果。因此,在报道中对于案件细节披露要谨慎,不能为了增强可读性,过分渲染案犯的作案细节和犯罪手法,对于一些不适于公开报道的内容或者容易对公众产生误导的内容要加以必要的过滤和技术处理,以免对公众造成不良影响。比如,为了侦破案件,民警使用的手法可以是多种多样的,用"美人计"也无可厚非,但报道中还提到小偷热心地给警察假扮的"美眉"介绍对象,还提醒"她""孤身在外要多注意身体,健康是福",这几句话很容易让读者对这个受骗的小偷产生同情或是怜悯,社会效果并不好。在案件报道中,类似这样有负面影响的细节还是不要为好。

经济新闻版的两处商榷

报纸改版后,原来的财经新闻、财富新闻整合为经济新闻,以宽视野、多角度报道经济事件,呈现新的面貌。但在本期审读中发现有两处可商榷之处。

一、"中介"报道图表"弄巧成拙"

2014 年 1 月 3 日 A5 版经济新闻・专版《简政放权推动中介服务走"快速路"》,配了两张图表,把"目前杭州投资项目审批中介服务大致包括"和"中介机构不良行为分为三类"的文字内容用图示的方式呈现,本来可以起到美化版面的作用,实现图文并茂的,但由于配图位置小,又辅以花花绿绿的颜色,图表中的文字难以卒读,特别是图表中字数较多的,更成了"蝌蚪文",从而失去了阅读的动力。这些有文字内容的图表做成了装饰图的效果,倒不如不做,直接以正文形式表达好。

图表是新闻呈现的好方式,但处理不当就弄巧成拙了。因此,图表既要跟上改版后放大的字号,更要以读者阅读方便为标准。

二、"蓝皮书"标题缺乏冲击力

2013 年 1 月 6 日 4 版经济新闻以将近整版的篇幅报道本报联合浙江大学企业成长研究中心、乐创会推出的《2013 年青春创业蓝皮书》。其通栏标题为:《观察这个群体,也是观察你我,观察这个时代(引)本报联合浙江大学企业成长研究中心、乐创会推出〈2013 年青春创业蓝皮书〉(主)》。但在通读这篇重磅报道的全文后,觉得这个标题过于平实,没有抓住报道的关键和亮点,缺乏冲击力。其实,这篇报道的关键词是"创二代",也叫新生代企业家。文内对"创二代"群体进行了生动的描述,并用图表方式反映了他们的工作经历、选择行业、精神状态、财富观等,内容是颇为吸引人的。但反观标题,并没有把"创二代"这个抓人眼球的关键词做出来,主题也太长,有 32 个字,有失水准。试作一题:《本报联合浙江大学企业成长研究中心、乐创会推出〈2013 年青春创业蓝皮书〉

（引）今天，我们关注"创二代"（主）观察这个群体，也是观察你我，观察这个时代（副）》，或许也差强人意，但把"创二代"放在主标题里，无疑增强了冲击力。

看书看皮，看报看题，标题制作也是大有讲究的。在如今越来越难吸引读者阅读的情势下，制作一个有冲击力的标题，制作一个抓人眼球的标题，值得下点功夫。

"昨日"改为"昨晚"好

2014年3月24日晚上10时，马来西亚总理纳吉布在吉隆坡临时召开新闻发布会，宣布马航MH370航班在澳大利亚城市珀斯西部的南印度洋海域坠毁。这给千千万万关心马航事件的人们，带来了悲伤的消息。针对这一重要新闻事件，本报在3月25日头版左下部辟出显著位置，以"马来西亚总理昨日宣布——马航MH370南印度洋坠毁"为题，除简短文字外，配发了两幅新华社图片，做了重点报道（并在A4版国际新闻做了详细报道）。这样处理避免了以往对此类突发事件只在后面版面报道，头版最多做一导读，远离读者感情，违背新闻规律的处理方法，体现了本报的新闻敏感性和重视读者、贴近读者的新闻取向，值得点赞。

也有个小建议，引题"马来西亚总理昨日宣布——"中的"昨日"，如果改为"昨晚"或"昨夜"，在新闻传播上的效果会更好。这则新闻是晚上10时发生的（北京时间与马来西亚时间相同），虽然用"昨日"也不错，但从新闻传播上来说，用"昨晚"更能强化新闻的时效性，标题对读者阅读的冲击力更强。当然，这只是一个小细节。但如果每篇报道都能在细节上精益求精，就能在新闻传播、新闻竞争中"加分"。

时间表述要符合见报日期

　　今天发生的新闻,第二天见报,见报后文中的时间就不能写为"今天",而应该写为符合刊登日期和见报口吻的"昨天",这是报纸出版周期带来的新闻发生与见报时间差,因此记者写稿、编辑编稿、校对校稿时都要按刊登日期予以核对、修改,否则就会导致时间错乱,让读者费解。

　　如 2014 年 7 月 24 日 B3 版热线新闻《白沙泉的破晓惊魂》,报道发生在 7 月 23 日清晨白沙泉一家海鲜烧烤店的起火事件,文内有两处在时间上没有改成见报口吻。文中第 8 段说:"今天下午,西湖公安分局透露了大概的事发过程,从头到尾,不离一个'情'字。"这里的"今天下午"显然应该是"昨天下午"。文中第 9 段说:"最近,两人情海生波,昨晚,两人本想把话说说清楚,结果没谈两句,崩了⋯⋯"这里的"昨晚",时间也不对,应该是"前晚"才对。

　　又如 2014 年 7 月 28 日 9 版文化新闻《这一天,我被爱与书香包围》,报道 7 月 25 日"杭州爱·那曲情"捐书活动最后一天的情况,最后两段是作者(实习生)对活动的小结,其中提到:"今天是活动的最后一天,也是我值班以来最忙碌、最兴奋的一天⋯⋯"这里的"今天",并不是指见报日的当天,而是指捐书活动最后一天的"7 月 25 日"。记者稿子第二天见报,因此时间表述上要符合见报日期,这也是新闻采编中的常规处理方法,应引起重视。这其中有两个新情况值得注意:一是实时、滚动新闻,记者采写稿件后当天就上网,写成"今天"是正确的,但稿件"搬"到次日的报纸上,就有必要把时间修改为"昨天",而不能原封不动;二是正值暑期,实习生多,实习生写稿往往是按今日口吻来写的,这需要带教老师进行必要的指导和修改。因此也建议,记者写稿时用"今天""昨天"等相对日期时,最好在后面用括号注明一下相应的日期,方便编辑、检校人员判断,同时也可以避免稿件推迟刊用后导致日期错误;编辑、校对等后道人员,看到"今天""昨天"之类的相对日期表述,应该核对是不是真的是"今天""昨天",有了这样的敏感性和警惕性,就能避免时间错乱的问题了。

翻新"同质新闻"也可出彩

　　如何翻新同质新闻（由被报道单位统一供稿，各媒体同时见报的这样一类新闻）？如本报 2014 年 8 月 6 日 B8 版健康新闻刊登的《粪便也能治病 医生把妈妈的粪菌移植到了宝宝肠道 造出一个肠道微生态"新世界"》这则新闻，《都市快报》《钱江晚报》等同城媒体也在同一日做了报道，新闻时间、地点、人物、事例等内容相同。

　　正因为新闻内容的同质，各报纸都会想办法让自己的报道"翻新"，尽可能做得与人家不一样。单从标题比较三张报纸当天的这个报道，似乎没有什么大的差异。但看新闻配图，差距就出来了，快报没有配图，本报用了幅较为形象的漫画，《钱江晚报》的配图占了近半个版（篇幅最大），用了"粪便移植""土壤移植""水移植"三个并列图像，用类比法形象生动地向读者做了什么是"粪便移植"的医学知识普及。一个很专业、很学术的医疗新闻，转化为读者容易接受的视觉信息，做了有效的新闻传播。无疑当天《钱江晚报》的这则同质新闻"翻新"是最出彩、最成功的。

　　由此可见，在独家新闻越来越难遇到的情况下，我们经常会碰到类似于"粪便移植"的同质新闻，如果我们抓住新闻要素的某一点或某个方面做一些独到处理，也能达到"类独家"报道效果。《钱江晚报》这次同质新闻"翻新"就很值得我们在采编新闻时借鉴。

题文图文应相符

题文相符或图文一致，这是新闻报道的基本要求。但在审读中也发现，个别报道因写作粗心或编校疏忽，存在题文、图文、名称等不一致的情况，需要引起重视。

如 2014 年 4 月 21 日 7 版都市·热线新闻《谷雨过后果然多雨》，其副标题是"本周天气预报有 10 个'雨'字"，大意是谷雨过后的一周里，降雨增多，几乎天天有雨。但在文内第 3 段中却说："从市气象台的预测来看，也确实如此。除了周三，本周另外 6 天的天气预报是不带'雨'字的。"后面这句话就与副标题产生了矛盾，把话给说反了，导致题文不符。正确的应该是："除了周三，本周另外 6 天的天气预报都是带'雨'字的。"这与报道后面所附"本周天气预报"中的逐日预报，也形成印证。

2014 年 4 月 11 日 B6 版体育新闻《梅西"失踪"了 中国女球迷亮了》，报道巴萨无缘欧冠四强。报道中说："数据显示，本场比赛，梅西的跑动距离只有 6853 米，只比门将平托的跑动距离多了 1500 多米。"但在报道配发的图片里，"数字说话"小栏目却说："梅西本场比赛的跑动距离仅为 6800 米，就连门将平托的跑动距离都达到了 5300 米。"报道中提到的"6853 米"应该是很精确的数字，而"数字说话"里的"6800 米"应是概数，应写为"6800 多米"。如果"6800 米"也是精确数字的话，这就与"6853 米"不统一了。

而 2014 年 4 月 12 日 8 版文化新闻《"小清新电影"四月正流行》，则存在姓名不统一的情况。在导语第 3 段中说："前半月有白百合的《整容日记》……"但在第 1 小标题下却说："已经斩获 6000 万票房的《整容日记》以白百何为卖点……"前面演员名字为"白百合"，后面演员名字却是"白百何"，前后不统一。

在同一篇报道里，题文、图文、正文的"统一"，既是新闻的基本要求，也是对读者的负责。要做到"统一"，须关注上下呼应、前后连贯和左右对照，不可马虎。

细心挖掘从"常规"处找好新闻

2014年5月18日头版图片新闻《今天我们结婚啦》,报道了浙江大学两百余对校友从全国各地赶回母校参加集体婚礼的盛况,画面很漂亮,图片说明也中规中矩,介绍了婚礼的过程以及参加的人员等,跟一般的集体婚礼报道没有多大区别。但是,同一天杭城其他报纸对浙大集体婚礼的报道却不一样。

先看《都市快报》,《200对新人回母校浙大结婚 从恋爱到结婚 你花了几年?》画面差不多,但图片说明却不一样,加进了一段浙大校报的一份调查数据,有新郎和新娘的平均结婚年龄,恋爱到结婚的时间,数据很有趣,再加上吸引人的标题,相信这篇报道可以吸引很多读者,甚至还会成为他们的谈资,说不定会算算自己恋爱的时间和结婚年龄。再看《钱江晚报》和《今日早报》,都把浙大校报做的这份调查作为报道内容,再配发婚礼现场的图片。《钱江晚报》的标题是《昨天,200对新人缘定浙大 大学生婚恋中的那些有趣的数字》,《今日早报》的报道篇幅较大,标题是《昨天,200对浙大校友回到母校参加集体婚礼 一项调查"八卦"了一下新人们的恋爱经 平均恋爱四年以上才步入婚姻殿堂 近四成新人是"姐弟恋"》。由此可见,数据才是这个集体婚礼的新闻点。

对于记者来说,经常需要报道某个常规的会议或是某项很普通的活动,如果就事论事,稿子也能发出去,但要写出与众不同的好新闻,给读者留下好印象,就需要深入挖掘,做出新意。在这一点上,我们还需要努力。

城市总规修改新闻如何出新

　　2014 年 6 月 13 日 B2 版热线新闻,杭州城市总体规划修改草案即日起公示报道,占了将近半个版面分量。虽然只是一次城市总规小修改,但新闻信息量较大、社会涉及面广、关注度高。因此,要求内容写作要提炼,版面制作要精细到位。这是项很考验采编心力的工作,比较快报同日"城市早知道"版同题报道,至少有两方面值得本报重视和学习。

　　一是配图到位。看快报配图,基本上这次总规修改的城市总体布局、组团变化一目了然,清清楚楚。尤其为副城、组团变化情况用精炼句子标出,非常方便阅读,主要内容一图尽阅。而我们配图完全为公示方案文本截图,没有经过美编制作,显然逊色不少。在新旧媒体交互发展的环境下,纸媒的特色和长处尤应发扬,美编工作更应重视加强。

　　二是内容精炼。快报版面文字很讲逻辑,新闻以回答"为什么""修改什么"两问题展开,并且对市级中心、城市副中心、城市次中心的名称和功能,采用表格来呈现新闻,读后文字枯燥和重复感明显降低。看我们做的新闻仍是按方案文本"城市布局篇""公共交通篇""历史文化景观保护篇"展开,做新闻套路略显传统,信息传递效果打折。遇到重要新闻怎么去做,很考验我们的心力与功力,专业化操作仍然是一家媒体要不断提升的核心竞争力。

数据引用前后矛盾不可信

　　2014年8月24日3版都市·热线新闻,《看废弃牛奶盒的N种魔法 感受循环利用的力量》报道中引用了很多数字,为方便阅读还制作了表格,令人一目了然,值得肯定。但在文中,前后两组数据在逻辑上却有矛盾之处。前文说,"每回收一万吨饮料盒……节省了7000吨石油,1.7万吨铝土矿……"而在下一节——"他们预计,2015可回收像牛奶盒这样的纸塑复合包装20万吨……相当于种植了260万棵树,节约了7.5万吨石油,8000吨铝矿石……"数据中有一处令人生疑,前面说每回收一万吨,可以节省1.7万吨铝土矿;可是后面回收20万吨,却只节约8000吨铝矿石,两者相差甚大。有一种可能是前后两个数字,有一个数字是错的;另一种解释就是前面说的铝土矿和后面说的铝矿石不是一个概念,可是文中对此并没有解释,不免让读者对本篇报道中所说数据的真实性产生怀疑。

　　新闻报道免不了要引用各种数据。引用得好,报道更翔实可信。如果数据不准确,那么宁可不用,也不能前后矛盾。如果数据是直接引用现成的材料,记者也应该对数据材料来源的可靠程度和计算方法,进行认真仔细的核对。比如这篇报道中,前后的数据不一致时,就要认真探究,不要同时采用两个矛盾的数据,这样会减弱新闻报道的可信度。

世界艾滋病日，读者记住的是这个"小宇"

每年 12 月 1 日为"世界艾滋病日"，通常省市卫生部门会提供给媒体一个通稿，2014 年也不例外。于是，2014 年 12 月 2 日这天同城几家媒体报道了基本一样的新闻。

如：本报 B5 版健康新闻《市疾控中心公布我市艾滋病最新疫情(引题) 学生感染人数上升迅猛 感染正趋低龄化(主标题)》；

《浙江日报》的人文版《我省发布今年艾滋病状况报告，学生老人感染上升(引题) 疫情处于低流行水平(主标题)》；《钱江晚报》也基本报道的是一样的新闻内容。

但是，这天的快报"世界艾滋病日"新闻做得不一样，做出了自己的特色。当日其 A5 版第 X 号病床的整个版面报道了与艾滋病日有关新闻，除了省市卫生部门公布的"全省新增 3327 例，杭州 879 例 学生人群增长迅猛达 104 例，增85％"等通稿主要内容外，还大篇幅报道一名男同艾滋病病毒感染者，《你知道我是男同吗？(主标题) 快报记者与大一男同艾滋病病毒感染者面对面 他以自己亲身经历说出 4 点请求 1.请离异家庭关注孩子的性心理 2.请大龄剩女不要相信�蹊急娶的男人 3.请男孩不要轻易加入男同圈子 4.男同发生性行为时请一定戴安全套(副题)》，新闻读来令人印象深刻，过目难忘，很有震撼力。

几家媒体拿到的是同个新闻通稿，为何这个新鲜生动的新闻人物被快报记者抓住？ 读了内文才知道缘由："昨天是第 27 个世界艾滋病日，杭州市卫生计生委疾控处周侃处长和市疾控中心陈树昶副主任带着专家到艾滋病防控一线调研，我跟着一道去了。在余杭区疾控中心，我见到了小宇，他是来参加艾滋病防控座谈会的患者代表，确诊艾滋病病毒感染已有一年。"

无疑，小宇这名艾滋病毒感染者是当前疫情流行的代表人物，年纪、在校学生、男同、有同性性行为等情况都具备。快报记者遇到了，当即做了现场专访，抓住核心问题访问，文末小宇含泪说了 4 点请求，把挖出的新闻眼全找到做了出来，做出了"世界艾滋病日"新闻影响力。

　　我们都明白,大家都在报道新闻通稿里的成堆数字时,如果有个典型人物的新闻故事被挖掘报道了,读者记住的肯定是这个"小宇"。发现"小宇"类通稿之外的新闻题材,应该是记者采写新闻的着力点,考验着我们的专业功力。

好的新闻要用好标题配

2015 年 1 月 19 日 14 版体育新闻，头条《三连胜，国足从未如此美好（主标题）下一场，他们将对阵本届亚洲杯东道主澳大利亚（副题）》报道了国家足球队这次小组赛三连胜的新闻。这是国足几十年来取得的罕见佳绩，令国人欢欣。标题比较简练，但特点表现不足，信息不够丰富。

同日《钱江晚报》A21 版体育·第一现场，对这条新闻所做的标题为：《亚洲杯小组赛保持全胜，第一次！面对三大苦主收获三个首胜，第一次！（引题）国足从未如此任性 球迷从未如此享受（主标题）》这个引题提炼得较到位，主标题做得很丰满，同时传递出了多层面信息。

1 月 14 日 B3 版热线新闻·融媒体，有则萧山人办婚礼鳄鱼肉上餐桌的新闻，题材比较吸引眼球，标题为"'土豪'婚礼很震惊 2 米长鳄鱼当场解剖"，但就事论事，比较一般化了。同日《钱江晚报》A8 版杭州新闻·热线做了一个版，内容丰富，标题为：《网传萧山土豪婚宴，上了一整条鳄鱼 鳄鱼肉能吃吗？谁在吃？（主标题）2003 年开始人工驯养繁殖的鳄鱼可以吃，但有严格的限制及规定浙江养殖与食用鳄鱼的量都不大，省内至今审批的饲养基地不过 10 家（副标题）》，这个双行主标题和双行副标题做得精致，体现了媒体的社会责任感，点出了核心新闻信息后还做了发散性信息传播，回答了人们较为关心的问题，读后给人留下深刻印象。

新闻标题在传播中发挥着重要作用，比较这两条新闻两家报纸所做的标题，我们发现提炼标题、多层面和发散性制作新闻标题的方法十分重要。当我们遇到了好的新闻题材时一定要用足功夫，把标题做得传神到位，做成版面的一大亮点。

"一号文件"比的是各家手艺

连续 12 年的中央一号文件都为"三农"印发,成为媒体精心烹饪的一道大餐,媒体做这道大餐每次也基本围绕着"创新报道"展开。本报 2015 年 2 月 2 日头版头条用图表式报道这则消息,加当日 4 版综合新闻"消息＋解读"式详细报道,从内容组合、形式出新、版面安排都较往年的报道有了明显变化,当日头版冲击力较强,当中花了"厨师们"不少心思。

当日《人民日报》《浙江日报》是全文刊登中共中央印发的这个一号文件,《人民日报》后面几天分主题做了解读式报道。当然,对地方媒体而言他们的报道方法对我们也只是个参考。快报和《广州日报》对这个题材的报道较有特色,也许对我们更有启发。

2 月 2 日这天快报未见有这个中央一号文件的报道(时效上差了点),到第二天(2 月 3 日)在其 B11 版组织了整版的报道。标题为《一号文件连续第 12 年聚焦'三农'(引题)今年的餐桌会发生哪些变化?(主标题)》,报道拎出了"粮价暂时不会回落""吃得更新鲜""吃得更放心""肉蛋奶更丰富""再提转基因"等五方面与市民百姓当下关注度较高的内容,一一做了解答式报道,当中穿插了欧美国家食品供应数据比较、中央一号文件对转基因问题的提法及我国目前粮食生产与供应现状等新闻背景,阅读后感觉这个报道贴近性很好,延伸性内容丰富,与市民百姓生活紧密度较高,一定程度上缓解了社会成员对粮食安全、食品安全的焦虑。

2 月 2 日《广州日报》对"一号文件"采用"消息配短评"的方法来处理这个新闻,共千把字的报道放在当日头版右边条位置,后面也未见有解读式的延伸性相关报道。《广州日报》这样的处理方式也许与其报纸定位和对这则新闻有其自己的理解,简单化了又显得重视。每当中央、省市有重大政策出台,解读式报道是目前用得最多的报道手法,但与国内一些创新性报道走在前面的报纸比较,一般的解读式方法已无新意,快报的报道实际上是对这个新闻题材消化后的再加工,《广州日报》感觉到解读式报道有些老套但没有找着更好的报道手法时,回归到报纸本初的报道方法。但同行们有一个共同点,就是要把新闻做得与人家更不一样。同样的食材经不同厨师之手加工,餐品味道是不一样的,好与不好比的是厨师手艺。

新闻不能淹没在长篇大论里

2015 年 3 月 25 日，A15 版旅游新闻是整整一个版《2015 杭州大使环球行启动》，洋洋洒洒几千字，其中最有新闻性也就是最值得一看的是第二节里的一句话——"从今年 5 月—11 月，杭州市旅游委员会将在全球海选一个美国和一个中国家庭，从杭州出发，横跨亚洲、欧洲和美洲进行环球之旅。"可惜读者是不会有耐心从这长篇大论里找到这句话的。

来看看其他报纸的报道吧。同一天，《都市快报》《每日商报》都做了这条新闻。快报主标题《这可能是全世界最爽的一次旅行》，副题《杭州海选一户家庭免费环球游，历时 30 天，跨越 3 大洲 8 国 12 城》；商报的引题《中美两个家庭，30 天环游地球，要与世界交朋友》，主标题《走遍三大洲 8 个国家 12 座城市 "2015 杭州大使环球行"》即将启动。当然，他们的新闻内容基本上是我们旅游新闻版这篇稿子的浓缩。可是因为标题，相信当天每一位打开快报或商报的读者都会被吸引，会认真看下去，而杭报读者未必会从这篇数千字的长篇大作里找到这个新闻点。

作为党报，免不了要配合相关部门做宣传，比如发一些工作性的专版稿件，常常是洋洋洒洒的长篇大论。怎样让这些长篇大论吸引读者，是我们党报新闻工作者必须要做的事。特别是当长篇大论里有读者关心的新闻点时，就更需要把它挖掘出来，做成标题，或者经过深入采访，再加工。比如这篇旅游新闻，如果能把第二节里的那句话提取出来，做成标题，这篇稿子的读者一定会大大增加。

读"最美大学生"的报道亮点

"最美大学生何俊斌"事迹 2015 年经主流媒体相继报道,迅速成为社会舆论热点,2015 年 4 月 27 日头版要闻头条《生死瞬间的一推 是微小而强大的厚积薄发——记"最美大学生何俊斌"》的报道,把杭州男孩何俊斌的美名传播推向高潮,再一次生动弘扬了社会主流价值观。

拜读本报"记'最美大学生何俊斌'"通讯,记者深入富阳探寻何俊斌中小学就读的学校和从小长大的乡村,通过对何俊斌老师、同学和乡亲邻里的采访,形象描写展现出他们回忆中的何俊斌,读来亲切真实。报道重心落在何俊斌面对同学危难之际"生死一瞬的一推"的善举和优秀品德"美"从何处来的解答,从中揭示出一个朴素的道理,人的美德形成不在一日一时,而是需要日复一日、日积月累。这对人的教育成长和社会主流价值观的形成很有启发意义。

读过 4 月 27 日《浙江日报》刊发的《生死一瞬 奋力一推——追记舍己救人的好学生何俊斌》通讯,后有专门一小节,小标题为"爱心长留人间",当中写到何俊斌重伤住院以后,社会各界为何俊斌的伤情治疗牵挂,3842 位网友献爱心,8 万多消息点击量,有来自浙江、天津、北京甚至香港的热心市民,纷纷打电话给俊斌妈妈,给予安慰,询问是否需要帮助……何俊斌离去后,何家商量把剩余的 13.6 万元善款通过转赠,帮助更多的人。这一笔无形的美德遗产,感动了很多人。"美"被传递开来更显"美"的价值,这块内容有力提升了"最美"报道的主题。

此外,《浙江日报》报道有个细节内容不容忽视,就是报道当天晚上的车祸经过时,除了通过现场当事人肖振仑叙述,还有天津当地交警视频探头录像。参与处理这起案件的交警说,已经部分完成的调查显示,何俊斌的确推了一把肖振仑。记者多方核实新闻事实,追求新闻真实性的采写方式值得我们肯定和学习。

《浙江日报》采写"最美大学生何俊斌"的两个报道亮点,在我们的先后报道中(4 月 14 日、27 日)没有提及,留下缺憾。人物报道的采写不太好把握,尤其是多家媒体同题报道的典型人物要写出新意更显难度。要攻克这道难题的方法很多,借鉴同行的成功之处也是个有效的办法。

讲故事比报数据的传播效果更加好

2015年5月10日星期日傍晚,央行突然宣布自第二天(11日)起下调金融机构人民币贷款和存款基准利率0.25个百分点。这已是半年内央行第三次调低金融机构贷款和存款基准利率。本报7版经济新闻头条发了这条重要动态新闻。

因为是央行频频降息,而且每次就那么个百分比数字,看过给人的印象就不是那么具体和直接了。如果给贷款家庭或公司算算账,讲讲他们每个月或每年因为这几次降息直接减少的还款利息数额,那么这个"0.25"枯燥数字带来的结果就是直接贴近读者生活。如,《钱江晚报》报道的《下调0.25个百分点,央行年内二次降息20年期100万房贷月供少143元》就直接在标题上做出"账单"。还有同城电台当天报道得更加深入,半年内三次调低存贷款基准利率后,20年期100万房贷月供共少了500多元,年贷款规模在千万元左右的企业,一年减少利息负担超过10万元。

数字时常会成为新闻,但有时带来的却是枯燥不直观的感觉,这时从一个贴近读者生活的角度进行解读,或讲讲相关的故事,新闻就会显得更加生动具体,亲切易读。

桐庐老人炒股何以令人注目？

2015年6月30日19时57分，澎湃新闻首发"杭州97岁老人'防痴呆'炒股18年成'股神'"的社会新闻，在媒体上引来强烈反响，7月1日，新华网、中国青年网、中国网等国家级新媒体及全国上百家地方新闻网站做了转播。百度上查阅一翻，至7月2日上午，该新闻在有的地方新闻网站"24小时新闻排行"栏目稳居读者点击排名第一。一则97岁老人炒股的普通社会新闻怎么会受到公众如此关注？

2015年上半年，股市一路上涨，随后又一路暴跌，纸媒、网络的证券新闻也随之发热，要么是业内股评，要么是专家解析，更有某某地方有人因炒股亏损跳楼等新闻。澎湃新闻播发的这则新闻，新闻人物97岁老人就生活在桐庐富春街道，退休前是当地一家企业的供销员，年纪虽大但传递出的却是真实冷静的"正能量"："我炒股不是为了赚钱，也从来没有仔细算过账面。我炒股的原因是分析股票需要动脑子，这样不容易得老年痴呆。""我这个打分都是自己分析的，看到高分的股票涨得好，就算没买心里也很高兴，因为证明我分析是对的。"（老人分析股票用打分来决定买入什么股票）面对记者，老人谈出自己炒股的平常心态："我觉得炒股的关键是牢记'谨慎、稳当、不贪'六个字，谁都没有办法保证自己买的股票能百分百赚钱。"老人说，所有对股票的分析判断都是靠人去操作的，很多时候在贪念面前会摆不正心态、丧失理智。"我买股票也是有赚有亏的，但股市里放的钱肯定是我能承受的。而且每只股票我都会给自己设定盈亏点，赚到一定程度我就出来，亏到一定程度我也会出来。我觉得炒股不是炒赢而是炒不亏，虽然这样赚得少但亏得也少。"老人的这些经验之谈，可信可学，理智理性，对新股民、次新股民和老股民都是有益的信息，可谓是当下读者需要的"稀缺新闻"。

抓准读者对新闻的需求点，做贴近读者的有用新闻，应该成为媒体转型期再塑核心竞争力的办法。澎湃新闻播发的这则普通新闻所带来的社会关注度再一次证明，新闻没有死，用专业精心打造出来的新闻仍然是稀缺的文化产品，也是社会公众必看的内容。

我们需要这样的高质量新闻

2015 年 8 月 3 日《都市快报》A11 版浙江新闻,关于浙江出台大众创业促进就业二十七条新政的报道,文字不多含金量却高,稿子写得很活,值得平时板着"脸孔"做时政报道的党报探讨学习。

首先,时政报道是不是只做市委市政府的,作为走在全国前列的省会城市党报、又辐射杭州湾的本报,对省里的一些重大政策出台,且与市民密切相关的新闻要不要做? 答案显然是肯定要做,特别是当前市领导"强调""指出"的长篇报道明显减少,可腾出有空的版面后。那么,从"大众创业 万众创新"的国家发展战略出发,浙江出台的这个重要惠民政策,我们为什么会漏了没有报道呢? 是没有专线记者负责这条线? 或者是负责这条线的记者跑不进省里有关部门? 再去查找原因也无多大意义。只是快报报道的开头提醒了我们:浙江省政府近日在官网上披露了二十七条新政,"定点清除"大众创业促进就业中的痛点。原来,快报记者的这个新闻信息源是来自网络,如今不需要跑到某某主任或某某局长办公室,也可以拿到可做报道的好素材。

曾经,网站的每天新闻稿源基本转发自报纸,好新闻也出自报纸,那个时候报纸做新闻不大会留意它们;现在倒过来了,每天去网络寻找、筛选新闻线索成了我们的重要工作之一,时政跑线记者需要更加注意各级政府和部门的网站、移动发布端,说不定就会被你挖到一条好新闻。

其次,对"干巴巴"的二十七条大众创业促进就业新政,记者如果全把文件内容搬上新闻稿,容易让人产生阅读疲劳,怎样精心策划做好这个"政策解读",帮助读者全面准确理解政策内容显得尤为重要。快报记者写这稿子时花足心思,且看报道这样破题展开:

"史蒂夫·乔布斯 19 岁那年,刚在美国俄勒冈州波特兰的里德学院念书 6 个月,就退学打工,后来创立苹果公司,成为创业者中的一代传奇。包括戴尔创始人麦克·戴尔,脸书创始人扎克伯格,微软创始人比尔·盖茨,都从大学退学创业,最后成功。

而如果乔布斯今天在浙江创业,能享受哪些优惠政策?

首先,乔布斯并不必退学。

如果乔布斯休学后并未成功创业或就业,他也暂时不必担心自己会风餐露宿。浙江新政包含了"离校未就业高校毕业生就业促进计划",规定回原籍应届困难家庭高校毕业生和就业困难高校毕业生进行失业登记的,可给予不超过6个月的临时生活补贴。

如果乔布斯决定要在浙江创立一个'西瓜公司',不必东奔西跑到各个政府机关里审批盖章。

创业资金从哪儿来? 根据新政,有创业要求、具备一定创业条件但缺乏创业资金的在校大学生,可申请不超过30万元的贷款。像乔布斯这样要跟伙伴合伙经营或创办企业的,可适当提高贷款额度。

因为乔布斯属于在校大学生和毕业5年以内高校毕业生等重点人群,他还可享受贷款全额贴息。

初创企业一般资金回笼少、速度慢,沉重税费怎么办? 根据政策,高校毕业生等创办个体工商户、个人独资企业的,可依法享受税收减免政策。

此外,像乔布斯这样的重点人群,还能享受一次性创业社保补贴。

当这么多政策附体后,留给乔布斯的压力,就是成功说服投资人给自己风投,另外就是充分发挥自己的才华和创造力。"

这里,记者写稿借用典型人物乔布斯来总体介绍二十七条新政策,像是在说个故事,叙述娓娓道来,文字层层递进,读起来非常轻松,政策的核心内容已经解读得清清楚楚。然后,报道分五个条块简要介绍具体政策内容,稿子很短,爽快结尾。

留意了《都市快报》《钱江晚报》近一段时间以来的时政报道,的确各有所长,自有特色。但是万变不离其宗,梳理了一个定式:"新闻哪里来? 价值有多大? 怎样做报道读者要读、爱读?"用这提问式三句话去分析他们做得出彩的新闻,把握自己手中每天遇到的眼花缭乱的新闻素材,基本能够找到"怎样找新闻,怎样写新闻"的方法。不知道这个定式有无实际意义,不妨试一下,或许我们的新闻报道也会更加出彩。

这则标题对比不到位

2015 年 8 月 15 日 10 版都市·热线新闻《一向不怕生的男孩 居然跟着陌生人走了……（主标题） 警方紧急联动，两小时后在汽车西站找到了他们（副标题）》，报道了一起小孩被拐、警方解救的新闻。这则新闻主标题的制作，旨在通过对比突出新闻价值，但对比不到位。一向不怕生的男孩，说明他会与陌生人打交道，跟着陌生人走了，那也不奇怪；如果是一位怕生的男孩，对陌生人是本能抗拒的，此时却跟着陌生人走了，那才叫奇事。因此仔细琢磨一下这则主标题，对比是不成立的。

对比式新闻标题，是指将两种有差别或截然不同的事物进行比较，以凸现新闻价值，是标题制作中常用的一种手法，如"贫困地区花 2000 万搞庆典""昔日浓烟滚滚吓跑几多客商 今朝朗朗晴空引来八方投资"等，就是通过"高反差"的对比，强化新闻看点。因此对比要对在点子上，否则就"弄巧成拙"了。

话说满了读者有意见

2015 年 9 月 21 日 13 版《斑马线前 车让人的制度考量》一文第 1 段写道"最近,杭州的所有车辆,都会在斑马线前停车让人"。读者指出这句话显然不真实,编辑、检校需要仔细把关。

只过了两天,9 月 23 日的杭报在线"实时新闻"报道,晚上七点左右,网友曝料:潮王路的斑马线上,一辆汽车连撞两人,伤者已送省人民医院。

七时二十五分,记者赶到现场核实:事故发生在浙江工业大学宿舍小区门口的斑马线,潮王路口。

试想,如果杭州的所有车辆都会在斑马线前停车让人,还会有这个事故发生吗?再看本报 9 月 27 日 8 版《礼让之气,蔚然成风》的报道,文内提到:最近的统计显示,杭州市区道路的斑马线前机动车礼让率超过 93.91%。显然读者所提的这个中肯意见并非空穴来风。因此,我们采写编辑稿子时不要把话说满,话说满了往往会偏离事实。读者对我们指出的这问题当是一个很好的提醒。

斑马线前交通事故的独家视角

2015 年 10 月 27 日，同城主流媒体对发生在前一天上午 9 点多，环城北路通宝商厦附近斑马线上发生的一起出租车连撞四人的事故做了报道。一起交通事故为何会引起多家报纸关注？一方面是杭州文明城市建设的创新"机动车在斑马线前礼让行人"的背景，另一方面是这起事故有斑马线前当第一辆车停下礼让，后面的车子追尾造成严重事故的特殊性。拜读了几家报纸的新闻，相比较《钱江晚报》的报道做得突出亮眼。

头版的大标题导读：主标题为《昨天斑马线前这场连环撞 给每位驾驶员提了个醒》，双行副标题为《停车礼让的出租车，被后方大奔撞了出去，3 位行人因此遭殃 杭州斑马线文明要更进一步，还需第二辆车也礼让一步》。这里，副标题中"杭州斑马线文明要更进一步，还需第二辆车也礼让一步"提炼的独特新闻视角颇有新意。

斑马线前为何还不时有事故发生，这次的事故又是怎么发生的，大奔司机怎么就一头撞上去了呢？

多位司机和基层的执勤民警跟《钱江晚报》记者分析认为，类似的事故，跟斑马线前急刹及跟车太近有一定关系。"礼让斑马线应成为普遍共识，每个司机都应该养成这种习惯。"执勤民警说，不要斑马线前看到人才礼让，应该在距离斑马线 50 米远的位置，就开始脚踩刹车，让速度慢下来。否则，司机很可能被前方车辆挡住视线，看不到前方状况，等前车刹车了，后车司机再刹车，就来不及了。

出租车司机赵师傅也很有体会。他说，公交车礼让做得很好。可是有一次公交车停下礼让了，挡住了左侧视线，当时他正想一脚油门过去，后来想想还是慢点，差点就撞到人了。"所以，斑马线前一定要提早刹车，而且跟车也绝对不能太近……"

报道的行文至此，就水到渠成地有了"杭州斑马线文明要更进一步，还需第二辆车也礼让一步"的报道主题。这个主题无论于政府层面的杭州城市文明建设新闻宣传要求，还是于社会层面教育引导广大司机、市民文明出行，所起到的报道效果都是应该要打"高分"的。

当前，网络已经将独家新闻消于无形，大量的、日常处理的，都是共享的新闻资源，从中发现独家视角，做出独家分析和解读，提供独家见解，得出独家结论，应是我们处理新闻报道的常态。

写新闻不能太绝对

2015 年 10 月 18 日 4 版文化新闻,《西湖礼品展区举行产权拍卖》第 2 段:"负责西湖礼品展区的中国美术学院设计艺术学院副教授吴碧波谈到布展初衷时表示,'许多人来西湖游玩却很少带纪念品回去,所以我们这次带来了 400 多款围绕西湖制作的礼品设计,希望能推动杭州的旅游购物。'"里面说到"许多人来西湖游玩却很少带纪念品回去",话说得有点太绝对了,毕竟大多数人来杭州还是会带纪念品的,但这些纪念品有多少是跟西湖有关的就不一定了,所以这里可以改成"许多人来西湖游玩却很少带跟西湖有关的纪念品回去"这样更贴切一些。

注册制改革还未实施，何来"解禁"？

2015 年 12 月 29 日 A12 版，《股市是否进入年尾"垃圾时间"？》报道的第二个小标题"注册制解禁如'剑'在'悬'"，从字面理解为"注册制解禁……"，这就使资本市场将要进行的注册制改革的报道准确性产生了偏差，误导了媒体的受众。

国家证监会之前对公司上市采用核准制，最近全国人大常委会开会修改相关法律规定，以后公司上市将采用注册制。因此，报道的标题"注册制解禁"的表述很不准确，这个政策还未实施何来"解禁"？"解禁"在股市方面的解释：一般指从保护一般投资者的角度出发，一些特殊的持股人被要求在某一段时间内不能卖出他们持有的股票，这段时间叫作禁售期。禁售期结束则叫作解禁。可见这个小标题把"解禁"用到资本市场的一项根本性制度改革上是不妥当的。

细读这个小标题内的两个小节："在他看来，目前 A 股盘面热点缺乏，加之注册制获全国人大授权，改革提速的预期已经明朗……"

"数据显示，在 2015 年 7 月 8 日至 12 月 31 日期间，限售股解禁的上市公司共有 524 家，解禁股数合计 841.2 亿股，解禁市值合计 11900.15 亿元。"这里要表达的意思清楚，注册制改革预期和限售股解禁。那么，采编制作的小标题应该是"注册制、解禁……"，中间的顿号少不得，少了个顿号小标题与文内意思不统一。

中国的媒体要把中国话说好

网上流传一个搞笑段子：这个 project（项目）的 schedule（进度）有些问题。另外，cost（成本）也偏高。目前我们没法 confirm（确认）手上的 resource（资源）能不能完全 take（用）得了。Anyway（不管怎样）我们还是先 pilot（试）一下，再 follow up（跟进）最终的 output（结果），看能不能 run（运营）得比较 smoothly（顺利）。短短几句中文中有 12 处用了英文，令普通人听起来如同嚼蜡。

其实这类问题我们的报纸也存在，平时报道中夹带英文词或缩略语也较为常见，以 2016 年 3 月 7 日的这期报纸为例：6 版《怎样让孩子融入公益活动？》中的"陈爽与 Tim 夫妇"，7 版《不到 18 小时完成目标任务》中的"精灵灯 Gooro"，8 版《余姚小学生 夺冠国际机器人大赛》中的"RoBoRAVE 国际机器人大赛"，9 版《C. Smart 晋级周明星》中的"C. Smart"，11 版《〈疯狂动物城〉 疯狂只是表象》中的"Selina 离婚""手机 logo"……这些报道中夹带的英文字词读者未必知其全意。这里暂且把新闻报道中的中英文混杂称为"夹生语"。

我们人吃了"夹生饭"会引起胃部不适，消化不良，读者读报看新闻遇到"夹生语"则会带来阅读障碍。怎样为读者扫除这类障碍呢？同样是 3 月 7 日这天的报纸，8 版杭州湾新闻《宁海小山村来了个"洋干部"》《"安吉小鲵"被列入省重点保护动物名录》两个报道，记者、编辑的处理办法就很有借鉴意义：宁海小山村的这个法国"洋干部"应该也有个英文名，但采编没有在报道中直接拿来用，而是用了他很中国化的名字"丁一牧"，报道读起来顺畅也接地气；"安吉小鲵""2004 年，世界自然保护联盟（IUCN）将其列为世界十大极度濒危两栖动物"，采编在这里没有这样叙述"2004 年，IUCN（世界自然保护联盟）将其列为世界十大极度濒危两栖动物"，前后比较虽然只是汉语表述、英文注解的细微区别，但体现出了新闻报道正确使用母语与外来语。中国的媒体当然要好好地把中国话说好，这非小事当引起重视。

面对社会生活日渐增多的外来语，有的人认为语言本身就是在包容并蓄中发展的，有的人觉的英文缩略语简单便捷，也有的人认为这是 21 世纪"洋泾浜"重新抬头。但作为公众媒体对待外来词汇，不应是简单的拿来主义，如果主流媒体也这么随意使用，不但会让读者产生反感，更重要的是会对中文的规范性、纯洁性和美感造成影响。

大篇幅报道太多影响版面信息量

对开大报，报道做起来有气势，版面承载的信息量大。但对开大报的新闻版面如果大篇幅报道太多，时不时一篇报道就占去大半个版，未必给读者以悦读，相反版面会有单调和看点少、信息量难以凸现的感觉。

翻阅近期《杭州日报》，一些新闻版面仅一条新闻就占去半个版或以上的较为普遍，而且，花这么大版面所做的新闻报道，新闻价值是否真有这么大，这个问题需要采编人员细细分析，把版面处理得更显新闻价值。

这里以 2016 年 3 月 23 日这天的杭报为例，一条新闻占去半个版或以上的就有：A6 版国际新闻、A10 版经济新闻、B1 版都市新闻、B2 版热线新闻、B3 版旅游新闻、B4 版教育新闻等 6 个版面。杭报这天总共出版 20 个版面，这 6 个版面占了其中的近三分之一，如果精编细作些，报纸内容将更丰富。

曾有一阵子，读者对杭报要闻版大篇幅的领导活动报道提出意见，经过调整现在要闻版面这样的大篇幅报道还真鲜见，见报的消息、通讯字数控制稳定，版面的长稿和短稿、图片搭配较为协调，制作精致大气。作为一份报纸，前后版面的处理应该协调一致，而不是当翻阅到后面的版面，感觉与前面的是"两张脸孔"。

虽然杭报有对开大报的优势，但版面空间总是有限的。如何让有限的空间传播最大限度的新闻，一直是读者对报纸的渴求，也是媒体人孜孜以求的方向。在全媒体环境下这条准则还是被中央党报所遵循。另外，从办报的成本控制来说，时不时用大半个版来做价值不甚大的一条新闻，是不是也是一种浪费呢？

新闻故事也要有时间要素

2016 年 4 月 12 日杭报 B2 版热线新闻的新闻故事《"再回首，情已远走……"河东狮吼，强势老婆把老公赶出家门》，从头看到尾，除了知道主人公 3 年前结为夫妻，2014 年女主人公来杭打拼外，全文一直都没有交代故事发生的具体时间。当天的《杭州日报》微信公众号里也有同样内容的文章《杭州一强势老婆赶婆婆出门，逼窝囊老公离婚！但 2 个月后，剧情逆转了……》，这篇文章里有了时间要素，虽然还是比较模糊——"2 个多月前"妻子在婚姻登记处吵着要离婚，"2 个月过后"夫妻再次回到婚姻登记处，妻子不愿离，而丈夫坚决要离。

对比两篇文章，估计是见报时编辑不小心把时间要素删掉了，而时间要素对于新闻作品来说，应该是必不可少的。

用"原"字解决"校名不准确"问题

2016 年 4 月 27 日 B6 版《一位日语女导游的二十三年心路：用文化素养 传达一个地方的美感》一文，"导游名片"中说："经历：1993 年 7 月毕业于大连外国语大学日语系，长期从事日语导游工作……"

文中校名不准确，1993 年的时候还没有"大连外国语大学"，当时是"大连外国语学院"。这类因为校名更改而产生的表达不妥问题，在之前的审读报告里已多次指出。这里很有必要认真查找原因，找到解决的办法。

当下校名由"学院"改为"大学"是件较为普遍的事情，采编时常会遇到新闻当事人就学的校名在报道中怎么处理的问题，主要纠结点在当事人就学时还是某某学院或学校，现在校名已改为大学，是报"某某学院"呢？还是报"某某大学"？如果报"某某学院"与现在校名不符，如果报"某某大学"那与过去又对不上，左右犯难。

从报道必须尊重新闻事实的角度来说，处理这个问题可以用"原"字解决。以这次审读提到的为例，如果改为："经历：1993 年 7 月毕业于原大连外国语学院日语系，长期从事日语导游工作……"，就不会有新闻报道使用校名不准确的问题发生。这里，在句内加个"原"字既尊重了新闻事实，又避开与现在校名不符的问题。两者兼顾，表意到位。

"老武"新闻两个要点没有抓住

一个叫老武(化名)的 53 岁绍兴男人,不知情地穿上含毒内裤后中毒住院抢救,那几天成为网络、纸媒上蛮热的新闻。2016 年 5 月 6 日 B2 版《夫妻感情不和 她对丈夫使出了这等阴招》属同题报道,比较相关的新闻,本报报道在农药中毒抢救、普及卫生知识等方面做得较细,但从读者关注度来看,报道有些要点没有抓住,读过新闻感觉没有到位。

从这个新闻标题看"她对丈夫使出了这等阴招",已点出这起案子是老武妻子所做。日常新闻里妻子加害丈夫的所闻不多,用百草枯浸泡内裤加害的更是少有,读完新闻感觉记者对老武妻子的着墨太少,直接读到的仅有"原来,老武和老婆关系一直不好。有一天,老婆偷偷地用百草枯浸泡了他的内裤,然后晾干",这只是其加害过程的简单交代,而最起码的老武妻子伤害丈夫行为要承担什么法律责任,新闻里都没有写到。党报新闻报道不宜忽视此类社会新闻对大众的相关法制教育。

受害人老武摊上这样的妻子让人同情,经过抢救命是保住了,但康复到什么程度,有无后遗症等问题读者也很关心。这些信息新闻只有间接交代,如"但从毒性来说,一旦接触到人体即可迅速造成接触部位组织损伤,并可通过呼吸道、皮肤、消化道被人体吸收进入血液,造成全身器官损伤……更为恐怖的是,在部分看似'轻症'的患者中,百草枯能造成肺部进行性纤维化,导致进行性呼吸衰竭"。但新闻缺了应该直接交代清楚的内容,对新闻中老武的事实情况体现不够,新闻温度打了折扣。

上述两个问题在其他一些媒体的报道中恰恰得到了重点的反映。如《海南特区报》这样报道:"老武的兄弟知道后,马上报案,随后老武的老婆被警方控制。""律师称,老武老婆的行为涉嫌故意伤害罪,责任要根据伤情鉴定结果来量刑,如果构成轻伤,一般判处 1 年左右的有期徒刑,可以适用缓刑。如果是重伤,量刑在 5—7 年之间。""老武的肺部还是留下了纤维化,对他的呼吸功能、今后的生活质量可能会有长期的影响。"本报"老武"新闻如果兼顾到这两块内容,报道读来会显得丰满。

党报的新闻更需要缜密

读者杨先生指出，2016 年 11 月 2 日，头版头条新闻《市领导督查重大项目推进》，最后一段中说："市领导许勤华、翁卫军、张仲灿、俞东来、徐文光、陈擎苍、朱金坤、项勤、吴春莲、郑荣胜、徐苏宾、张建庭、戚哮虎、谢双成、陈红英、项永丹、何关新、董建平、汪小玫也分别督查重点项目推进情况。"这里其中有四位领导的名字是重复的，多余的，还是不写为好。

因为，在前面的报道中，已经讲明了"10 月 25 日，赵一德与许勤华、戚哮虎一行来到千岛湖引配水工程桐庐段黄昌岭支洞施工现场……""10 月 27 日，王金财与张建庭一行赴临安督查重点推进项目情况……""10 月 28 日，叶明与项永丹一行赴拱墅区督查重点推进项目情况……"所以，最后再说"市领导许勤华……张建庭、戚哮虎……项永丹……也分别督查重点项目推进情况"就是画蛇添足了。

单从新闻字面看，读者的批评不无道理，但这里所点的四位重复出现的市领导名字是否除了陪同主要领导外，他们各自又另有督查重点项目推进工作，如果这一新闻事实交代清楚，读者的误解自然不会产生。不然，读者批评的这一纰漏当引起重视。

2016 年 11 月 21 日，11 版的《名家名篇朗诵会昨晚举行》的报道，也出现杨先生所指出的类似纰漏。新闻导语有：……焦晃、凯丽、姚锡娟、任志宏、虹云、薛飞、徐涛等名家登上了西湖之声名家朗诵会的舞台，用现代经典诗文完美诠释了"爱，让我们在一起"这一主题。

行文到了第三段又出现：本次朗诵会还邀请到焦晃、凯丽两位影视圈中的大家，他们先后朗诵了……这里，焦晃与凯丽就不要"本次朗诵会还邀请到"了，因为这层意思导语已说过。新闻完稿后要看看前面，又看看后面，力求不出现纰漏，稿子里"增一字多，减一字少"应成为党报新闻的专业追求。

知识

当不了专家
也要当杂家

都说今天的新闻，就是明天的历史，从这个意义上讲，新闻人也是历史的记录者。报纸上的白纸黑字，今后都有可能成为未来学者研究的史料，因此容不得半点差错。但是，报纸又是每天都要跟读者见面的日常读物，出版周期快，而且内容包罗万象，大多数记者编辑并非专业人士，不可能做到文史哲、数理化门门精通，再加上目前一线采编人员普遍比较年轻，社会阅历不足，因此报纸上各类知识性的差错屡见不鲜。

从我们审读的情况看，出现最多的知识性差错是文史类的，例如古诗文引用错误，将历史人物的姓名张冠李戴，让他们穿越朝代，等等。另外，还有法律、自然科学等专业知识出错，让业内人士看了笑话。

要避免出现这样的知识性差错，首先是要树立踏实严谨的工作作风，不能马虎，不能想当然，要虚心向专业人士请教；其次要努力学习，提高知识素养。跑线记者应该成为本领域的专家，后方编辑涉及领域广，不可能门门精通当专家，那么就要努力当好杂家。

总而言之，上至天文地理，下至生活百科，从国家政策、法律法规到家长里短、日常琐事，新闻采编人员应该尽可能地略通一二。既然术业有专攻，当不了专家，那么就努力当个杂家吧，遇到不懂的地方，或是有疑问之处，多学习多请教总是没错的。

涉及法律用词要严谨

2013 年 6 月 14 日 2 版要闻"吴山时评"《强拆老建筑是城市历史之痛》说到"颁布于去年的《杭州市历史文化街区和历史建筑保护条例（草案）》中，对'可能有保护价值的其他建筑'先予保护，违者将被叫停或罚款"。

"草案"是该部地方法律颁布生效前的征求意见稿，也就是这部法律正式颁布前的还未正式确定的稿件。一部法律的产生一般有起草稿，征求意见定稿，人大通过，颁布生效等几个阶段，因此，此处用的草案稿的条文没有法律效力，不具权威。而且作为"草案"，也不能用"颁布"一词。

另外，这部法律是 2013 年 3 月 28 日批准公布，不是去年（2012 年）颁布的。经查阅，《杭州市历史文化街区和历史建筑保护条例》已于 2012 年 12 月 31 日杭州市第十二届人民代表大会常务委员会第五次会议审议通过，2013 年 3 月 28 日浙江省第十二届人民代表大会常务委员会第二次会议批准公布，自 2013 年 10 月 1 日起施行。《杭州日报》2013 年 4 月 25 日曾全文刊登了该保护条例。既然已有正式条例，本文再引用草案就不妥了。

2014 年 3 月 21 日 A4 版国内新闻，《湖北又有两所幼儿园被曝"喂药"》第 2 段开头："20 日，金贝幼儿园入口处张贴的最新公告显示，金贝幼儿园法人已被公安机关控制"。这里的"法人"表述不正确，因为法人是具有民事权利能力和民事行为能力，依法独立享有民事权利和承担民事义务的组织，"法人"并非自然人，公安机关不能将其控制。公安机关能够控制的应是该幼儿园的法定代表人或法人代表。这里的法人后面漏掉了"代表"二字，应为法人代表，与第一段所说的法人代表相一致。

2015 年 8 月 6 日 B3 版热线新闻，《什么叫"七岁养八岁"？这就是！》，结尾自然段说："小李则因为无证驾驶、酒后驾驶两项违法行为，被处以 15 日行政拘留，并处 3000 元罚金。"这里的"罚金"说法不对，应是"罚款"。新闻中已明确说小李涉及两项违法行为，并被处行政拘留，这表明是一般违法行为，没有受到刑事处罚，因此做了行政处罚。而"罚金"是一种刑罚，由人民法院根据刑事犯罪被告人的犯罪情节做出的判决。很清楚，"罚金"要由法院判处；行政执法部门不能判"罚金"。行政执法部门只能依据行政法规的规定和程序做出罚款处罚。"行政拘留"与"罚款"都是行政处罚。

涉及有关法律法规等报道时，一定要厘清基本的法律概念，注意用词严谨，否则就很容易"差之毫厘，谬以千里"了。

行政拘留，在看守所？

2016 年 10 月 12 日，B2 版《杭州法院针对家暴发出首份"驱逐令"》新闻性、可读性较强，报道市民倪大姐向法院起诉离婚的同时，依据《反家庭暴力法》申请"人身保护令"，要求法院裁定：禁止其丈夫冯某的家庭暴力，责令冯某迁出其本人的住所。但文内出现一处事实性差错。

文内写有："9 月 21 日，执行法官陈晓前往看守所提审老冯，送达执行通知书。看守所里，陈法官教育老冯，不能再打倪大姐，而且必须依照裁定书搬离。"句内的"看守所"应该为"拘留所"，因为报道的前面明确交代："幸好，母子俩伤得不重。报警后，老冯被公安机关依法处以 12 天的行政拘留。"

关于行政拘留的地点，依照现行法律明确规定为拘留所。国家《拘留所条例》第二条对下列人员的拘留在拘留所执行：（一）被公安机关、国家安全机关依法给予拘留行政处罚的人；（二）被人民法院依法决定拘留的人。

看守所是羁押依法被逮捕、刑事拘留的犯罪嫌疑人的场所。因此，拘留所和看守所虽然同为公安机关管理的羁押场所，但在性质界定、羁押对象等方面有较大区别，法制类新闻尤其要重视报道中这类事实性细节，需要准确无纰漏。

公益募捐不能用个人账户接收

2013 年 3 月 20 日 C4 版状态,《杭州日报大型社会公益行动"拯救民勤·绿色传递"第三季现在启动》刊登了捐款方式:"1. 登录淘宝或支付宝,直接给我们的账号(zhc0707@163.com ×××)打款;2. 到工商银行汇款(账户名×××账号 1202025001202369103 开户行天水支行)"

"拯救民勤"是《杭州日报》连续举办了三季的大型社会公益行动,由报社发起,向社会公众募捐,用于在甘肃民勤种梭梭,打造"杭州林"。但在募捐过程中,所公布的接收捐款账户却是记者个人的,这无论是从活动公信力角度,还是保护记者避免引发不必要的纠纷角度,都有些欠妥。稿子见报当天,就有一位读者打来电话质疑活动的真实性。

为了规避不必要的风险、提高活动的公信力,报社最好有个统一的专门账户,接受各中心各类公益活动的募捐。目前涉及社会募捐的法律规定有《中华人民共和国公益事业捐赠法》《基金会管理条例》和《国家自然灾害救助应急预案》,现梳理一下相关规定,以供参考。

1. 一般向社会公众发起的募捐应提前 10 个工作日向当地民政部门备案;募捐方案应符合法律、法规的规定,包括下列内容——募捐活动的名称、目的、时间、期限、地域范围;预定募集财产的数额;募集财产、接受捐赠的方式。其中,以设置募捐箱方式募捐,应当列明设置募捐箱的地点、数量。

2. 为应对突发的自然灾害和事故灾难,需要紧急开展募捐活动,无法在活动开始前办理备案手续的,募捐组织应当在募捐活动开始后 5 个工作日内补办备案手续。

3. 募捐组织对募集的资金,应当设立专门账户,专款专用;对募集的非货币财产,应当建立登记表册,妥善管理。

15 岁少年能判处死刑吗？

2015 年 10 月 20 日 B2 版，《温情和关怀，没有因高墙铁窗的阻隔而变冷》的报道，第三部分"最后的温情"第 6、7、8 自然段写道：

> 2011 年 9 月 17 日，15 岁的中学生小王到 8 岁的周某家玩时，将电视机旁的 24.5 元零钱偷走，因担心被周某发现后告诉家长，于是将周某残忍杀害，被判死刑。在看守所的最后一天，小王和平常一样看书、和在押狱友聊天，不时沉默。晚上，楼飞华特意为他加了餐，小王没怎么吃，早早地睡到铺上，翻来覆去。当晚，同样无眠的还有楼飞华，"担心他想不开，出事"。
>
> 第二天早晨，小王全身发抖，脸色煞白，慌乱地穿上号服，面向家的方向"扑通"跪了下来，号啕大哭："我后悔的事太多了，用一个错误掩盖另一个错误，从一个中学生沦落到杀人犯，爸妈，对不起。可是太迟了……"
>
> 说完，他站起身，走向生命的终结……

这里写的是一个 15 岁少年杀了人，被判处死刑后在生命最后一天受到看守所民警人道对待的故事。但有个需要引起注意的问题"15 岁少年可否判处死刑？"按我国现行法律规定是不可以的，"刑法"的相关条文有明确规定。

"刑法"第四十九条【死刑适用对象的限制】犯罪的时候不满十八周岁的人和审判的时候怀孕的妇女，不适用死刑。

可见这个少年虽然杀了人，但按我国法律规定法院不可能做出死刑判决。

再看"刑法"第十七条【刑事责任年龄】已满十六周岁的人犯罪，应当负刑事责任。

已满十四周岁不满十六周岁的人，犯故意杀人、故意伤害致人重伤或者死亡，强奸、抢劫、贩卖毒品、放火、爆炸、投毒罪的，应当负刑事责任。

已满十四周岁不满十八周岁的人犯罪,应当从轻或者减轻处罚。

从"刑法"第十七条的规定可知,法律对未成年人犯罪应该承担的刑事责任年龄划分得清楚明确,这篇报道里出现了"15 岁少年犯被判处死刑"的"乌龙",估计是记者写这个故事时把人物的年龄弄错了。法制新闻报道要遵循基本的法律常识,采写、编辑、核对等各个环节都要严格把关,不然要被读者笑话。

"老马小马"能给居民看病吗?

2013 年 6 月 4 日 A5 版区县(市)新闻《老马小马,居民喊你看病啦》,报道上城区东平巷社区成立"老马小马健康驿站",在社区图书室里为居民提供健康咨询和看病。作为社区报道这个题材比较新鲜,但同时又引出一个疑问:她们能给居民看病吗?

根据 1999 年 5 月 1 日起施行的《中华人民共和国执业医师法》规定:国家实行医师执业注册制度;医师经注册后,可以在医疗、预防、保健机构中按照注册的执业地点、执业类别、执业范围执业,从事相应的医疗、预防、保健服务;未经医师注册取得执业证书,不得从事医师执业活动。从报道看,老马是铁路医院退休医生,小马虽是社区工作人员,但拜老马为师,也通过考试拿到了中医师职业资格证(执业资格证)。但她们就能为居民"看病"吗? 恐怕不行。如果仅提供健康咨询,应该可以,但中医问诊、推拿、针灸是诊疗行为,应该向卫生部门申请执业许可。如果有诊疗收费的行为,还应向工商部门申请行医执照,否则是违规的。

社区有很多的新鲜事情,但看病有看病的规范,我们在做这类报道时应该多思考下,因为党报的报道有导向作用。

四类水质就能"下河游泳"吗？

　　2013 年 9 月 12 日 B4 版都市新闻《一块太阳能板，下面是假的水草》，报道杭州首次试点用"仿生水草"治理黑臭河，顺利的话，两个月后将实现"下河游泳"的效果。报道说，位于石桥的蔡家河是劣五类水质的黑臭河，首次试点采用智能仿生水草来治理，并请来日本环境专家指导。报道引述天宇环保公司董事长林云明的话，称其"目标是达到四类水质，就是说，到时大家可以下河游泳了。"四类水质就能下河游泳吗？经查阅相关资料，答案是否定的。

　　根据 2002 年 6 月 1 日正式实施的《中华人民共和国地表水环境质量标准》，我国地表水水质划分为五类，一类主要适用于源头水、国家自然保护区；二类主要适用于集中式生活饮用水地表水源地一级保护区、珍稀水生生物栖息地、鱼虾类产场、稚仔幼鱼的索饵场等；三类主要适用于集中式生活饮用水地表水源地二级保护区、鱼虾类越冬场、洄游通道、水产养殖区等渔业水域及游泳区；四类主要适用于一般工业用水及人体非直接接触的娱乐用水区；五类主要适用于农业用水区及一般景观要求水域。而劣五类，是指污染程度已超过五类的水。

　　根据这一标准，当前蔡家河为劣五类水，通过仿生水草治理，可以达到四类水，是指能达到一般工业用水及人体非直接接触的娱乐用水区水质，是不能下河游泳的，而要达到下河游泳的标准，其水质须达到三类水质。虽然在网上搜索，能看到四类水质也能下河游泳的说法，但均非权威说法。在权威媒体报道中，均以三类水质为下河游泳的标准。今年 9 月初，浙江举行"保护母亲河、畅游兰江水"活动，15 位环保局长下河游兰江，在全国引起轰动。这些环保局长放心大胆地下河游泳，正是因为兰江经过生态保护，其水质明显改善，已经达到三类水质。报道还引述一位环保局长的话，2011 年时兰江还是四类水质，不适合游泳，因为游泳以后容易出现身体发痒的症状。

　　翻阅了当日的同城报纸，各媒体均对杭州首次采用仿生水草治理黑臭河进行了报道，但没有一家说改善后的水质是能下河游泳的。从报道看，基本都是

提到能有效改善水质，较为客观。有些还附上了水质标准，明确四类、五类水是
受到污染的、不能下河游泳的、需要治理的水。由此看，这篇报道中那位环保公
司董事长有些夸大其词，而记者没有加以鉴别，直接引用他的话，很可能会误导
读者。

张冠李戴的历史名人

　　2014 年 3 月 29 日 8 版文化·体育新闻《满纸荒唐言，一把辛酸泪——土默热先生再度解读〈红楼梦〉》："而大观园便是清初康熙南巡时高士其在杭州接驾时的西溪山庄'竹窗别业'。"文中的竹窗别业的主人是"高士奇"，不是"高士其"。高士奇（1645—1703），清代官员、诗人、书画鉴赏家，钱塘（今杭州）人。而高士其（1905—1988），为我国现代著名科学家、科普作家和社会活动家，福建福州人，在全身瘫痪的情况下写下数百万字科学小品、科普童话故事和科普文章，引导很多青少年走上了科学道路。

　　2014 年 4 月 4 日 B10 版状态《是什么在拨动你的心弦》一文中说："清代散文家姚鼐为他的好友、诗人袁牧（1719—1798）写的墓志铭。"其中"袁牧"错了，应是"袁枚"。袁枚，字子才，号简斋、随园，清代诗人、散文家，杭州人，著有《小仓山房集》《随园诗话》《随园随笔》等。而袁牧是当代的一名花鸟画家。

姓名一个字也不能错

2014 年 10 月 26 日 8 版城纪，《寒柯堂的故事》一文，"一块碑刻"一节第 5 段中说："西溪一块《重修西溪万樊榭先生祠堂记》石碑尤为珍贵，马叙伦（著名学者，曾任教育部部长）撰碑文，余绍宋写碑字，王福庵（西泠印社创始人）刻碑额，后人称为'三绝碑'。"文中的"万樊榭先生"写错了，正确的是"厉樊榭先生"。厉樊榭即厉鹗（1692—1752），字太鸿，又字雄飞，号樊榭，钱塘（今杭州）人。清代文学家、学者。

2014 年 11 月 2 日 8 版城纪，《修书人》第 7 段中说："当时的名流学者如汤潜寿、史学家顾颉刚、实业家叶景葵、国学家马一浮、王国维，都曾是绣本堂的座上客。"其中有个人名错了，不是"汤潜寿"，而是"汤寿潜"。汤寿潜（1856—1917），原名震，字蛰先（一作蛰仙），浙江绍兴府山阴县天乐乡（今杭州市萧山区进化镇）人。光绪十八年（1892）进士，曾任知县。1905 年任浙江铁路公司总理。1909 年授云南按察使，旋改江西提学使，均未赴任。1911 年杭州新军起义，11 月 5 日汤寿潜被推举为浙江光复后的第一任浙江军政府都督，次年 1 月 16 日卸任下岗，有"布衣都督"之称。

2015 年 6 月 18 日 B6 版《古籍三珍亮西泠春拍　西泠印社 2015 春季拍卖会》一文，"翁方纲《志言集》秘藏民间两百年后惊现"一节第 1 段中说："20 世纪 40 年代文学批评史家郭绍虞将翁方纲'肌理说'与王士稹的'神韵'、沈德潜的'格调'、袁枚的'性灵'并列为清代四大诗说。"文中有个人名错了，"王士稹"应该是"王士禛"。王士禛（1634—1711），字子真，一字贻上，号阮亭、渔洋山人，山东新城（今山东桓台）人。雍正皇帝即位时，王士禛已亡，但因名字触犯帝讳（雍正名爱新觉罗·胤禛），被改为"王世正"，乾隆时赐名"王士祯"。清代文学家、官员，主盟康熙时诗坛数十年，与朱彝尊号称"南朱北王"。

2015 年 8 月 17 日 13 版文化·体育新闻，《嗯，有问题当面问侯导》第 5 段中说："《刺客聂隐娘》取材自唐代裴刑短篇小说集《传奇》里的《聂隐娘》一篇……"文中的"裴刑"应该是"裴铏"。裴铏为唐末文学家，官至御史大夫、成都节度副使,是成都节度使高骈(晚唐名将、著名诗人)的副手。裴铏一生以文学名世,被称为传奇文学的鼻祖,为唐代小说的繁荣和发展做出了巨大贡献,唐代小说之所以被称为传奇,便是从其名著《传奇》一书命名的。《新唐书·艺文志》里记录,裴铏著有《传奇》三卷,多记神仙诡谲之事。传世著名篇目有《裴航》《昆仑奴》《聂隐娘》等。

2015 年 8 月 27 日 B4 版《"黎明即起,铺床折被",小姑娘四岁就做到了 小学生戴安盈:在传了四代的家训中成长》一文第 6 段中说:"戴颂达至今记得,小时候家里的大堂正中,悬着一块大匾,上面是祖父手书的明代教育家朱伯庐的《治家格言》。"文中人名有误,《治家格言》的作者是"朱柏庐",不是"朱伯庐"。朱柏庐(1627—1698),名用纯,字致一,号柏庐,明末清初江苏昆山人,他著有《治家格言》(又称《朱子家训》)。

钱钟书还是钱锺书?

审读小组接到文体副刊中心的咨询:2013 年 7 月 18 日 B6 版,在文化新闻《杨绛 102 岁生日收到最好的礼物:最完整作品集年底面世》一文中,校对把"钱锺书"改成了"钱钟书",哪个才是对的?

其实,钱钟书还是钱锺书? 这个话题一直都有着不少争论。《杭州日报》2007 年"倾听"版曾发表过文章《说说"钱锺书"的"锺"》,文中说,"錢鍾書(钱锺书)"先生不喜欢别人把他名字中的"鍾"字简写为"钟",故取而代之的是"锺"。今人出于对文化大家钱锺书先生的尊重,也便默许了"锺"的存在。作者认为,锺字可以用在钱锺书先生的名字中,其他场合还是不用为好。

2013 年 5 月 29 日,山东《济南日报》记者专门就"钱钟书"还是"钱锺书"采访了《咬文嚼字》原主编、知名文字学家郝铭鉴先生。郝铭鉴表示,钟字有 4 种写法:钟、锺、鍾、鐘。其中后两者为繁体字。鍾,意为感情集中,如鍾情、鍾爱、情有独鍾等,也可作姓氏。这是钱老名字的原用字,因为他出生当日,刚好友人送来一部《常州先哲丛书》,所以伯父就为他取名"仰先",字"哲良"。周岁抓周时,他抓到的是一本书,祖父、伯父和父亲都非常高兴,所以按"鍾"字辈分取名"鍾书"。而"鐘"的含义是一种响器或计时器,例如鐘表等。鍾与鐘是两个意义完全不同的字,但是在简化字中,二者都被简化成了钟。"钱鍾书"也就成了"钱钟书"。但钱老生前不认可自己名字中的"钟",他的手迹中一直自称"锺"。后来为了折中,出现了"锺"字。钱老的家人,包括杨绛先生的手稿中,也使用"锺"字。郝铭鉴介绍,"锺"后来专门用于钱老的名字,于 2000 年前后被收录进了汉字字符集,现在也是规范汉字。第 7 版现代汉语词典中也有收录。不过,郝铭鉴表示,一般来说,现在提到钱老的名字,还是"钱钟书"更为常见。但中国有"名从主人"的传统,考虑到钱老本人的意见,"钱锺书"也是准确的表达,因此两种写法都不算错。

作家笔名本名要分清

　　2015 年 11 月 12 日 B5 版艺术典藏，《民国元勋的铁线篆书　国学泰斗碑拓珍藏》第 1 节第 4 段："章太炎名满天下，常有慕名者前来听其讲学，因此学生满天下，章门弟子多有大成就，黄侃、汪东、朱希祖、吴承仕、钱玄同、鲁迅、周树人……个个都是饱学之士……"文中的"鲁迅"与"周树人"重复了，因为鲁迅是周树人的笔名。鲁迅与弟弟周作人留学日本时，曾师从章太炎，许多文史文章都提及过，以名气与学问论，周作人也是"饱学之士"，所以文中的"周树人"应为"周作人"之误。

　　2015 年 11 月 14 日 8 版文化新闻，《浙江省散文学会昨日成立　散文"浙军"吹响集结号》一文第 2 段："除了鲁迅、周作人、郁达夫、矛盾、丰子恺这样的前辈大师，浙江散文界一直人才辈出……"文中的"矛盾"应为"茅盾"，是我国现代著名作家、文学评论家、浙江桐乡人沈雁冰的笔名。1927 年，沈雁冰创作了小说《幻灭》，其内心十分矛盾，于是便在手稿上署名"矛盾"。稿子最后交给了《小说月报》的编辑叶圣陶，叶认为小说很好，但"矛盾"不像人名，而且在当时的环境下不便使用如此尖锐的笔名，就自作主张将"矛"字上加了个草字头，改作"茅盾"。沈雁冰对这一改动很满意，以后就一直以此为笔名了。

外国人译名不能随意改

在我们的新闻报道中,经常会出现外国人名,他们的姓名有些是直接音译过来的,也有些是专门起的中文名。一旦他们的译名确定后,就不能随意更改其中的字。

2014年8月8日B6版文化新闻,《阎连科:我全部的努力都是为了写出自己最好的作品》一文,"HOW 我怎么读书?"一节第5段中说:"那时比较喜欢十八、十九世纪的文学,像托尔斯泰、巴尔扎克、雨果、莫泊桑、陀斯绥耶夫斯基、屠格涅夫。"文中有个人名错了,不是"陀斯绥耶夫斯基",而是"陀思妥耶夫斯基"。陀思妥耶夫斯基(1821—1881),俄国作家,代表作有《罪与罚》《白痴》《卡拉马佐夫兄弟》等。

2014年7月31日B5版文化新闻•融媒体,《"圆明园与杭州的故事,三天都说不完"》一文第3段中说:"西溪路明代意大利传教士魏匡国墓找一找——中山北路的天主教堂是魏匡国主持修建的,明代著名数学家徐光启见到他,也要执弟子礼。"文中两处"魏匡国"皆误,应是"卫匡国"。卫匡国,原名马尔蒂诺•马尔蒂尼(Martino Martini),意大利人。1643年夏抵达澳门,1661年6月6日病逝于杭州。他是欧洲早期著名汉学家、地理学家、历史学家和神学家。他在中国历史学和地理学研究方面取得了卓越的功绩,是继马可•波罗和利玛窦之后,对中国和意大利两国之间的友好关系和科学文化交流做出杰出贡献的一位重要历史人物。卫匡国墓位于杭州西湖区留下街道。卫匡国是他的中文名,虽然"卫"与"魏"是同音,但作为姓名,不能混用。

2015年5月5日A9版经济新闻《"股神"唱多怎可盲目乐观》:"A股市场不正是如此吗? 快进快出,短线炒作,高换手率,羊群效应,涨了一哄而上,跌了作鸟兽散,某种程度沦为一个击鼓传花的'旁氏骗局'……"这里的"旁氏骗局"应该是"庞氏骗局"。庞氏骗局是对金融领域投资诈骗的称呼。意大利裔投机商查尔斯•庞兹(也有的译为查尔斯•庞齐),1903年移民到美国,1919年他策划了一个阴谋,骗人向一个事实上子虚乌有的企业投资,投资者将在三个月内得到 40％的利润回报，然后，庞兹把新投资者的钱作为快速盈利付给最初投资的人，正如我国所称的"拆东墙补西墙"，诱使更多的人上当。这场骗局持续一年之久，三万投资者血本无归，后人称之为"庞氏骗局"，并成为《剑桥英语大词典》的专有名词。虽然"庞氏"是翻译而来，但这一专有名词已使用多年，并走进了一些经济、金融类教科书，因此不能随意更改。

2015 年 5 月 17 日 6 版西湖副刊，《聂鲁达，迎面向我们袭来》一文第 5 段："虽然打开搜索引擎，更多留下来的黑白照片上我们只能看见一个酷似希区·柯克的胖老头……"文中人名书写有误，"希区·柯克"中间没有间隔号。阿尔弗雷德·希区柯克（Alfred Hitchcock，1899—1980）英国电影导演，他导演的《吕贝卡》（也译作《蝴蝶梦》）曾获奥斯卡最佳影片奖。他一生拍摄影片 50 余部，被誉为"悬念大师"。Hitchcock 音译为希区柯克，是一个完整的单词，中间不能使用间隔号。

别让历史人物穿越

　　2014 年 1 月 18 日 8 版文化·体育新闻，《临安〈浮玉〉：执着守望文学十五年》一文第 4 段："《浮玉》一办就是 15 年。500 年前，梁代昭明太子萧统曾隐居于天目山太子庵分经读书，并在此撰写《昭明文选》。"萧统（501—531）为南朝梁武帝萧衍长子，被立为太子，然英年早逝，未及即位，死后谥号昭明，故后世又称"昭明太子"。他主持编撰的《文选》又称《昭明文选》，是中国古代第一部文学作品选集，选编了先秦至梁以前的各种文体代表作品，对后世有较大影响。萧统是 1500 年前南北朝时期的人物，而文中误写为"500 年前"，让他整整穿越了一千年。估计是记者在采写稿子时，不小心将"1500"的"1"弄丢了。

　　2014 年 4 月 24 日 A11 版旅游·经济新闻《南阳欢迎杭州客》一文，"'臣本布衣，躬耕于南阳'悠久历史孕育无数圣贤"一节第 1 段中说："宋代诗人刘禹锡的《陋室铭》中也有'南阳诸葛庐，西蜀子云亭'的诗句……"文中有个历史错误，刘禹锡（772—842）是唐代诗人，不是"宋代诗人"。

　　2014 年 8 月 7 日 B5 版艺术典藏，《走进徐银森诗书画印的世界》一文，"笔下的梅花，极具艺术夸张美"一节第 2 段中说："为了画好梅花，他曾多次赴灵峰、超山、孤山写生，心慕明清栽梅名士林和靖，手追梅王缶庐、王冕真迹，图得心象清润梅魂。"文中有个历史时间错误，林和靖是北宋人，不应归入"明清栽梅名士"行列。林和靖即林逋（967—1029），字君复，北宋钱塘（今杭州）人。性恬淡，隐居西湖孤山，种梅养鹤，终身不仕，也不婚娶，故有"梅妻鹤子"之称，卒谥和靖先生。

成语不是想改就能改

在我们的报道中，经常会引用到成语和古语，一般来说，成语和古语有很大一部分是从古代相承沿用下来或直接出自古典文献，往往代表一个故事或者典故，有着约定俗成的固定搭配。因此我们在引用时应当力求准确，不要随意更改。

2013 年 8 月 31 日 2 版要闻，《杭州要努力成为海归人才创业创新实现"中国梦"的风水宝地》，引用了两句古语——"时不可失，时不再来"和"君子藏器于身，待时而动"，其中前一句的古语引用不准确。虽然"时不可失"的用法也很常见，但如果与"时不再来"连起来用，应该是"机不可失，时不再来"。这句古语出自《旧五代史·晋书·安重荣传》："仰认睿智，深惟匿瑕，其如天道人心，难以违拒，须知机不可失，时不再来。"意思是时机难得，必须抓紧，不可错过。

2013 年 9 月 23 日 14 版体育新闻。大视觉《别啃老》："在中国，斯诺克就像其他的许多运动项目一样，总给人一种危如垒卵的感觉……"其中，成语"危如垒卵"应该为"危如累卵"。危如累卵，形容形势极其危险，如同摞起来的蛋，随时都有倒下来的可能。这个成语出自《韩非子·十过》："故曹，小国也，而迫于晋楚之间，其君之危，犹累卵也。"虽然"垒"有砌、筑的意思，如同"摞"一样"把东西重叠地往上放"，但成语是我国汉字语言词汇中一部分定型的词组或短句，是约定俗成的，字面是不能随意更换的。

古诗文引用要准确

2013年11月15日A15版文化·体育新闻《婺剧〈天下第一疏〉中国戏剧节上亮相》，在介绍该剧剧情时说："明嘉靖末年，皇室大兴土木，劳民伤财，百官唯唯诺诺，仅有六品小官海瑞备好棺材，冒死上了一道《为之言天下第一事疏》，直指皇帝种种过失。"其中把海瑞上给嘉靖皇帝的奏疏名写错了，应为《直言天下第一事疏》。据记载，嘉靖四十五年，海瑞任户部云南司主事，皇帝已二十多年不理朝政，大明江山危机四伏，有感于此，海瑞冒死上疏规劝皇帝，就是上文提到的《直言天下第一事疏》。《直言天下第一事疏》开头为："户部云南清吏司主事臣海瑞谨奏：为直言天下第一事，以正君道、明臣职，求万世治安事。"

2014年5月15日A8版消费新闻《生鲜电商荔枝战打响》导语："'日啖荔枝三百颗，不惜长作岭南人'，在这阴雨绵绵的5月，晶莹剔透、香甜可口的荔枝悄然亮相杭城各大水果摊。"这里引用了北宋诗人苏轼《惠州一绝》中的诗句，但引用有误。原诗是：罗浮山下四时春，芦橘杨梅次第新。日啖荔枝三百颗，不辞长作岭南人。因此文内的"不惜长作岭南人"应是"不辞长作岭南人"。

2014年6月18日A2版要闻《一个人的专业，恰是对学科的坚守》一文第5段中说："古往今来，头悬梁、锥刺骨的例子，数不胜数。"文中"锥刺骨"有误，应是"锥刺股"。该词出自《战国策·秦策一·苏秦始将连横说秦惠王章》："（苏秦）读书欲睡，引锥自刺其股，血流至足。"股是大腿，苏秦锥刺大腿来驱赶睡意，刻苦读书求学，而不是刺骨头，骨头扎坏了那要摊上大事了。

2014年8月18日2版要闻《信息时代的学习革命》一文，在"学习型城市需要创新思维"一节第2段说："至《尚书·康浩》篇云：'作新民'……"文中篇名有误，《尚书》没有《康浩》，只有《康诰》。诰是古代一种训诫勉励的文告，《康诰》是周公告诫卫康叔妥善治理卫国的诰词。

2014年9月19日B10版状态，《课本里的中国·高中阶段 展现中国文化及其核心价值观》，引用的《赤壁赋（节选）》，把这一古文名篇的作者弄错了，不是"（唐）刘禹锡"，而是"（宋）苏轼"。苏轼写过两篇《赤壁赋》，后人称之为《前赤壁赋》和《后赤壁赋》，都是中国古代文学史上的名篇。文中所节选引用的是《前赤壁赋》。

2014年11月21日A7版区县(市)新闻《杭州是水浒文化的"故乡"》一文，"《水浒传》中有着太多的杭州印记"一节倒数第3段中说："施耐庵赞潘巧儿的外貌：'黑鬒鬒鬓儿，细弯弯眉儿，光溜溜眼儿，香喷喷口儿……'"文中人名有误，《水浒传》中杨雄的老婆叫"潘巧云"，不是"潘巧儿"。书上说，她出生于七月初七，故而小字唤作巧云。

2014年11月26日B7版西湖副刊，《纱》一文第2段："考证：《汉书·江充传》：'充衣纱縠褝衣。'颜师古注：'纱，纺丝而织也。轻者为纱，绉者为縠。'"文中所引用的《汉书·江充传》中的话有错字，不是"充衣纱縠褝衣"，而是"充衣纱縠襌衣"，见《汉书》卷四十五。襌(dān)，单衣。后面引用的颜师古注也不完整，原文应该是："纱縠，纺丝而织之也。轻者为纱，绉者为縠。"

2014年11月27日B6版艺术典藏，《重提朱家溍》第8段中说："而穷街陋巷，蜗居布衣，'一箪食一瓢饮，人不堪其忧，回也不改其乐'(论语·庸也)……"文中《论语》篇名有误，不是"庸也"，而是"雍也"。另外，引文中亦有错字，不是"一篁食"，而是"一箪食"。正确引文："一箪食，一瓢饮，在陋巷，人不堪其忧，回也不改其乐。"(《论语·雍也》)同样出错的还有2015年12月21日2版要闻，《最美"拾荒老人"有一颗高贵的心灵》第6段："老人过着清贫的生活，一生热爱读书，从未放弃精神上的追求，正契合了孔子评价颜回的话：'一箪食，一瓢饮，居陋巷，回也不改其乐。贤哉回也！'"《论语》是儒家经典，引用的时候不应该随意改动其中的字。

2015年3月4日B4版文化新闻，《活着就要学习 学习不是为了活着》第2节第5段："学而不已，阖馆而止。用孔子的这句话来形容杭州市民的学习热情再贴切不过。"这里的"学而不已，阖馆而止"的引用是错误的，正确的应该是"学而不已，阖棺乃止"。这句话出自西汉韩婴的《韩诗外传》，文中记载"孔子燕居。子贡摄齐而前曰：'弟子事夫子有年矣，才竭而智罢，振于学问，不能复进，请一休焉。'……孔子曰：'……学而不已，阖棺乃止'。"意思是：学习不能停止，只有进了棺材的那一刻才能停止。也就是活到老、学到老，"生命不息，学习不止。"如果"棺"改成"馆"，那么含义就完全不一样了。

2015 年 5 月 14 日 B7 版收藏鉴赏《南唐宫廷供奉笔下的"举案齐眉"》第 2 段："此图描绘汉代隐士梁鸿与妻子孟光'相敬如宾,举案齐眉'的故事,见《后唐书·梁鸿传》。"其实,梁鸿、孟光"举案齐眉"的故事出自《后汉书》卷八十三《梁鸿传》,不是《后唐书·梁鸿传》。梁鸿是东汉时人,记载东汉一朝史事的正史是《后汉书》(作者范晔)。《后唐书》从书名来看,应是记载五代时后唐一朝史事的史书,但实际上根本就没有这样一部书传世。五代分为后梁、后唐、后晋、后汉、后周,《旧五代史》中有"唐书",但亦非单独成书。

2015 年 7 月 30 日 B2 版热线新闻,《"立马回头"的来历是一出"宫斗剧"?》一文,"皇帝惹下风流债 皇后一怒断青丝"一节最后一段中说:"在《清史稿》中,有一段话这样记载乌喇那拉氏:'(乾隆)三十年,从上南巡,至杭州,忤上旨,后剪发,上益不怿,今后先还京师。'"文中引述《清史稿》中的文字有错字,不是"今后先还京师",而是"令后先还京师",出自《清史稿》卷二百二十一《列传一·后妃》。乾隆皇帝不高兴,所以命令皇后先回北京。这篇文章里把"令"写成"今","今后先还京师"语意不通了。

易混淆的专业名词

　　报道中常常要用到专业概念，一不小心就容易出错，记者和编辑要多向专业人士请教，碰到类似专业名词时要格外注意。

　　2014 年 1 月 15 日 B11 版状态，《雾霾中，浙江新能源产业寻找新方向》第 1 节："金敬撑说，目前我省太阳能的发电装机只有 50 万千万时，到 2015 年之前，计划新增 200 万千万时以上。"这里的"千万时"应是"千瓦时"的笔误，相当于我们平时所说的"度"，1 千瓦时电就是 1 度电。功率与电能是两个不同概念，装机容量的单位是"千瓦"，是功率的概念，而"度"是能量的概念。装机量大小要用功率"千瓦"单位。"千瓦"和"千瓦时"是不同的概念，两者不可混用。

　　2014 年 12 月 31 日 B9 版旅游新闻，《2014 年最热门的十条线路，你去了么?》最后一条"热门线路之日本"最后一段"冲绳是日本最南与最西的县，是日本唯一亚热带气温的一个县，……"，这里的亚热带气温应该是亚热带气候。据《现代汉语词典》，气温指空气的温度，气候指一定地区里经过多年观察所得到的概括性的气象情况。根据气候带状分布特征，按地球纬度划分的区域，通常有热带、亚热带、温带、寒带。

　　2015 年 1 月 14 日 A2 版要闻《河水清澈不易，鱼儿畅游更难》一文，倒数第二段"水流不止，水质也会变化，一不小心就可能越过'安全阀值'"。这里的"安全阀值"，应该是"安全阈值"。"阀值"，是"阈值"的常见错误写法。在日常生活中、甚至在许多科研论文中，都普遍存在误用的现象。阀(fá)：控制、开关、把持，指在管道中用来控制液体或气体的部件，如截止阀、减压阀、安全阀。阈(yù)：范围、边界、程度，引申为边界、界阈、视阈。阈值又叫临界值，是指一个效应能够产生的最低值或最高值。此一名词广泛用于各方面，包括建筑学、生物学、飞行学、化学、电信、电学、心理学等，如生态阈值。

　　2015 年 1 月 28 日 B2 版都市新闻，《这个周末，一起动手测 PM2.5 吧》："关于西湖如何形成，有两种假说，一种是竺可桢爷爷讲的'泻湖说'。以前啊，西湖是和大海相连的。后来呢，因为泥土慢慢堆积，把西湖和大海给隔开了，变成了一个'泄湖'。"这里称西湖为泄湖是错误的。正确的写法应该是潟(xì)湖,这个字被不少人误认为是"泄"的繁体字"瀉",故有"泄湖"的错讹,有些也错写成"泻湖",这两个都是不正确的。究其原因是这三个字的字形读音相似,但字义是完全不同的。潟湖是指被沙嘴、沙坝或珊瑚分割而与外海相分离的局部海水水域。作为专业术语,不能随便更改。

易出错的历史年代

2013 年 12 月 5 日 B7 版艺术典藏,《朱屺瞻和姜丹书的翰墨情》一文,"抗战时期,议论时事,每多感慨,合画记之"一节第 1 段说:"1931 年 1 月,日军继'九一八'事变后又大举进犯上海,……"文中的历史年代出现差错。"九一八"事变发生在 1931 年 9 月 18 日,而文中所说的"1931 年 1 月","九一八"事变尚未发生,日军继"九一八"事变后大举进攻上海是在 1932 年 1 月 28 日,史称"一·二八事变"或"一·二八抗战",也就是中日淞沪大会战。文中的"1931 年1 月"应该是"1932 年 1 月"。

2014 年 12 月 11 日 A8 版《杭州 6 个项目新入选"国遗"》一文,第 5 节"富阳'孝子祭''祭'出深远民俗"一节第 2 段:"富阳渌渚镇是周雄故里。据明嘉定年间西安知县李遂《重修宋周孝子祠》载:'由童稚孝闻闾里,母构危疾,孝子晨夕吁天,请以身代……'"文中有个历史错误,明朝没有"嘉定年间",只有"嘉靖年间"。嘉定(1208—1224)是宋宁宗赵扩的年号,属南宋。从文中提到的李遂《重修宋周孝子祠》来看,这里的"明嘉定年间"为"明嘉靖年间"之误。因为李遂是嘉靖五年进士,《("民国")衢县志》卷十八收录有《明嘉靖李遂周孝子祠记》。

2014 年 11 月 28 日 B5 版《唐朝时政府收入一半靠盐》一文第 1 段中说:"宝应元年(761 年),盐铁改为民间制造,官府统购,批发专卖。"文中纪年换算有误,宝应元年是公元 762 年。上元二年(761)九月,唐肃宗李亨去年号,称"元年",以十一月为岁首。也就是说,从上元二年十一月开始,算作下一年,称"元年",而没有年号。唐肃宗元年(762)四月,李亨死,太子李豫即位,是为唐代宗,建元"宝应",称"宝应元年",又把一年岁首改回正月。

2014 年 12 月 14 日 A8 版城纪,《西湖边的工程师》一文,第 3 节第 3 段:"这时候,圣塘路、中山路、灵隐路等一条条柏油马路筑起来了;杭长线、杭平线、杭徽线等以杭州为中心的全省公路网不断延伸;电灯、电话、电讯开始出现,电厂、水厂加快建设……十九世纪二三十年代的杭州,坠入了一个'开风气之先河'的新世界。"文中提到的修路、建厂等都是在张静江担任浙江省政府主席之时，应该是上个世纪的事，而上个世纪是二十世纪，不是"十九世纪"。十九世纪是"18××年"，那时候还是满清政府；二十世纪二三十年代是"民国"时期，相当于"192×年"和"193×年"。

机关单位名称要准确

新闻报道中，涉及机关单位、部门的称谓应该做到准确规范。比如 2014 年 4 月 29 日 A5 版，《动漫节十年 他们坚守十年》一文中提及的"市团委"规范的称呼应为"团市委"，全称是共青团杭州市委员会。《杭产杂志〈漫画行〉受热捧 同行、学者一"探"究竟》一文中提及的"广电总局"应为"国家新闻出版广电总局"。2013 年 3 月，《国务院机构改革和职能转变方案》中提出，将原来的"国家新闻出版总署"和"国家广播电影电视总局"合并，成立新的国务院直属的"国家新闻出版广播电影电视总局"。因为名称较长，十二届全国人大一次会议秘书处于是年 3 月 12 日宣布，将名称改为"国家新闻出版广电总局"。

2013 年 11 月 15 日 B3 版实时·热线新闻，《冲锋舟开启"清水治污"之航》的报道，配图下方当中有段文字"当时拱墅城管米市巷中队曾向区人事武装部借用冲锋舟，这个'挪亚方舟'派了大用场，几天内救助居民 150 余人次"。文中的"区人事武装部"应该为"区人武部"。人民武装部，是在县（区）、乡（镇）和大中型厂矿、大专院校设立的军事工作部门。1985 年 7 月起，县（区）人民武装部划归地方建制，实行地方和军队双重领导，工作人员也改为地方干部。人民武装部可以简称"人武部"，没有"人事武装部"这个称呼。

2015 年 9 月 9 日 A4、A9 合版人大视窗，《为最美人大代表点赞》对沈小玲的介绍中出现"杭州市经济技术开发区社发局教研室副主任"。此处的"杭州市经济技术开发区"中的"市"纯属多余，其正确的名称为"杭州经济技术开发区"。经济技术开发区是中国最早在沿海开放城市设立的以发展知识密集型和技术密集型工业为主的特定区域，后来在全国范围内设立，实行经济特区的某些较为特殊的优惠政策和措施。经济技术开发区有国家级、省级、市级、区县级、镇乡级，无论何级，其名称前都是只冠地名，不冠"市""区（县）""镇（乡）"字样。

穿越的名称头衔不要用

近来，一些报道中机关单位工作人员名称或头衔称谓时有差错，而且频率较高，值得引起重视：

一是表现为用现在名称代替过去的名称。如：2014 年 5 月 13 日 A9 版区县（市）新闻《陪毛主席视察小营巷的程奶奶走了》第 1 节中写道："有了毛主席的鼓励，作为卫生委员的程瑜干得更起劲了。她和几位社区干部一起，日夜奋战。"20 世纪五六十年代只有"居委会干部"称谓，20 世纪 80 年代末期才出现"社区"称谓。因此程奶奶到退休时一直都是"居委会干部"，而非"社区干部"。采写报道要注意年代（时代）的特点和情况，以免出现差错。

二是表现为用过去的而没有用现在的称谓。如 2014 年 5 月 14 日 B10 版沟通·融媒体《故事，平凡得像野草》开头一段"我采访了一位村长"和 2013 年 10 月 12 日 9 版都市新闻《"后菲特"的日子里，西湖依然美丽》里"梅家坞村村长朱翔"是不正确的称谓，与我国现行法律规定不符，也是报纸上容易误用的称谓。早已没有了"村长"的称谓，还是这样叫就发生差错了。2010 年 10 月 28 日，《中华人民共和国村民委员会组织法》修订通过并正式施行，对村委会的组成作如此规定："村民委员会由主任、副主任和委员共三至七人组成。""村长"的称谓在战争年代和解放初曾用过，之后就不存在了，虽然在农村，村民们还是习惯称村主任为"村长"，但我们在新闻报道中还是应该写成规范的称谓"村主任"。

同音不同义,落笔要谨慎

2013 年 10 月 22 日 A12 版财富新闻·行走《A 股放量反弹　迎来"红周一"》:"这主要是美国两党达成一致意见,债务上线得到扩大,'停摆'问题暂时得到解决。"其中,"上线"应该是"上限"。债务上限是具有美国特色的一种债务限额发行制度,是美国国会为联邦政府设定的为履行已产生的支付义务而举债的最高额度,触及这条"红线",意味着财政部的借款授权用尽。如果不提高上限,就有可能发生债务违约,从而对全球经济产生重大影响。根据《现代汉语词典》,"上限"是指时间最早或数量最大的限度(跟"下限"相对)。"上线"一词,在生活中常常用到,比如"高考分数上线了","某某网站上线了",等等,但都没有达到最大限度的意思。因此在报道中,应该是"美国债务上限"。

2014 年 10 月 20 日 13 版都市·教育新闻《昨天的北山街　仿佛穿越到了一百年前》一文,"玛瑙寺里旗袍表演秀"一节中说:"来的都是同道中人,一袭旗袍、一阙诗歌、一个眼神,就有了'他乡遇故知'的畅快。"这里的"一阙诗歌"有误,应是"一阕诗歌"。阙,指古代皇宫大门前两边供瞭望的楼,借指皇帝的住所,如宫阙;也指神庙、陵墓前竖立的石雕。阕,意为终了,如乐阕;作为量词时,歌曲或词一首叫一阕,如弹琴一阕、填一阕词,一首词的一段也叫一阕。可见,"阕"才是量词,不能写为"一阙诗歌"。

2014 年 1 月 24 日 B3 版热线新闻《江干法院和交警发布醉驾判刑数据》第 1 段,江干区人民法院法官许新霞语重心长地教育一起醉驾案的当事人包某,其中提到:"更令人难过的是,你将在监狱中度过马年春节,那里没有人生自由,没有亲人相伴……"其中"人生"错了,应改为"人身"。"人身"和"人生"是两个音近词(南方许多地方读音没有区别),词义则完全不同。"人身"是指人的身体,如人的生命、健康、行动、名誉等(着眼于保护或损害)。"人身自由"就是指公民的身体不受侵犯的自由,如不得非法逮捕、搜查和拘留等。因此有"限制人身自由""获得人身自由""失去人身自由""重获人身自由"等说法。而"人生"是指人的生存和生活,如人的一生。人生路漫漫,就是指人的一生很漫长久远,不能说成人身路漫漫。

　　2015 年 2 月 22 日 3 版都市·健康新闻《国家级名中医魏克民的养生经——心态好 多活动 有乐趣》，第 2 段有年岁的代称："三十而立，四十不惑，五十知天命，六十花甲，七十古稀，八十仗朝，九十耄耋，百岁期颐。"其中"八十仗朝"的"仗"错了，应该是"杖"，指拐杖。"杖朝"始见于《礼记·王制》："八十杖於朝。"谓八十岁上朝见天子的时候可拄着拐杖出入。这是周礼，以老为尊。唐韩偓《乙丑岁九月在萧滩镇书四十字》诗："若为将朽质，犹拟杖於朝。"后用作八十岁的代称。清赵翼《初用拐杖》诗："我年届杖朝，卅载林下叟。"

扳扳手指头，数字算灵清

2014 年 1 月 13 日 15 版西湖副刊·专栏《古罗马银币》一文第 2 段中说："公元前 210 年，秦始皇统一中国已经 9 年，开始了远见卓识的钱币改革。"据历史资料，公元前 221 年，秦王嬴政统率秦军灭掉战国七雄中的最后一个强国齐，实现全国统一，结束了中国历史上长期分裂割据的局面，建立起了第一个统一的中央集权的封建帝国。公元前 210 年，秦始皇统一了全国的货币，从统一中国到货币改革最终完成，中间有 11 年的时间，不是文中所说的 9 年。

2015 年 1 月 7 日 B1 版《"涨姿势"：九姓渔民哪九姓》一文"'三江口'名片——'九姓渔民'怎么来"第 2 段："时间往前拨回 500 年，这'九姓渔民'的祖先也曾无限风光。传说领头的姓陈，先祖就是当年起兵反元的'汉王'陈友谅，是明太祖朱元璋一生最厉害的对手。"这里的时间表述错误，明朝洪武年间距今并非 500 年，而是 600 多年。朱元璋一统天下，建立明朝，洪武（1368—1398）是明朝的第一个年号，按时间推算，洪武年距今起码有 600 多年，少算了 100 多年。

2015 年 1 月 27 日 A8 版经济新闻《"油价"十三连跌 浙江国 IV 汽油全面进入 5 元时代》，报道油价调整："……93 号汽油每升价格从 5.95 元调低至 5.61 元。"在这篇报道的最后一段说："油价连跌前的去年 6 月 23 日，国 IV93 号汽油的零售价为每升 7.80 元，十三连跌后，国 IV93 号汽油的零售价已经降至每升 6.05 元。也就是说，仅半年时间，国 IV93 号汽油零售价每升下跌了 2.19 元。"按文中所说，7.80 减去 2.19，应该是 5.61，不可能是 6.05，实际上，"6.05 元"是油价十一连跌后的国 IV93 号汽油油价，十三连跌后应该是 5.61。

2015 年 5 月 12 日 B6 版西湖副刊·散客，《我的母亲》一文中说："母亲已经 96 岁了。经历清末到辛亥革命、军阀混战、民国纷争、日寇侵略、国共内战以及新中国成立后的建设与改革各个时期，……"然而，这里说一个 96 岁的老人经历了"清末到辛亥革命"是不妥的。据推算，96 岁应该是 1919 年或 1920 年生人。而辛亥革命爆发于 1911 年，是年 12 月 29 日，孙中山当选为"中华民国"第一任临时大总统并于次年元旦宣誓就职。1912 年 2 月 12 日，宣统帝溥仪宣布退位，清朝结束。"清末到辛亥革命"在 1911 年前后，而这个年代的老人已至少是 104 岁了。

杭州唯一带版的地名:始版桥

2015 年 8 月 25 日 B3 版热线新闻《电动三轮车失控大姐被卡 停在路边的轿车无辜遭殃 轿车车主说:别赔了》:"昨天清晨 6 点半左右,始板桥直街的王师傅正准备开门做生意……""大姐姓顾,54 岁,是一早骑着电动三轮车帮人运东西,自北向南骑到始板桥直街时……"文中两处"始板桥直街"有误,应为"始版桥直街"。

始版桥,在杭州是一处很独特的地名,是唯一带"版"的地方。在杭州的古地名中,用木板的"板"做地名的有数十处之多,如长板巷、板桥路、石板巷、板桥村等,然而以出版的"版"字做地名的仅有始版桥一处。为什么叫始版桥? 为什么与出版的"版"字有关? 原来大有来历。据历代民间传说,这里是北宋庆历年间的伟大发明家毕昇故居和始创活字排版印刷术的遗址地。据有关史料记载,毕昇幼年跟随父母家人从湖北避灾逃荒而流落到杭州,当时栖居在望江门外近江村一带,即现今海潮路北段的始版桥新村附近。毕昇十余岁时便进入清河坊的刻书铺当学徒工,学习钻研雕版刻印技艺,经十余年艰苦磨砺,终成当时杭州著名的雕版刻印工匠。但雕版刻印费工费时,毕昇就不断琢磨,制造出木质、陶质铅字,发明了活字排版印刷术,成为我国古代四大发明之一,也奠定了现代印刷术的基础。相传,毕昇发明活字排版印刷术后,便在望江门附近独自创办了一家印书铺。为方便望江门外的行人过河,毕昇出资重新修建了一座古桥,题名:始版桥。因此,延用近千年的始版桥这一古地名,记载着此地与毕昇发明始创活字排版印刷术的密切联系。

如今始版桥已是无桥可寻,但在上城区望江门外的海潮路北段,现在有始版桥社区、始版桥新村、始版桥小学、始版桥直街等,仍然可以看出古地名的历史传承与沿革。始版桥经常会错写成始板桥,这也是新闻报道中常错地名之一。如果了解了始版桥的来历,相信这个差错也可以减少。

此黄帝非彼皇帝

2015 年 2 月 26 日 14 版艺术典藏，《古诗迎新春》一文第 2 段中说："相传'元旦'一词来自我国最早的皇帝之一——颛顼，他规定以农历正月为'元'，初一为'旦'。"文中称颛顼为"皇帝"是不对的。秦始皇统一天下，认为自己"德兼三皇、功盖五帝"，创"皇帝"为最高统治者的称号。秦以前，君主称"后""帝""王"等，上古时代的颛顼，是"五帝"之一，还不称"皇帝"。五帝所指说法不一，通常认为是"黄帝、颛顼、帝喾、尧、舜"。

2015 年 9 月 24 日 B8 版动漫之都·产业，《国庆假期，带孩子去赴一场千年前的"神话盛宴"吧！》第 1 节第 4 段末尾中说："蔡志忠导演还描绘了四大天王、朱离、伏羲、盘古、仓颉、皇帝……他们都是土生土长的中华民族始祖，个个都充满神话般的传奇色彩。"这篇新闻说的是取材于《山海经》的一部动画片，但《山海经》里并没有"皇帝"，只有"黄帝"。

黄帝是古华夏部落联盟首领，居轩辕之丘，号轩辕氏，建都于有熊，亦称有熊氏。传说中他是五帝之首，败炎帝，杀蚩尤，是中原各族共同的祖先。上古时有三皇五帝，但具体是谁有不同说法，但可以确定的是这一时期的皇和帝是不合用的。如羲皇伏羲、娲皇女娲、黄帝轩辕、炎帝神农等都不是真正的帝王，仅为部落首领或部落联盟首领，其"皇"或"帝"号，为后人所追加。在夏及夏以前，把君主或者部落首领称为后，比如：后羿、风后，这两个名字的意思分别是一个叫羿的首领和风氏部族的首领。商代对君主称帝，比如：纣王就被称为帝辛。从西周开始，君主称天子，即周天子，称王号，比如周文王、周武王、周幽王。由于周的中央集权因为各诸侯国的不断强大而日渐式微，各诸侯也开始称王号，比如楚怀王、齐威王，直到秦王嬴政统一中国，认为自己"德兼三皇、功盖五帝"，才创"皇帝"一词作为华夏最高统治者的正式称号。

火烧圆明园有两次

2015 年 11 月 12 日 B7 版收藏鉴赏,《双说"洛神赋"》一文第 5 段:"咸丰时八国联军火烧圆明园遭劫,又流散民间……"文中有个历史错误,咸丰年入侵中国的不是八国联军。据史学家解释,火烧圆明园不仅是火烧圆明园一处,而是火烧京西皇家三山五园,焚毁的范围远远比圆明园大得多。这三山五园分别是:万寿山、玉泉山、香山三山,清漪园(今颐和园)、圆明园、畅春园、静明园、静宜园五园。

历史上火烧圆明园有两次,第一次是咸丰年间的"英法联军",第二次是光绪年间的"八国联军"。文中所说的是咸丰年,那么应该是 1860 年 10 月英法联军焚掠圆明园,当时园中大批珍宝流失海外。而八国联军进犯北京是在光绪二十六年(1900),英、美、德、法、俄、日、意、奥八个国家组成联合侵华军队,于 1900 年 8 月 14 日攻于北京,再次火烧圆明园,使这里残存的 13 处皇家宫殿遭掠夺焚劫。

丁达尔现象和伊丽莎白体

2013 年 10 月 3 日头版要闻,《乘着满载桂香的风去看看美术馆》:"馆内人来人往,却少有喧哗,仅有展品的音效与丁达尔现象下飞扬的尘埃,这种经历在长假里更显珍贵。"文中的"丁达尔现象"是个专业术语,没有给出解释,普通读者恐怕难以理解。据查,当一束光线透过胶体,从入射光的垂直方向可以观察到胶体里出现一条光亮的"通路",这种现象叫丁达尔现象,也叫丁达尔效应。清晨,在茂密的树林中,常常可以看到从枝叶间透过的一道道光柱,这种现象也是丁达尔现象。

2013 年 6 月 14 日 A10 版财富新闻,言论《有话好好说》里说到两种文体——"甄嬛体"和"伊丽莎白体",前者文中有解释,出自一部热播的电视剧《甄嬛传》,指的是古色古香、文艺腔十足的说话语气;后者"伊丽莎白体"是什么意思呢,文中却没有解答。伊丽莎白体就是英国莎士比亚的十四行诗,由三段四行诗和一副对句组成,代表作有彼特拉克的《歌集》和《莎士比亚十四行诗》。因为电视剧热播,"甄嬛体"频频见诸报端,也许很多读者并不陌生,但"伊丽莎白体"应该是一个比较冷僻的名词,很多读者不熟悉。

"丁达尔现象"和"伊丽莎白体"都是读者比较陌生的专业名词,一般人很难接触到,而报纸上的新闻语言一个重要特点就是要通俗易懂,专业术语最好慎用。如果必须要用到这样的名词,也尽量用通俗的语言做个简短的解释,不能一笔带过。专业名词解释得好,既能回答读者心中的疑问,也发挥了报纸普及知识的作用。

雾霾天和优良天能重合吗？

2013 年 11 月 7 日 B1 版都市新闻《雾霾天今年为啥特别多？》，有关部门通报了今年前 10 个月的大气环境质量情况，其中优良天数为 198 天，雾霾天气高达 209 天，比去年全年还要多。这两个数字，让人有些纳闷：这大气环境质量究竟是如何判断的？照理说，前十个月总天数也就三百天吧，可是雾霾天有 209 天，那为什么还有 198 天是优良天？优良天和雾霾天难道可以重叠的吗？这空气环境质量究竟是怎么分的呢？

这一系列的疑问，这篇报道里没有解答。也许这些问题对专家还有跑线记者来说，并不算问题，但普通读者很可能不了解，我们的报道应当做好解释工作。其实当天杭城有一些媒体对此做了比较详细的解释。比如《钱江晚报》，就针对读者提出的问题——为何环保局所说的空气质量优良天数与和气象局发布的雾霾天数差距如此之大？用专家的话回答了这个问题。因为环保局的观测方式是取一天中的平均，这与气象部门 24 小时观测的方式不同，另外观测所执行的指标也不相同。简单地说，现在雾多的时候也被列为雾霾，但此时空气中的 PM2.5 可能并不高，空气质量也许是良。换一句话说就是，雾霾天和优良天是能重合的。

专业数据引用需谨慎

在报道中经常要引用一些数据,特别是一些比较专业的数据,在引用时更要仔细些。

2014 年 1 月 7 日 B1 版都市新闻《为什么要倡议"今年春节少放烟花爆竹"》的报道,采访了杭州市环境监测中心站专家,对比近几年春节期间 PM2.5 浓度,说明往年除夕 PM2.5 浓度高,呼吁市民春节期间少放鞭炮。但报道中在引用 PM2.5 浓度值时,12 处中有 11 处写为"毫克/立方米",如:"农大环境监测站检测到的 PM2.5 浓度高达 1092 毫克/立方米";"最低有 77 毫克/立方米,最高则有 479 毫克/立方米";"农大监测点为 482 毫克/立方米,滨江检测点为 374 毫克/立方米,下沙监测点为 258 毫克/立方米……"。其中"毫克/立方米"都是错的,正确的应是"微克/立方米"。

PM2.5 是指每立方米空气中直径小于或等于 2.5 微米的颗粒物的含量,这个值越高,就代表空气污染越严重。PM2.5 的浓度值一般是以每立方米的微克值为表示的,如"500 微克/立方米",如果要换算成"毫克/立方米",其换算公式为"1000 微克=1 毫克",也即"0.5 毫克/立方米"。按《环境空气质量标准》,当 PM2.5 日均浓度达到 500 微克/立方米,对应的 AQI(Air Quality Index,空气质量指数)指数达到 500,为严重污染。

2015 年 9 月 14 日 10 版《4 个月身孕的孕妇被撞 肇事者逆向行驶,还是醉驾状态》一文,"肇事者反复说,'车不是我开的'"一节第 7 段中说:"交警赶到后,马上对肇事司机做了吹气测试,结果显示其酒精含量高于 200ml/100mg,这一数值已超过了 80ml/100mg 的醉驾门槛。"文中两处单位"ml/100mg"都错了,应该是"mg/100ml"。根据《车辆驾驶人员血液、呼气酒精含量阈值与检验》规定,车辆驾驶人员血液中的酒精含量大于或者等于 20mg/100ml,小于 80mg/100ml 的驾驶行为称为"饮酒驾车";车辆驾驶人员血液中的酒精含量大于或者等于 80mg/100ml 的驾驶行为称为"醉酒驾车"。mg(毫克)与 ml(毫升)不能写反。

少数民族差错非少数

2014 年 9 月 19 日 B4 版文化新闻"电商女孩"评选专栏《生活在杭州的东北女孩柔情似水》，第一句话出现了错误："罗娜是一个内蒙古族女孩儿，老家在东北吉林……"这是一个常识性差错，中国 56 个民族里只有"蒙古族"，没有"内蒙古族"。可以称这位女孩是内蒙古人，但不能称为"内蒙古族女孩儿"。"蒙古"这个名称最早见于唐代，《新唐书》《旧唐书》(《旧唐书》原名《唐书》，宋欧阳修等编写的《新唐书》问世后，才改称《旧唐书》)中称"蒙兀室韦"，最初它只是蒙古地区诸部落中的一个部落名称。13 世纪初，以成吉思汗为首的蒙古部落统一了蒙古地区诸部以后，逐渐融合为一个新的民族共同体，"蒙古"也就由原来一个部落的名称改变为一个民族的名称。一个古老的世界性民族，在世界范围内广泛分布，在中国主要分布在内蒙古、青海、新疆、东三省等地。而内蒙古是我国最早成立的少数民族自治区，其常住人口包括汉族、蒙古族和其他少数民族。

2015 年 6 月 19 日 B1 版都市新闻，《2015 大绳的希冀(第四届)——走进五十六个民族中学生大型社会实践活动今天开始报名喽》一文，第 2 节第 2 段中说："贵州黔东南与敦煌居住着苗族、侗族、瑶族、布衣族、哈萨克族等民族。"文中有个民族名称写错了，我国没有"布衣族"，应是"布依族"。布依族自称"布依""布越""布雅依"等，旧称"仲家"，由古代百越的一支发展而来。主要分布在贵州南部和西南部，贵州其他地区和滇东罗平及川西南宁南、会理等地也有分布。

2015 年 8 月 4 日 B5 版文化新闻，《三年了，蒲公英的种子花飞各地，落地生根》一文第 2 段中说："两年来，受训的基层书法教师涵盖全疆所有地州市，这些老师中有汉族、回族、维吾尔族、哈萨克族等少数民族，在新疆专区受训的正式学员超过 200 人……"文中说法有误，汉族不是少数民族。少数民族通常指多民族国家中人口居于少数的民族，我国是个多民族国家，有 56 个民族，其中汉族人口比重最大，约占全国人口总数的 91.51％左右，另外 55 个民族人口偏少，统称为"少数民族"。因此这句话应改为"这些老师中有汉族及回族、维吾尔族、哈萨克族等少数民族"。

"银幕""荧幕"与网络剧

2015 年 10 月 7 日 4 版文化新闻·专版《跟高晓松跑掉的"许龄月"来到舟山拍电视剧〈左耳〉》首段:"一个热门 IP 从电影转到电视剧有多快?《左耳》花了五个月时间。五月大荧幕公映收获近 5 亿票房后,10 月 4 日,同名电视剧在舟山市高调开机。"文中"大荧幕"一词有误,电影放映应该是"大银幕"。

银幕,指放映传统投影式电影的白色幕布,也借指电影。这块白色幕布通常涂有无光泽白色涂料,自身不发光,放映电影时就不会有反光了。荧幕,又称荧屏,特指电视荧光屏,也借指电视,如"这部电视剧下周即可在荧屏上和观众见面"。荧光屏最初指利用阴极射线照射在敷涂有荧光粉的面板上,从而显示图像,如早期的电视机和显示器。后来电视机和显示器技术进步后,这些显示设备已经不使用荧光粉了,但荧光屏一词依然沿用,也泛指各种电子发光显像的显示面板。值得一提的是,屏幕一词如今也普遍使用。屏幕内涵更广,可以包括荧幕,泛指供投影或显示文字、图像的装置。如电脑显示屏,可以称为电脑屏幕;室外大型 LED 显示屏,可以称为 LED 屏幕。

2015 年 7 月 13 日 7 版经济新闻,《十星集团:用特效让中国电影飞起来》第一段:"这个夏天,万众期待的电视剧《盗墓笔记》在一片吐槽声中拉开大幕,……如此诟病,同样被用于国产电影,今年上映的《天降雄狮》《天师钟馗》等电影,……"此段文章里有两处错误。

一、《盗墓笔记》并不是电视剧,而是一部网络剧。网络剧是专门为电脑网络制作的,并通过互联网播放的连续剧。它是随着互联网发展产生的以电脑网络为媒介的剧种,与传统电视剧相比,播放准入门槛低,节目内容、播出时间等选择更为丰富多样。一般来说,电视剧也能在网上看,但首播都在电视上,而网络剧大多只在网上播出。《盗墓笔记》就是一部网络季播剧,由欢瑞世纪影视传媒股份公司出品,改编自南派三叔所著的同名小说,前段时间,该剧在视频网站爱奇艺播出后,引起较大反响。

二、文中的《天降雄狮》片名错误,应该是《天将雄师》,是一部李仁港编剧并执导的古装动作电影,由成龙、约翰·库萨克、阿德里安·布洛迪等人主演。

《毛主席语录》里没有诗词

2013 年 10 月 28 日 A9 版区县（市）新闻，《丁桥沿山村有支文宣队"唱响" 48 年》的报道，其中"不同时期有不同的演出方式"一节中第 4 段有"比如 20 世纪 70 年代，生产队开会，让大家忆苦思甜，他们就唱一首《听妈妈讲那过去的事情》；开展灭钉螺工作，他们就把《毛主席语录》中的《送瘟神》一诗，唱给大家听"。

这篇报道把《毛主席语录》和《毛主席诗词》搞混了。《毛主席语录》是 20 世纪 60 年代初编辑出版的毛泽东主席名言警句选编本，在"文化大革命"（"文革"）期间风靡全国乃至世界，被称为"红宝书"，经历过"文革"的人们对此仍记忆犹新，但《毛主席语录》里并没有收录毛主席的诗词。在 20 世纪"文革"期间同时出版的《毛主席诗词》中收录了毛主席的部分诗词，其中有文中提到的《七律二首——送瘟神》。因此本文应该是把《毛主席语录》和《毛主席诗词》混为一谈了，他们其实是两本不同的书。

《四书五经》包括了《论语》

　　2013 年 11 月 1 日 B7 版文化深壹度《打造乡野间的精神文化新样本 东江嘴村做得润物细无声》一文,在"将宗族文化做成一道'国学盛宴'——在祠堂讲《论语》给后代听"一节中说:"他把《论语》《四书五经》看了很多遍,等机会合适,就要在村里的文化讲堂上给年轻人上课。"其实《四书五经》中已包括《论语》,因此两者不能并列,不必再单独列出《论语》了。

　　《四书五经》是"四书"和"五经"的合称,是中国儒家经典书籍。"四书"指的是《大学》《中庸》《论语》《孟子》,其中《论语》《孟子》是孔子、孟子及其学生的言论集,《大学》《中庸》则是《礼记》中的两篇,首次把它们编在一起的是南宋著名学者朱熹,朱熹著《四书章句集注》,"四书"之名始立。而"五经"指的是《诗经》《尚书》《礼记》《周易》《春秋》,始称于汉武帝时期,相传都经过儒家创始人之一的孔子的编辑或修改。《四书五经》自南宋以后成为儒家的基本书目,是儒生学子的必读之书。

苏堤春晓并非以花为名

2013 年 6 月 20 日头版头条《花开沃土》导语："苏堤春晓、曲院风荷、满陇桂雨、灵峰探梅——这是一些以花为名的景点，这是一座能把第一朵花开当作生活的城市。"文中所说的"苏堤春晓、曲院风荷、满陇桂雨、灵峰探梅"都是西湖景点的名称。

西湖有很多景点，从古至今，人们根据这些景点的不同特点给它们起了动听的名称，有些是以花或植物为名，比如本文提到的"曲院风荷、满陇桂雨、灵峰探梅"；有些则是带季节特点的，比如"苏堤春晓""断桥残雪""平湖秋月"等。再来看看这篇新闻里提到的几个景点名称，从严格意义上看，"苏堤春晓"与后面三个景点不同，并不是以花为名，而是以地名和季节为名的。虽然只是细微的差别，但这句话是这篇新闻的开篇导语，要经得起读者琢磨。不忽略任何细节，精雕细琢，这才是打造一流城市党报应该具备的态度。

"莺"与"鸢"是两种鸟

"草长莺飞四月天,拂堤杨柳醉春烟。儿童散学归来早,忙趁东风放纸鸢。"是清代杭州诗人高鼎的诗《村居》,但在 2015 年 4 月 16 日 A12 版杭州湾新闻,都市圈发布栏目里却是这样的:"草长鸢飞二月天,拂堤杨柳醉春烟,儿童散学归来早,忙趁东风放纸鸢。"文中的前一个"鸢"字显然用错,应该为"莺"。

2015 年 3 月 8 日 4 版都市 · 热线新闻,《沪杭高铁昨出现大规模延误 罪魁祸首可能是一只风筝》的报道,第 2 节第 5 段"眼下,已是草长莺飞的三月,正是孩子们外出踏青放鸢的好时节"。文中的"鸢"现在叫作"鹰",一般来说,阳春三月外出踏青放的只是"纸鸢",不可能放真正的"鸢",所以文中的"踏青放鸢"不能少掉"纸"字。

有关袁世凯的两处历史差错

2015 年 3 月 22 日 6 版新书栏目，介绍《遗失在西方的中国史：法国〈小日报〉记录的晚清 1891—1911》一书时说："内容涉及中国 1891 年教案……1909 年袁世凯小站练兵、1911 年袁世凯剪辫子就任临时大总统等众多旧闻秘史。"这段话里有两个历史错误：

一是袁世凯小站练兵是在 1895 年，不是 1909 年。光绪二十一年十月二十二日（1895 年 12 月 8 日），奕䜣、荣禄等王大臣联名奏请派袁世凯督练新建陆军，同日光绪帝予以批准，袁世凯正式入主天津小站，开始用西法编练中国首支新式陆军，史称"小站练兵"。1908 年后，袁世凯的一切职务都被清廷剥夺，回到河南去过隐居生活，根本就不可能练兵。

二是袁世凯就任临时大总统是在 1912 年，不是 1911 年。1912 年 1 月 1日，孙中山在南京宣布建立"中华民国"，就任临时大总统；2 月 12 日，袁世凯逼清帝退位，结束两千多年的封建帝制；2 月 15 日，南京参议院正式选举袁世凯为临时大总统，同年 3 月 10 日袁世凯在北京就职。

西溪大过 10 个西湖吗？

2014 年 8 月 7 日 A12 版旅游新闻·行走，《西溪正是好"食"光》："其实，西溪大过 10 个西湖，……"此处的提法不准确。据杭州市园文局网站 2012 年发布的《西湖概述》称西湖："三面云山，中涵碧水，面积约 60 平方公里，其中湖面 6.5 平方公里。"而据杭州国家西溪湿地公园官方网站介绍，西溪湿地面积约 10.08 平方公里。由此可见，西溪无论如何是不可能大过 10 个西湖的。

经查证，2008 年曾有过一篇新闻报道，题为《西溪湿地公园国庆基本建成面积有两个西湖大》，报道中称"杭州市委、市政府日前表示，今年 10 月 1 日，西溪国家湿地公园一、二、三期可以基本建成，投入使用。其建成区面积将达 11 平方公里，约 2 个西湖这么大"。这篇报道的数据相对比较准确，西溪湿地约 2 个西湖这么大。

没有中等专科学校

2014 年 11 月 9 日 8 版城纪《文二街轶事》，第 1 节第 4 段："柳树后面是各个学校的围墙，几乎没有住家。学校都是中等专科学校，一边是杭州师范学校、幼儿师范，另一边是省团校、财贸干校和商业学校。"这里出现的"中等专科学校"说法不正确，应该是"中等专业学校"。

中等专业学校简称"中专"。通常是在九年制义务教育结束后进行，在级别上相当于普通高中，但普通高中侧重基础知识的传授，是为学生升大学做准备，学生毕业后一般参加普通高考。而中专更重视专业技能的培养和训练，学生毕业后一般都已经掌握了相应的职业技能，可以胜任某种职业。目前的中专有普通中专，职业中专，成人中专等。在中等职业学校和高等学校里设置的中专部就读至毕业的学生都属于中专学历，等同于高中学历。

之所以文中出现"中等专科学校"的错误提法，应该是误将"高等专科学校"与"中等专业学校"混淆了。"高等专科学校"简称"大专"，属于高等教育系列，是经教育部批准设立，以专科教育为主，少数本科教育的普通高等学校。根据教育部相关规定，师范、医学、公安类的专科层次全日制普通高等学校应规范校名后缀为"高等专科学校"。而非师范、非医学、非公安类的专科层次全日制普通高等学校则应逐步规范校名后缀为"职业技术学院"或"职业学院"。

《红楼梦》里有花叫"兴化"吗？

2015年5月16日2版要闻,《"红门局"里探访杭州丝绸底蕴》倒数第2段:"而十二金钗艺术丝巾,设计灵感汲取自《红楼梦》第六十三回《寿怡红群芳开夜宴》。众人在行酒令时所抽中花名签的灵感,通过芙蓉、牡丹、兴化、曼陀罗来诠释大观园中的群芳,各自不同的性情与外貌,构成了与花的联结,花朵在丝绸上呈现出的温婉流动之美。"在这段提到的《红楼梦》相关知识中,"兴化"一词让人百思不得其解,因为按上下文意思,它与芙蓉、牡丹、曼陀罗并列,应该是一种花名,但哪有花名叫"兴化"呢？再回过头去看看《红楼梦》原著,大观园群芳中,第一个抽花名的是探春,她抽的正是杏花,与"兴化"字音相似,估计又是拼音输入法出的错,把"杏花"错输成"兴化"了。

再多说几句。在百度查询相关新闻时,发现有一则跟本文相似的新闻,说有某企业根据《红楼梦》第六十三回,众人在行酒令时所抽中花名签的灵感,通过芙蓉、牡丹、兴化、曼陀罗来诠释大观园中的群芳。不同的是,这家企业用的是瓷器,而本篇新闻用的是丝绸。但这一段话是一模一样,估计是企业在写新闻通稿时借鉴了,所以记者在写稿时,也没注意,一并照搬了。可见,记者和编辑都不能太轻信新闻通稿,应该要认真核查文中的细节。

一条"班歌新闻"，两个常识错误

2016 年 6 月 24 日 A16 版，《23 个班级 23 首班歌 都是师生原创》是条不错的新闻，报道开场写得形象生动："下午 3 点多，正是放学时间，长阳小学门口，接孩子的家长，只要一听到校园里传来的歌声，就知道是不是自己的孩子来了。因为，孩子们唱的都是自己班的班歌。23 个班就是 23 首不同的班歌……"这所学校的班歌成为家长识别孩子的标识，用歌声来区分不同班级的学生，多么富有创意，这在杭州的中小学里并不多见。但这条新闻也有两个显而易见的常识错误。

首先，班歌与校歌不能混为一谈。新闻的副题《学生们很自豪 每天放学唱着校歌出门》，文内写道："23 首校歌，装订在一起，厚厚一本长阳班歌集。细听每一首歌，各年级、各个班级都有不同的风采。"新闻的两处又出现了"校歌"，把"校歌"与"班歌"混为一谈。仔细琢磨"班歌"与"校歌"真有区别，一所学校一般只有一首校歌，供校内师生传唱，班歌用于班级学生传唱。加上新闻的亮点也在该校"23 个班级 23 首班歌"，因此，这两处地方还是应该用班歌替代校歌，使新闻读来更加顺畅，更加清楚明白。

其次，足球赛事双方国歌都会奏。在说起班班有班歌的初衷时，报道引述了校长的一段话："我们学校有足球特色，经常开展班级联赛。我就想，国家队之间的足球赛事，取胜一方会奏国歌，那班级如果有班歌，表达孩子共同的期盼和梦想，不是也一样能奏响赛场吗？"但这段话里有个知识性错误。国家队之间的足球赛事，是在赛前奏双方国歌，而不是在取胜后赢的球队奏国歌。国歌代表一个国家，奏国歌意味着代表国家出战，因此像世界杯、欧洲杯、亚洲杯、美洲杯等大型足球赛事，甚至是国家队之间的友谊赛，都会在两队比赛前奏双方国歌，这也是对各国的尊重。当时正在法国举行的欧洲杯足球赛，就遵循着这样的惯例，两支国家队的球员入场后，按照抽签决定的主客队，先奏客队国歌，再奏主队国歌。奏完国歌后双方球员握手致意，然后进行比赛。而在足球比赛结束后，无论哪队赢都不再奏国歌了。

　　虽然这个知识性错误是引述小学校长的一段话，作为音乐教师的校长显然不是球迷，对足球比赛的规则不了解是可以理解的。但作为报纸，这样的知识性错误是应该避免的。

是"汴梁",不是"卞梁"

2016 年 8 月 26 日 B1 版都市新闻,关于杭州话的报道趣味性很足,文字里谈到杭州方言形成的来龙去脉,提出"卞梁话"对杭州方言形成的影响。这里出现个问题,文内的"卞梁话"应该为"汴梁话"的笔误。

"汴"与"卞"的字义根本区别点为:汴梁为古地名,今河南省开封市,简称是汴,别称有汴梁、汴州、汴京等;卞一般是指卞姓。宋朝历史分为北宋和南宋两个时期,当年北宋皇朝南迁,大量人员来到杭州生活,有了两地包括语言在内的南、北文化大交融,开封都城南迁人员说的"汴梁话",与杭州当地市民说的方言,经过融合发展形成现在流行的杭州话。

如果理解为文内说的"卞梁话",似乎只是卞姓人氏所说的方言。汴为地名,指的是地域,"汴梁话"所指不仅为当年流行于开封都城的方言,而且对北宋的南迁人群也有所指。何况,开封的别称也没有"卞梁"一说,指正为"汴梁话"于字义和情理更加说得通。

"G20"与 20 国不可画等号

2016 年 9 月 23 日，A10 版《丹青绘国花 墨笔传盛情》的文内多处写道："G20 杭州峰会虽已闭幕，但有关 20 国的话题依旧受人们关注。""创作出了以 20 个峰会成员国的国花为素材的中国画作品，在这里同台绽放。""20 国国花并不是哪儿都有，他专程前往河南洛阳、北京世界花卉园等地进行写生、创作。"这里把"G20"表述为 20 国，显然是有些"直观"了。

"G20"是由 19 个国家，外加欧盟（国际组织）组成的。因此"二十国集团"的表述是准确到位的，而"20 国国花"的表述就不准确了，从该新闻内容看也只是列举了 19 个国家的国花，"G20"与 20 国之间不能简单画等号。

报头农历日期问题当重视

2017 年 6 月 24 日，有 5 名读者来电话指出，当天报头的日期"2017 年 6 月 24 日 星期六 农历丁酉年五月三十"有差错，其中的农历日子不是"五月三十"，是"六月初一"。

笔者查了万年历，2017 年农历五月为小月，为 29 天，没有五月三十，五月廿九后一天即为六月初一。现在社会生活表示日期用的是公历，一年 12 个月大、小月份固定，大月 31 天，小月 30 天，平月 2 月份有的年份为 28 天、有的为 29 天，有规律可循，从上一天往下推日期不会出差。但中国传统的农历（阴历）算法与公历有较大区别，农历按天文历法的推算，每一个月亮圆缺为一个月，故农历也有大小月之分，大月为 30 天，小月 29 天，加上闰年每年多出的天数设置为闰月，每年的大小月还不固定，情况有点特殊。因此，农历中连续两个月是大月或是小月的事是常有的，甚至还出现过如 1990 年三、四月是小月，九、十、十一、十二连续四个月是大月的罕见特例。如果按公历日期那样顺推弄不好就会出错。

2017 年农历五月一个月亮圆缺为 29 天，故这月没有农历五月三十。2017 年共有 384 天，含 6 个小月和 7 个大月。小月为一、三、五、六、七、九，大月为二、四、六、八、十、十一、十二。闰六月。上一次出现这样的情况是 2014 年的农历马年。2017 年之后再次出现这样的情况是 2020 年的农历鼠年。

报头上出现的这个农历日期细节问题被多位读者关注，恐怕还有农历与一年二十四节气紧密相连，与一年中时令、气候、物候等方面变化规律形成了知识体系相关。从这个意义上说，媒体要重视读者指出的农历日期准确性问题，好多市民读者有从媒体上了解当天农历日期的习惯，刊登错了就会有误导。

文字

织一张
防错之"网"

在报纸出现的差错中，除政治性、事实性、知识性差错外，大多数是文字性差错。从审读报告中分析，这些文字差错，有些是用词搭配不当，导致语病；有些是粗心导致的多字、漏字；有些是"的地得"用法、数字用法、标点符号错误；更要指出的，是拼音输入导致的同音字差错，因为这类差错还时不时地出现，成为文字差错中较难啃的"硬骨头"。用拼音输入法打字虽然易学且智能，但重码率高，选字、选词极易出现同音字差错，如形势（形式）、权利（全力）、调节（调解）等。这些字词极易"鱼目混珠"，稍不留神就"李逵"错为"李鬼"了。

对于文字性差错，有人不以为意。"常在河边走，难免不湿鞋"，一两个错别字有什么大不了？其实不然。作为一家打造全国一流、最有品位的新型城市党报，即使是一字一词甚至一个标点的差错，也会影响到报道的权威、准确，也会影响到报纸在读者心目中的形象，因此，对差错"零容忍"，追求"零差错"，应该是每位从业者的共识。

报纸出版环环相扣。虽然校对肩负着纠正差错的重要责任，但纠错绝不仅仅是校对的事，更要从制度上织就一张全方位的防错之"网"。记者要把好采写关，在遣词造句上多下功夫，对人名、地名、数字等事实仔细核实；编辑要把好优化关，从政策、常识、逻辑等方面入手，进一步提炼润色、规范用语、排除差错；检校要守住校对关，对差错类型、产生原因、查错纠错方法了然于胸，从而辨明是非正误，采用点性阅读的方式，一字一词灭瑕疵；"排版"与纠错的关系虽然相对较远，对文字差错也不负责任，但这个环节上的人员也应有纠错的意识，在实际工作中也确实有一些差错是被排版人员发现并排除的；"审读"也是防止差错的重要一环，通过审读员认真细致地阅读报纸，"挑刺捉虫"，找出各类差错，通过审读报告和差错扣罚制度，产生"举一反三"的效果。

报纸每天要出版，报人每天都要跟语言文字打交道，防错这根弦时刻不能松懈。织一张防错之"网"，把差错"滤"出来，报纸就更能赢得读者的信赖。

新闻报道要讲究语法避免语病

在审读中经常发现有多篇新闻报道中的句子存在语病。这些语病有的与多字、漏字有关，有的与标点符号有关，还有的与逻辑性有关。虽然报道中的意思能看懂，但这些语病还是有碍报道的准确性表达和读者的阅读体验。举例如下。

一、多字、漏字导致语病

1.2014年11月24日6版区县（市）新闻图片报道《为爱》："这件事给了小葛姑娘留下了深深的感触。"——"了"常用于表示动作或变化已经完成，在一个句子里用两个"了"，就显得重复、多余了，前面一个"了"字应删除。

2.2014年11月25日A16版旅游新闻《天气转凉 你该喝什么茶？》："内行人都知道湖南的安化实验茶厂，可是一家有着百年茶厂……"——"一家有着百年茶厂"不通顺，应该修改为"一家有着百年历史的茶厂"或"一家百年茶厂"。

二、标点符号用错导致语病

2014年11月25日A15版杭州湾新闻《探探安吉郎村的畲族风情》："来自长三角各地的游客纷纷自驾到郎村体验畲族风情，观看畲族人祭祖；斗牛；放竹排；跳迎宾舞；对山歌、娶新娘。"——并列词语之间只能用顿号和逗号，不能用分号，文中的多处分号用得不恰当，用逗号即可。

三、逻辑性错误导致语病

2014年11月29日11版体育新闻《学校对外开放场地持续升温》："记者在杭州天目山路上的保俶塔实验学校、文三街小学、大关中学、杭师大附属小学、采荷中学等学校看到……"——"保俶塔实验学校"是在天目山路上，但其他学校可不在这条路上，用定语"杭州天目山路上的"来"管"所有学校，就产生逻辑性错误，导致语病了。

　　新闻报道也是语言的艺术，要讲语法，不能以"意思能看懂就行"而降低要求。在写作中，如果感觉句子有问题，哪怕只是稍有不顺或拗口，都要进行斟酌、推敲、修改，才能让报道更完美。

下笔随意导致语病问题

此前,审读报告曾指出我们的新闻报道中有较多的语病和逻辑上的错误瑕疵,从 2014 年的报道来看,类似的错误仍比较多。主要原因大概是写作时比较急,再加上过于注重口语化,因此下笔就比较随意。比如,2014 年 8 月 4 日 8 版都市·热线新闻《暴雨暴露"短板",是最好的补漏机会》:"据富女士说,有很多积水的车子,把路都堵住了。"其中"积水的车子"语义不明,应该是"熄火的车子",或是"停在积水里的车子"。

2014 年 8 月 9 日 6 版热线新闻《提防啊!变本加厉的传销!》:"有些受害人还被迫缴纳'生活费''加盟费'等,所以不少传销人员往往构成抢劫罪。"后面一句应该是"所以不少传销人员往往因此构成抢劫罪"。

2014 年 8 月 10 日 4 版体育·文化新闻《2500 名"泳者"勇渡钱塘江》:"这样的盛况,一直持续到 1994 年,钱塘江两岸因修筑抗咸工程而中断。"实际上,并不是钱塘江两岸中断,而是"横渡钱塘江"活动因钱塘江两岸修筑抗咸工程而中断。因此,这一句话应改成"这样的盛况,一下持续到 1994 年,因钱塘江两岸修筑抗咸工程而中断"。

2014 年 11 月 24 日 5 版区县(市)新闻《山核桃迎来"机剥"时代》:"本次大会上,大家关注最多的如何向高科技要效益。"——"大家关注最多的"与"如何向高科技要效益"之间少了个"是"字来连接,读着就很别扭。

2014 年 11 月 27 日 A15 旅游新闻《杭州评出第三批星级茶楼》:"近日,杭州市第三批星级茶楼评比产生,共评出湖畔居茶楼、你我茶燕茶馆等五星级茶楼 6 家、紫艺阁茶坊、陶陶居花园茶楼等四星级茶楼 15 家、虎跑钦源堂、临安润古轩等三星级茶楼 21 家、郭庄茶馆等二星级茶楼 1 家。"——这段文字一"顿"到底,标点符号用错。在并列成分中又有另一层次的并列成分时,不能都用顿号,而要用逗号来区隔。因此,在"五星级茶楼 6 家""四星级茶楼 15 家""三星级茶楼 21 家"之后的顿号,应修改为逗号,以示另一个层次的停顿。

应避免逻辑语言差错

在新闻报道的语言表达中，概念不清、语义不明、自相矛盾、推理失当等，其实都与逻辑有关。审读中发现了几处此类差错，应引起重视。

2013 年 8 月 31 日 4 版都市·热线新闻《白堤、湖滨夜景提升工程明天启动》中说道："湖滨南线进行灯光改造的区域从圣塘景区至长桥公园，全长约 5 公里，也就是大家熟悉的一公园到六公园。"这段话里在概念上有逻辑错误，"一公园到六公园"只是"圣塘景区至长桥公园"的一部分，如果用"也就是"，就把一部分与整体画上了等号，就变成"以偏概全"了。

2013 年 9 月 1 日 3 版都市·热线新闻《西湖城管推行"阳光调解"机制》，报道城管参与调解邻里纠纷，但报道中把自行车搬到 15 楼公共通道上的人，前面说是"毛先生"，后面却说是"刘先生"，前后矛盾。在第一个小标题下是这样说的："今年 5 月份，毛先生喜气洋洋搬进小区某幢 1501 室，而先前入住的 1503 室刘先生出于安全考虑，在门前通道安装了一扇防盗门，占用公共通道约 1 平方米。毛先生认为刘先生无权占用公共通道，多次向物业反映要求对方拆除。而刘先生表示可以'牺牲'防盗门，但坚决要求毛先生不许把自行车摆到公共通道上。"在第二小标题下："刘先生一定要把自行车放到 15 楼的公共通道上，是因为楼下自行车库没有防盗门，经常发生盗窃事件！"此处的"刘先生"应该是"毛先生"，否则人物对应关系就混乱了。

2013 年 9 月 2 日 10 版健康·教育新闻《身强体壮的你，也有可能指甲营养不良》："一般而言，半月痕的数量，双手要有 8—10 个为好，半月痕占整个指甲的 1/5 是最佳状态。指甲半月痕太大或数量过多的人容易发生高血压、甲亢、中风……"这段话里也有逻辑推理问题。人的双手只有 10 根手指，半月痕 8—10 个为好，意思是指手指上都应该有半月痕，那"数量过多"又怎么个多法？

因此，新闻报道也要注意避免逻辑语言差错，因为概念不明确就会用词失当，判断失误就会出现病句，推理不合逻辑规则就会使报道失去说服力。

有去美国的高速动车吗？

报道中经常会看到写作中的语病或是逻辑上的错误瑕疵，需要我们的记者编辑细心再细心。比如以下几处：

2014 年 7 月 23 日 A10 版杭州湾新闻《凌晨 2 点排队，最终也只能买黄牛票 舟山东极岛：船票都去哪儿了？》："发生这样的事，我们也非常歉意……"其中"我们也非常歉意"缺少谓语，应该改成"发生这样的事，我们也非常抱歉……"或者"发生这样的事，我们也非常有歉意……"

2014 年 7 月 24 日 A15 版旅游新闻·行走《"私旅行"渐受欢迎》："爱吃水果，钟情美容的女士则去果园采摘蓝莓、桃子等水果，还到老乡养的蜂园品尝野蜂蜜……"其中"养的蜂园"逻辑不通，养的是蜜蜂，蜂园应该是开办的。

2014 年 7 月 29 日 B6 版文化新闻《因为你，这些爱心图书正一路向西奔向那曲的孩子们》："有的同学在去美国的高速动车上用支付宝捐款……"其中"去美国的高速动车"有些不合情理，目前应该还没有去美国的高速动车。

2013 年 10 月 14 日 16 版教育新闻《和杭师大学生分享"诺贝尔"成功之路》，有些句子不通顺，读起来很吃力。句子 1："马歇尔：年轻人要有一颗好奇的心，这对科研很重要，他做过医师、化学、生理学、医学等，拥有一颗好奇心可以让人涉足科学的多方面。""做过医师"后面一般接职业构成并列关系，但出现的是学科，与"做过"不能搭配；句子 2："马歇尔说，就算研究学者有了一系列的科学成就之后，却没有得到很大的回报，这也是他们没有太大的兴趣在科学研究的原因。""就算"和"却"搭配，读得吃力，语意也不明确。"在科学研究"后面应加"上"或"在"直接改成"继续"，这句子读起来才顺畅。

每个国家都有自己的语言习惯，如句式、词语搭配、承启、词性等都是相对固定的。这就是平时我们听外国人说话听不太懂的主要原因。新闻写作要把报道方的语言习惯转换成汉语言的习惯，读者看新闻才不会拗口，才易理解。写这类新闻作品需要重视这个问题，最后编稿时更应重视这个问题。

文字差错,拼音输入"惹的祸"

经过多期审读和差错扣罚制度的实施,各版面上错别字差错明显减少。但有些文字差错,是由于拼音输入法导致的音同字不同,极易"鱼目混珠",值得注意。

如 2013 年 2 月 5 日 8 版财经·财富新闻上,就有两处具有共性的文字差错。《11000 年前我们的祖先就吃上了谷子》:"据考古发现,徐渭礼的墓周边几百米都没有别的墓了。显然,他选择了更为世俗和功力的风水术。""功力"应为"功利"。《蛇年春节银行优惠多 软硬营销两手都要抓》:"交行的沃德定制还可以提供给客户杭州丝绸、诸暨珍珠、青天石雕、海宁皮革等土特产。""青天石雕"应为"青田石雕"。

又如 2013 年 4 月 26 日 C1 版品周刊《杭州餐饮五月"多国杀"》,"尽在咫尺的武林路和湖滨",其中,"尽在咫尺"应为"近在咫尺"。2013 年 4 月 30 日 2 版第九届中国国际动漫节特刊《动漫,让梦飞扬》:"培育了一批有动漫情节和梦想追求的市民。"其中,"情节"应为"情结"。2013 年 4 月 30 日 8 版体育·文娱新闻《于晓丹的纽约香色行》,"几个小时候 Miru 收工",其中"几个小时候"应为"几个小时后"。

分析这些文字差错,均为音同,字(词)不同,可以肯定是拼音输入法"惹的祸"。以前记者写稿用五笔多,难学,但错别字相对较少。现在很多记者是用拼音输入法,就出现了这样的新情况。拼音输入易学且智能,支持大量词组甚至短句输入,但缺点是重码率高,写稿匆忙时选字、选词易出错。据杭报检校室反映,近年来这类文字差错有增多趋势,举些例子(括号内为正确):杭州海地世界(杭州海底世界)、吓得不清(吓得不轻)、社会时间(社会实践)、到会知道(到会指导)、基础实施(基础设施)、派出经历(派出警力)等。这类文字差错就像"真假孙悟空",极易"蒙混过关",一不小心就会疏漏。

面对这一新课题,最好的解决办法仍是"认真"两字。建议采用拼音输入法的记者写稿时更仔细些,编辑及校对也要多个心眼,把关防错。

遣词造句不能马虎

新闻面向大众，新闻语言宜平实通顺，遣词造句不能马虎，尽可能使语言准确、简洁、生动。其中准确，就是要恰当地反映客观事物，用词造句要合乎事理逻辑；简洁，就是简单干净、明白，以最少的文字表达丰富的内容；生动，就是语言活泼优美，有形象感和新鲜感。

2013年12月24日B1版都市新闻《武林商圈运河广场晚上将有新变化》中，有几句话读起来很不通顺。文内第2段："这几天，行驶在上塘高架往北开……"其中的"行驶"与"开"是同一个意思，搭配在一起不妥，可以改为"往北行驶在上塘高架上"或是"在上塘高架上往北开"。第9段："夜间的白马大厦、华浙广场和新世纪大厦会用暖白色光被勾勒起来……"被动句式用在这里很别扭，可以改成"夜间的白马大厦、华浙广场和新世纪大厦会被暖白色光勾勒起来……"这样更通顺。倒数第3段："第二个板块的亮灯改造，则位于运河广场附近及运河博物馆、拱墅区区政府大楼及区法院和检察院大楼。"最后一句话里有两个"及"，可以把第二个"及"改为顿号。另，句内"拱墅区区政府"改"拱墅区政府"。

除了准确、简洁、生动，遣词造句还要注意感情色彩。2014年5月1日3版第十届中国国际动漫节特刊《无论你对它了解与否 这都将是一场震慑感官神经的视觉盛宴》，标题中用的"震慑"一词不妥。据《现代汉语词典》："震慑：震动使害怕，如震慑敌人。"可见"震慑"对于所形容的事物来说带有贬义，而本文所报道的"COSPLAY（Costume Play 动漫真人秀）超级盛典总决赛"被称为"视觉盛宴"，应该是正面的，并不会让人因震动而害怕，所以该标题中的"震慑"改为"震撼"或是"惊艳"等中性或褒义的词为好。

不仅是用词要注意，在句子中也要考虑语气。2014年5月4日8版都市·热线新闻《明天起，杭州"错峰限行"就要升级了 记者梳理热门问题，请交警部门来解答》第三小节标题"高峰各延半个小时有意思吗？"这是个反问句，带有比较明显的质疑语气，有些咄咄逼人的意味。而本文是一篇解释性的服务报道，标题语气还是应该平易近人为妥。

新闻语言力求准确

　　2014 年 3 月 31 日 15 版政协之声《杭城"防水排涝"如何着力?》,其中有一节说:"2013 年 10 月 7 日,受强台风'菲特'影响,杭州乌云压城,大雨磅礴。风雨又戏杭城。""磅礴"是(气势)盛大的意思,如气势磅礴,作动词时,是(气势)充满的意思,如磅礴宇内。而"滂沱"是形容雨下得很大的意思,如大雨滂沱。"大雨磅礴"应该改成"大雨滂沱"。

　　2014 年 4 月 7 日 4 版都市·热线新闻《明起 5 条公交线路调整》,全文共 300 多字,但有多处值得商榷。一是"票价每人次贰元伍角""票价每人次壹元伍角"的表述不够规范,应该表述成"票价每人次 2.5 元""票价每人次 1.5 元"为妥。二是关于这次公交线路的调整时间"自 4 月 8 日起"极易产生歧义。按该报道所述,至少 511 路和 344 路的调整时间是 4 月 10 日起,47 路的调整时间是 4 月 13 日起,而绝不是"自 4 月 8 日起"。三是 4 月 8 日新辟的 229 路公交线路,报道没有将途经主要路段、停靠站头和首末班车时间等重要信息告诉读者也是不足。

　　2014 年 3 月 20 日头版《中国美院阅卷进行时》的图片新闻,文字说明"昨日,中国美术学院第三轮阅卷以'背靠背'双向可流动方式给 7 万多名考生约 23 万份试卷进行评分。评分将于今日结束,4 月 10 日发放成绩……"中的"发放成绩"属于搭配不当。"发放"作为动词,是(政府、机构等)把钱或物资等发给需要的人的意思,如:发放贷款,发放救济粮等。而"发布"也是动词,是宣布(命令、指示、新闻等)的意思,如:发布通缉令,发布大风降温消息等。因此,该图片文字说明中"发放成绩",可以加个"单"字,改成"发放成绩单",或者改成"发布成绩"或"公布成绩",这样表述比较准确。

别让读者绕语言圈圈

　　读报本来是件轻松的事情，因为报道会通过直白的方式、流畅的语言告诉你新闻事实。但如果报道里出现语义矛盾，让读者阅读时绕圈圈，看不明白，这就不轻松了。

　　2013 年 7 月 2 日 B5 版文体·娱乐新闻《迪图瓦：我的心现在是跟王羽佳在一起的》，关于王羽佳的语言问题，就让人看不懂。报道说，"昨天的记者见面会上，夏尔·迪图瓦不惜用最美的语句夸奖王羽佳，而王羽佳，虽然从小就去国外，汉语跟英国一样流利，但偶尔也有'磕巴'的时候"，从这里看，此处的"英国"是否应该是"英语"？意思是说她的汉语虽然流利，跟英语一样流利，但偶尔也会"磕巴"。但报道后面又说："这时她会头往迪图瓦这边一歪，问：怎么说？很自然地向后者'求助'。"王羽佳向迪图瓦"求助"，应该是英语不够流利吧？因为迪图瓦是"老外"，不懂汉语的。通过分析，应该是前面出现语义错误了。应该是"王羽佳，虽然从小就去国外，英语跟汉语一样流利，但偶尔也有'磕巴'的时候……"因为英语有"磕巴"而向迪图瓦"求助"，这样才说得通。

　　在新闻写作中，口语引用也容易产生语病。2013 年 7 月 4 日 A16 版热线·健康新闻《三伏天来了 "冬病夏治"要因人而异》："冬季易冻疮、四肢冰冷、畏寒，可以趁这个时节调理身体、改善体质。"其中"冬季易冻疮"应该改成"冬季易生冻疮"或"冬季易长冻疮"，这个动词不可少。2013 年 7 月 9 日 B3 版健康新闻《四个人中有一个是来看螨虫过敏的》："就是现在放暑假，不少孩子回农村老家玩，结果宠物上寄生了螨虫，导致交叉感染。"在这句话里，"回农村老家玩"与"结果宠物上寄生了螨虫"两句话之间并没有因果关系，应该是"就是现在放暑假，不少孩子回农村老家玩，（而农村老家的）宠物上寄生了螨虫，（孩子与宠物接触，）导致交叉感染"。可见，口语化的语言与书面语还是有差别的，作为口语化的新闻语言，在引用时也要仔细推敲与提炼，不能照搬口语，否则表达的意思会不准确，产生歧义。

广告篡改成语之风不可长

2014 年 4 月 17 日 B5 版软文广告《杭州洲际酒店菋·道特色餐厅 意大利美食节璀璨启幕》，其引题"浪漫风情 意尤菋尽"里出现篡改成语的情况，"意尤菋尽"应该是篡改成语"意犹未尽"而来。（其中"菋"是"味"的繁体字，今已不用。）

对于广告篡改成语的现象，长期以来有很多的争论。一些宽容者认为，用谐音或者用所谓的"篡改"成语手法当广告词，言简意赅，很容易被消费者记住；青少年能在学校学到正确成语，影响也不大。而更多的反对者认为，"默默无蚊""咳不容缓"之类用谐音篡改成语，已对学生的中文学习造成事实上的误导，给求学阶段的青少年学习、成长带来不良影响，同时篡改成语也是对传统文化的糟蹋。如果说第一个用谐音篡改成语或许是创意，但经年累月大量"复制"，也就不成为创意了，这不是广告发展的方向。

面对广告篡改成语现象，也引起了相关部门的高度重视。目前，北京、上海、浙江、江苏、江西、海南、重庆等省市均根据《国家通用语言文字法》，颁布了相应的地方性规定，对成语谐音的做法进行了规范。如 2007 年 4 月 1 日施行的《浙江省实施〈国家通用语言文字法〉办法》就明确规定，在广告中使用错别字、繁体字、异体字等不规范汉字和篡改成语的谐音字的行为都属于违法行为。

因此，本报刊登出现篡改成语的广告，有违相关规定，存在风险。同时，作为一张权威亲民的新型城市党报，也要自觉维护传统文化，广告篡改成语之风不可长。

成语和词组不能乱改乱用

成语和固定搭配的词组在使用时要注意其含义，不能乱用、套用。例如2015年2月4日B8版体育·房产新闻，《到底是不是真的？》："亚洲足球水平在世界层面的差强人意，这是不争的事实，连带着加入亚洲的澳大利亚，似乎也沾染了坏风水，世界杯成绩急剧直下。"文中的"差强人意"用错了。据《现代汉语词典》，"差强人意"指大体上还能使人满意，其中的"差"的意思是"稍微"。众所周知，亚洲足球水平在世界层面上是比较落后的，并不是"大体上还使人满意"，而且联系本文上下文来看，作者的意思也是说亚洲足球"让人不满意"，连累了澳大利亚，世界杯成绩急剧直下，所以这里的"差强人意"应该是用错了。

2015年2月6日B9版文化新闻，《浙江唯一传承人 用筼筜描绘杭州风光》："有一天，北京一位老师跟她谈起了筼筜，并告诉她一位筼筜名师刚刚从美国回来的消息。她怦然心动，要知道，这件只在古诗词里听过的乐器，她从少女时代便心向之。"文中"心向之"应是"心向往之"。"心向往之"是成语，出自《史记·孔子世家》："虽不能至，然心向往之。"意思是对某个人或事物心里很向往。作为成语，在使用时不应该随意删减或添加。

2015年2月9日11版热线新闻，《"愚公"移水，七年不弃》："自来水到老百姓的家里，至少要被二次、三次储存，水质受污染的可能性非常大，水压也捉襟见肘。"据《现代汉语词典》，"捉襟见肘"的意思是拉一拉衣襟，就露出臂肘，形容衣服破烂，比喻顾此失彼，穷于应付。"捉襟见肘"一般可用来比喻资金、物质条件，以及能力上的匮乏或欠缺，有时还指某件事物的不完善。而本文用它来形容"水压"就有些牵强了，其实直接表述成"水压不够"就可以了。

2015年2月10日B1版都市新闻，《一篇墓志铭深度探秘——"四面知府"洪起畏》："这一战后，朝廷风云突变，贾似道更是被贬后命丧黄泉。对于贾相的死，历史上一直众说风云。""众说风云"应该是成语"众说纷纭"，指人多嘴杂，说法各异，相互议论纷纷。成语有固定字词搭配，不能乱改。

不要使用繁体字异体字

在审读中，发现有使用繁体字、异体字的情况。按新闻出版有关规定，繁体字、异体字均属不规范汉字，应当禁止使用。

如 2013 年 11 月 29 日 A5 版专版《杏林春暖悬壶济世 大医精诚德双馨》，文中有几处提到"徵癥积""消癥""肾脏微癥积"等，其中"徵"为"征"的繁体字（注：宫商角徵羽的徵读 zhǐ，不简化），"癥"为"症"的繁体字。这些繁体字虽然在医学教学研究上可以使用，但在大众出版物上应该改为简化字。

又如 2013 年 11 月 25 日 16 版融媒体《看了城市通，你会觉得新闻也可以很好玩》，在"三名儿童扶摔倒老太反被诬陷"条目下，"东南风 258：证人的话不符合逻辑，感觉有疑点，证人的描述就是一个碰瓷经过，但实际老人确实粉碎性骨折……"其中，"碰瓷"应该是"碰瓷"。"瓷"是什么字？查找得知，它是糍（一种用糯米做成的食品，例如糍粑、糍团）的异体字。该字在 1955 年发布的《第一批异体字整理表》中，被列入淘汰的异体字。该字在《现代汉语词典》已不收录，在《新华词典》中作为备查的异体字列在糍字后面的括号里。

根据新闻出版规定，报纸、期刊、图书、音像制品等出版物必须使用规范汉字，禁止使用不规范汉字。根据《出版物汉字使用管理规定》，不规范汉字是指在《简化字总表》中被简化的繁体字；1986 年国家宣布废止的《第二次汉字简化方案（草案）》的简化字；在 1955 年发布的《第一批异体字整理表》中淘汰的异体字（后有 60 多个字恢复为规范字，"瓷"不在其列）；1977 年淘汰的计量单位旧译名用字；社会上出现的自造简体字以及 1965 年发布的《印刷通用汉字字形表》中淘汰的旧字形。

不过某些特殊情况下，仍可以保留或使用繁体字、异体字。《国家通用语言文字法》第十七条规定，有下列情形的，可以保留或使用繁体字、异体字：（一）文物古迹；（二）姓氏中的异体字；（三）书法、篆刻等艺术作品；（四）题词和招牌的手书字；（五）出版、教学、研究中需要使用的；（六）经国务院有关部门批准的特殊情况。

"蘭""餅""蕭""嶺"应为"兰""饼""萧""岭"

在出版物规范中,繁体字不能随便用,更不能在同一篇文章里,繁简混用。

2014 年 8 月 28 日 B10 版热点,《原先卖 450 万的房子,现在卖 350 万》中"精装修去奢从简每平方米能省千元"一节第 2 段,"绿城·兰上周末推出 42 套房源位于 9 号楼……"而在随后的文章中,可以知道这个楼盘的名称为"绿城·兰园",因为在本文中,"兰园"多次出现,但同时却有两处出现了繁体字"蘭园",按上下文意思,这个"蘭园"指的也是"兰园"

2014 年 11 月 26 日 B7 版《学农》一文第 1 段中说:"以前吴山还叫城隍山的时候,是多少孩子快乐的园地啊!有城隍庙、吴山酥油餅、大樟树,向右走到了十二生肖石……"文中"酥油餅"的"餅"是个繁体字,不应在报纸上出现,应改用其简体字"饼"。

2014 年 11 月 27 日 B6 版《重提朱家潽》第 5 段中说:"蕭山朱氏仅仅碑帖这一项捐献……"文中"蕭"是个繁体字,应改用简体字"萧"。

2014 年 12 月 24 日 A13 版旅游新闻,《2014 中国杭州大学生旅游节圆满落幕》一文,"创意赛事竞争激烈"一节第 4 段中说:"其中,来自台湾嶺东科技大学的刘思佳同学……"文中"嶺东科技大学"的"嶺"字是"岭"的繁体字,属于不规范用字,不应在报纸上出现,应改用其简体字"岭"。

另外,2013 年 11 月 25 日 5 版杭州湾新闻《德清游子文化节上联合开画展》,其游子文化节主题"情归故里、道昇德清"中的"昇",原来也是异体字,但在2013 年国务院新发布的《通用规范汉字表》中,有 45 个异体字调整为规范字,"昇"是其中之一,现在可以使用了。但在这篇报道里,既有"升",也有"昇",不统一。其实,作为人名的德清才女"管道升",可以用"管道昇"替代。

"的、地、得"用得准确也很重要

在新闻写作中，"的、地、得"这三个字是用得非常广泛的。作为连接文章中词与词、字与字之间的桥梁，用对"的、地、得"，让语句通顺、流畅，是很重要的。但这个最基础的问题在本报频频出现，"的、地、得"用得不准确的现象时常可见，值得引起重视。

如 2013 年 6 月 20 日 C1 版地产周刊《城西崛起的一座城和它倡导的"和"生活》："杭州鲜有大盘，更遑论做的出彩的大盘。"此处"做的出彩"应为"做得出彩"。2013 年 6 月 21 日 B2 版都市新闻《下周六，听朱仁民的传奇人生》："他把公益和自己的爱好、追求完美得融合在了一起。"此处"完美得融合在了一起"应为"完美地融合在了一起"。2013 年 6 月 23 日 12 版文娱·体育新闻《黄龙昨天"High"翻了》："防守上要求大家更加积极，压迫的更靠前。"此处"压迫的更靠前"应为"压迫得更靠前"。

可别小看了"的、地、得"。正因为"的、地、得"用得广泛，所以用得对、用得准，也是新闻写作的基本要求。"的、地、得"到底该如何正确使用？

"的"前面的词语一般用来修饰、限制"的"后面的事物，"的"后面跟的都是表示事物名称的词或词语，结构形式一般为：形容词（代词）＋的＋名词。如慈祥的老人、戴帽子的男孩、鸟的天堂、有趣的情节、团结友爱的集体、谁的橡皮、清清的河水等。

"地"前面的词语一般用来形容"地"后面的动作，说明"地"后面的动作怎么样，"地"后面跟的都是表示动作的词或词语，结构方式一般为：副词＋地＋动词。如高声地喊、拼命地逃、疯狂地咒骂、一次又一次地握手、斩钉截铁地说等。

"得"的前面多数是表示动作的词或词语，后面跟的都是形容事物状态的词或词语，一般用来补充说明"得"前面的动作怎么样，结构形式一般为：动词＋得＋副词。如走得很快、疼得直叫唤、红得发紫、气得双脚直跳、高兴得一蹦三尺高、理解得十分深刻、大得很等。

英文缩略词,应该做个注释

英文缩略词,是指英语的简化用词,以选取首字母等方式组成,用来代替复杂冗长的词组,如 GDP(Gross Domestic Product,国内生产总值)。随着国际文化交流日益频繁,英语中有大量的缩略词以其醒目、易记等特点,被汉语直接借用。翻开本报,这些缩略词也在各版报道中出现。有的缩略词经过多年使用,能够理解其意思,如 CPI(居民消费价格指数)、WTO(世界贸易组织)、CBD(中央商务区)等。但有些缩略词,如果不加以解释,是难以理解的。

如 2013 年 5 月 22 日 B7 版教育新闻《浙江大学和竺可桢要"进"太空了!》中,"MPC 正式发布了 80329 号公告,批复浙江大学星和竺可桢星……"这个"MPC"不知道是什么机构,文内没有注释。从文内推测,应该是国际小行星中心。2013 年 5 月 23 日 A6 版区县(市)·财经新闻《亲,来超市买奢侈品哦》:"Altagamma 近日发布报告称……"这个"Altagamma"也没有注释,相信大多数读者未必知道它指的是意大利顶级奢侈品协会。2013 年 5 月 23 日 B2 版封面《金隅田员外、江城府各领风骚》:"整个项目……由 21 栋经典 ART-DECO 建筑构成。"这个"ART-DECO"(艺术装饰风格,发源于法国,兴盛于美国,是世界建筑史上的一个重要的风格流派,ART-DECO 的特色就是大量运用了鲨鱼纹、斑马纹、曲折锯齿图形、阶梯图形、粗体与弯曲的曲线、放射状图样等来装饰)是什么意思? 估计除房产专业人士知道外,读者是难于理解的。2013 年 5 月 24 日 B1 版品周刊《抢占 APP》,对"APP""APP Store""O2O"也没有直接注释。

对于英文缩略词,曾经发生过央视不能说"NBA",而要说"美国职业篮球联赛"而引发的著名论战,正方、反方各执一词。2010 年,国家新闻出版总署曾下发通知,要求在汉语出版物中,禁止出现随意夹带使用英语单词或字母缩写等现象,如果要用外国语言文字,应当做必要的注释。总的来说,并不提倡过多使用英文缩略词,但在国际化进程中也难以避免。具体到新闻报道上,还是要考虑到英文缩略词的使用程度和读者的文化水平,最好能在文内首次出现时做个注释。或在缩略词后用括号注释,如 COSPLAY(动漫真人秀)、抗 UV(紫外线)伞等;或用文字表述的方式进行解释,帮助读者理解。

外来词语应该解释一下

2013 年 11 月 29 日 C3 版美食《赤坂亭:暖酒烤肉吃》,文中出现三处"放题",如"放题式的烤肉""烤肉放题""其他日料也采取放题的形式",让人有些看不懂。经查询,才知道"放题"是从日语中直译过来的,即"任点任吃"的意思,但与一般的自助还有不同之处。一般自助餐是将事先烹调好的食物陈列出来,客人想吃什么便拿什么,而"放题"的食物则是即点即做,先点好了然后厨师再进行烹制,保证食物的新鲜和原汁原味。像这样的外来词,读者比较陌生,应该加以说明。

2013 年 12 月 13 日 A13 版财经新闻《第十届中国国际动漫节产业博览会展位全球招商正式启动》:"让企业彼此找寻到一同奔向璀璨未来的 Mr. Right。""Mr. Right"是什么意思? 对于学过英语的人来说,可以拆分为"先生"和"对"或"正确",组合成"对先生",从而引申出"理想的合作伙伴"等意思,但对于英语不太好的人来说,就看不懂了。据网上查阅,"Mr. Right"是老外常用说法,尤其指女人在谈恋爱找对象时,在寻寻觅觅当中找对了真正适合自己的男人。"Mr. Right"直译过来是"对先生",也相当于我们常说的"真命天子""白马王子"。

2015 年 1 月 16 日 B10 版状态《这是一种前所未有的新感觉》,文中多处出现一个英文单词"Tesla",仔细一读,才知道它指的就是电动汽车"特斯拉"。Tesla 作为一款很火的电动汽车,早就有正式的约定俗成的中文译名"特斯拉",那么就应该直接用中文译名,不要用英文名称,即使要用,也要在文中加上注解。

在以前的审读报告中也提到,根据 2010 年国家新闻出版总署下发的《关于进一步规范出版物文字使用的通知》,在汉语出版物中,禁止出现随意夹带使用英文单词或字母缩写等外国语言文字;需要使用外国语言文字的,应当用国家通用语言文字做必要的注释。以上所举的一些例子都属于这样的情况,如果确实需要使用,应该做个解释。

外国城市译名是相对固定的

2014年1月22日B6版文化新闻《先生，陈桥驿》一文中说："陈桥驿数次赴日、美、加等国大学访问讲学，并被聘为日本关西大学、国立大坂大学、国立广岛大学客座教授。"其中的"大坂大学"错了，应该是"大阪大学"。大阪位于日本本州西部，为日本第二大城市，大阪府的首府。阪与坂同音，都念bǎn，意义也相同，但作为日本地名的"大阪"不能写为"大坂"。

2014年4月6日6版西湖副刊《在圣保罗遭遇抢劫》："在巴赛罗纳，我被偷去1000多欧元、相机等……"文中地名不准确，"巴赛罗纳"应为"巴塞罗那"。巴塞罗那（Barcelona）为西班牙第二大城市，是西班牙最大的港口和工业中心。"巴塞罗那"是广为人知的译名，从译名统一的角度来讲没有必要另起炉灶再翻译成"巴赛罗纳"。事实上，该文倒数第10段中说："我又想起巴塞罗那，小偷把我护照都偷走了……"这里的译名是准确的。

2014年6月19日B8版艺术典藏《叶培荣：用书画艺术传递中葡友谊》："首展在浙江省图书馆展出，而后又在葡萄牙玻尔图展出。"此处的"玻尔图"应为"波尔图"，此前文中出现多处，均为"波尔图"。

一般来说，国外比较重要的城市译名是约定俗成，相对固定的，至少在同一篇文章里，要保持一致。现在网络用词随意性很大，受此影响纸质正规出版物更要讲规范以体现权威与公信力。

数字用法有点儿乱

这篇消息的年月日用阿拉伯数字，那篇报道的年月日则用汉字数字；同一篇消息里，同样表示时间或数量，一会儿用阿拉伯数字，一会儿用汉字数字。这些情况在本报偶有出现，感觉在数字用法上有点儿乱，值得大家重视。

本报表述时间、年龄或数量等，基本上是用阿拉伯数字的，如"2013 年 4 月""20 年来""67 岁""1800 多万元"等。但 2013 年 4 月 5 日 4 版《武林界缅怀宗师蒋玉堃》，通篇年份用汉字数字，如"一九一三年""一九二六年""一九八一年十一月"，还有"七岁""十三岁""十七岁"及"六十多年来""第十三页"等，全部使用汉字数字。这与本报的通常用法不符。其实这些都是可以替换为阿拉伯数字来表述的。

混用的情况也有。如 2013 年 4 月 4 日 6 版《这个蓝领不简单，年薪 20 万》，绝大多数是用阿拉伯数字，但也出现"奖励总支出近四十万元"这样使用汉字数字的情况。2013 年 4 月 6 日 4 版《清明，送招娣远行》，混用就更典型，消息第 1 段："告别仪式定于上午十点举行，而在早上八点左右……"此处用的是汉字数字，而在第 2 段："北京时间 4 月 1 日 14 时 59 分，中国老女排队员、解放军总政治部宣传部副部长陈招娣，因肝癌晚期抢救无效，在北京逝世，年仅 58 岁。"此处用的却是阿拉伯数字。

一般来说，阿拉伯数字比汉字数字更具书写的简洁性和辨识的清晰性，要使表达时间或数量等方面更简洁醒目，应该使用阿拉伯数字。如果要突出庄重典雅的表达效果，则应使用汉字数字，如"十二届全国人大一次会议""三年行动"等。但在同一场合出现的数字，则应遵循"同类别同形式"的原则，不能混用。

这两个习惯用法是错误的

1."近（约）"与"余（多）"连用

在前面几期审读报告中，多次提及"近（约）"与"余（多）"不能连用的问题，但这类病句还是不时出现在新闻报道中。要避免这些错误，首先要思想上引起重视：这种习惯用法是错误的。

如 2013 年 3 月 5 日 16 版房产·3C 新闻《成交、预定回暖 改善型房源去化不断》："据统计，3 月份有近 50 余个楼盘将要开盘，购房者挑选的余地变大。""近 50 余个"不通，要么"近 50 个"，要么"50 余个"。2013 年 4 月 22 日 A9 版区县（市）新闻《西湖莼菜开摘啦》，"目前双浦镇莼菜种植区面积约 300 余亩"，这是不通的，要么"约 300 亩"，要么"300 余亩"。2013 年 4 月 23 日 A15 版教育新闻《一份有关大学生阅读现状的调研：阅读时间愈来愈少，经典书籍被冷落》。"每周有近 4 万多学生通过图书馆信息数据库进行图书借阅和浏览"，其中，"近 4 万多学生"也是不通的，要么"近 4 万"，要么"4 万多"。2013 年 5 月 9 日 A7 版财经新闻《投资 3000 多万元却办不出营业执照》："2012 年 6 月，金象影城入驻登云路 518 号，面积将近 4000 多平方米。""将近 4000 多平方米"不通，"近"与"多"不能连用。

2."几"与阿拉伯数字连用

2013 年 6 月 27 日 B5 版文娱新闻·融媒体《〈小时代〉，被宠坏？》："这种只排一个影片的时候其实有过，2002 年放《英雄》的时候，杭城就有影院如此操作，平均 10 几分钟放一场。"其中"10 几分钟"用得不规范，应改为"十几分钟"，因为"几"不能与阿拉伯数字连用。《出版物上数字用法》明确指出："含'几'的概数，应采用汉字数字。"并附示例"几千、二十几、一百几十、几万分之一"。

这些数字用法也要避免错误

1."一成"不能写为"1 成"

2014 年 2 月 27 日 B4 版文化新闻·融媒体《慢着,你的工资有涨那"1 成"吗?》,其中"1 成"的写法是错的,应为"一成"。

2014 年 7 月 29 日 A11 版消费新闻《萤火虫,七夕节"最残忍"的礼物?》:"他们提供萤火虫,景区提供场地,然后门票收益 37 分成,景区拿 7 成,他们拿 3 成。"这里的"37 分成""7 成""3 成",表述均是错误的,应该改为"三七分成""七成""三成"。

2014 年 7 月 30 日 B3 版热线新闻《面对网友的诚实,我们想说一句:倒在路上的美德,终归会被扶起来!》,其中第二个小标题"女儿发帖 400 网友热议 8 成网友加分,意见却有分歧",其中"8 成"应该是"八成"。

"成"表示十分之一。根据《出版物上数字用法的规定》,用"成"来表示百分比时,必须使用汉字数字,不可以用阿拉伯数字替代。

2.混搭的"4 千 3 百"

2014 年 11 月 11 日 B9 版倾听·人生《难忘宁夏川》一文,分别出现了"8 千""4 千""1 万 2""4 千 3 百""2 千 7""3 千""4 千"等阿拉伯数字与汉字数字混用的写法,按《出版物上数字用法的规定》的规定,"一般数值不能同时采用阿拉伯数字与汉字数字"。且附示例:"108 可以写作'一百零八',但不应写作'1 百零 8''一百 08'";"4000 可以写作'四千',但不能写作'4 千'"。

3.年龄界限不能重叠

2014 年 11 月 12 日 A8 版区县(市)新闻《可敬! 老父亲生前留下"助老·扶幼·创业"遗愿 可贵! 三兄弟出资 1200 万设尊老扶幼创业基金》:"每年春节,楼家发给 70—80 周岁老人 800 元/人,80—90 周岁 1000 元/人,90 周岁以上 1200 元/人。"这里的年龄界线有些模糊不清。比如 80 周岁老人究竟是享受 800 元还是 1000 元呢? 一般来说,划分年龄界线时,科学的表述不能重叠,应该是"70—79 周岁老人 800 元/人,80—89 周岁 1000 元/人,90 周岁及以上 1200 元/人",或者"70—80 周岁老人 800 元/人,81—90 周岁 1000 元/人,91 周岁以上 1200 元/人"。这样才科学严密,无懈可击。

注意：要使用法定计量单位

在新闻写作中，常常要用到计量单位，如表示长度的"厘米""米""千米（公里）"等；表示面积的"平方米""平方千米（平方公里）"等；表示体积的"立方米"；表示容积的"升"；表示质量的"克""千克""吨"等，这些都是法定计量单位。但也要注意到的是，本报新闻报道不时会出现使用非法定计量单位的情况。如2016年3月30日A10版消费新闻《本周春笋迎来白菜价》，全篇报道均使用"斤"这一计量单位，如"个头中等的春笋每斤售价5元""屏风街玄坛弄的李大姐拎着10斤春笋回家"等。其中的"斤"为非法定计量单位，应换算为法定计量单位"公斤"或"克""千克"。

可能有人会不解，老百姓买菜不都是用"斤"吗？确实，老百姓买菜是谈"斤"论"两"，但按《中华人民共和国计量法》及相关文件，"斤""两"并非法定计量单位，是要废除的市制单位，在新闻出版物中是不能使用的。那作为老百姓的常用语，是否连口语都要换算成"公斤"或"克""千克"呢？非也，在老百姓的口语里还是可以用的，即要用在双引号里。

说到计量单位这个话题，是因为2016年3月由杭州市质监局和文广新局组成的检查组就对《杭州日报》使用法定计量单位情况进行了抽查，查看了区县（市）新闻、热线新闻、杭州湾新闻等版面，发现以下问题：将"平方米"表达为"亩"、"千克"表达为"斤""担"、"立方米"表达为"吨"等错误形式，要求本报认真学习法律法规，举一反三进行整改。

因此，采编校各部门需要对计量单位进行再学习，在稿件中正确使用法定计量单位。为此本报也收集了一些在使用计量单位时应注意的情况，供参考：

1. 不使用市制单位，如丈、尺、寸、担、斤、两、钱、亩、斗等。但在文学作品中和引用历史资料时允许使用；2. 除公斤、公里、公顷外，不使用早已停用的"公字号"单位，如公尺、公分、公亩、公升、公方、公吨等，应相应换算为米、厘米、百平方米、升、立方米、吨等；3. 不使用英美制单位，如英寸、英尺、英里、平方英尺、立方英寸、英亩、夸脱、美吨、磅、盎司等。确有必要使用时，最好用括注形式，如50.8 cm（20英寸）。

报道用词不当较为常见

　　用词贴切增文采，会用生动的语言文字表情达意本是纸媒人的强项。但有读者指出，说读了 2016 年 1 月 28 日 B2 版刊登的《声泪俱下，八旬老母为何恳求法院判最宠爱的儿子搬家？》一文中称"儿子"为"刘师傅"感觉不舒服。一般人们把传授知识和技艺的人称为"师傅"，语意里有尊敬的含义。且看报道里"儿子"平日与八旬老母如何相处：王老太太说儿子迄今还一直"啃老"，一家三口的日常开销都是她出的。儿子不但不孝顺她，还要殴打、虐待她，儿媳妇也经常跟她吵。无奈之下，她只好将儿子一家告上法庭，让他们一家人搬走。报道里称这样的"儿子"为师傅，难道是让别人都学他啃老、虐待老人？这是用词不当。

　　虽然读者放大了这个报道中称呼"师傅"的意见，但是如果仔细推敲的确存在不妥之处。平时强调新闻报道用词贴切，就是要在几个可用的词中，选出最恰当、最得体的那个，把所要表达的意思恰如其分地表达出来。笔者留意了 2016 年的一些报道，用词意思表达不那么恰如其分的还较多见：

　　2016 年 1 月 27 日 B6 版《一样的"福"字 不一样的温度 笕桥白石社区送老人春联，也送遗照》的报道，内文："我们不仅送'福'字，还送遗照。"社区党委副书记翁女士，说出了一番与年前喜庆氛围有些格格不入的话……试想，社区里给老人拍几张照片，送上家门作为新年的关心，当七八十岁的老人收到这个称作"遗照"的照片会是什么心情？当然，个别老人可能对这看得开，感觉很平常，但是不是所有老人都这样想？何况在过年时这也有悖中国传统文化。作为新闻报道，这样的用词是不当的。

　　2016 年 4 月 8 日 A12 版区县（市）·经济新闻《到淳安品鱼问茶两相宜》一文开头："一到春天，喜欢出游的人就开始蠢蠢欲动，千岛湖也迎来了旅游的小旺季。"把游人出行，比作蠢蠢欲动，有些不妥。"蠢蠢欲动"是成语，出自南朝刘敬叔《异苑》卷一："掘得一黑物，无有首尾，形如数百斛舡（船），长达数丈，蠢蠢而动。"原是形容虫子蠕动的样子。后来用以形容敌人准备进犯或坏人准备捣乱等，多带有贬义。本文用蠢蠢欲动的近义词"跃跃欲试（中性词）"更为妥当。

年代表达不能随意

在审读中，发现多处关于年代的表述不伦不类，需要加以规范。如 2015 年 5 月 21 日 B9 版西湖副刊·专栏《收音机》："这就是 1988 年代的集体情绪，多么阳光健康向上。"年代表述，应是末位数为"0"的整数年，如"1980 年代"，指 1980 年至 1989 年这个时期。1988 年只是"1980 年代"中的一个年份，不能用在年代上。在同一个版面的另一篇文章《绝响》中："20 世纪六十年代中期，美国人飞抵月球，特意把德九带去太空。"这里的"20 世纪六十年代"，既有阿拉伯数字，又有汉字数字，欠规范。

年代，是将公元纪年的一个世纪，以连续 10 年为阶段进行划分的叫法，如 1980—1989 年，即为 20 世纪 80 年代。以往在表述年代时，通常使用"20 世纪 80 年代"。但进入 21 世纪后，翻译界发现英文著作采用"1960s""1980s"的方法指代 20 世纪 60 年代、80 年代，译为"1960 年代""1980 年代"，也简洁明了，不会产生歧义，因此逐步出现在翻译的著作中，进而在报刊杂志中使用开来。虽然对于这个表述方法，在汉语言文字学界还有些争论，但人们逐渐接受这样的表述，也是不争的事实。

而对于世纪、年代中数字的写法，原《出版物上数字用法的规定》（1995 年 12 月 13 日发布）说，"公历世纪、年代"都"要求使用阿拉伯数字"，且附示例"公元前 8 世纪""20 世纪 90 年代"。但新国家标准《出版物上数字用法》（2011 年 7 月 29 日发布）明确指出："如果要突出简洁醒目的表达效果，应使用阿拉伯数字；如果要突出庄重典雅的表达效果，应使用汉字数字。"即选用阿拉伯数字与汉字数字均可，并附示例"公元前 8 世纪（公元前八世纪）""20 世纪 80 年代（二十世纪八十年代）"。显而易见，原标准明显倾向于使用阿拉伯数字，而新标准不再强调这种倾向性。新标准虽然要求宽松，两者均可，但也要任选其一，不能随意并用。因为在数字的使用上，还要注意局部体例的统一，即世纪用阿拉伯数字，年代也要用阿拉伯数字，如"20 世纪 80 年代"。如果数字混用，正如上文提到的"20 世纪六十年代"或"20 世纪八十年代"，就不伦不类了。

"二"与"两"用法有区别

2013 年 6 月 4 日 A8 版财富新闻,《数据"打架"投资者迷茫 A 股失守 2300 点》,"二份近似调研样本,却得到截然相反结论的经济数据报告摆放在你的面前……"其中"二份"应该写成"两份"。

虽然"二"与"两"意思相同,但习惯用法有区别。《现代汉语词典》中对"二"的解释是:数目,一加一后所得。并且特别提醒,"二"和"两"用法上有分别。

1."两"一般用于量词和"半、千、万、亿"等数字前:如"两扇门、两本书、两匹马、两个半月、两千块钱"等。用作数字时只用"二",如"一、二、三、四""零点二(0.2)""三分之二"。序数也只用"二",如"第二""二哥"。在一般量词前用"两"不用"二"。

2.在传统的度量衡"两"前,要用"二",不能写"两两",其他的度量衡单位前"二"和"两"都能用,一般用"两",如"两吨、两公里"。

3.在多位数中,"百、十、个"位用"二",如"二百二十二"。"千、万、亿"的前面,"两"和"二"一般都可以用,但如"三万二千""两亿二千万","千"在"万、亿"后,以"二"为常用。

除了"二"和"两"外,意思相近的还有"俩"。其实"俩"字使用上比较好把握,它主要表示"两个"的意思,如:咱们俩、你们俩。用了"俩",后面就不能再加"个"字或其他量词。

标题中使用标点符号不能随意

此前的审读报告中曾指出过标题制作中的一些差错,本期要谈一谈的是标题制作中的另一个欠缺:标题中用标点太多,很随意。

仅以 2013 年 3 月 26 日为例。当日 B2 版《按风筝界"论资排辈"的说法:山东潍坊风筝是"角儿",杭州风筝只能算"票友" 当"角儿"遇上"票友",空中大PK 今明两天,白堤上风筝高手还将持续"西湖论剑",欢迎爱好者去挑战》,这个标题共用了 11 个标点符号,读起来拗口,看上去更累。即使不动标题,至少可省掉一个冒号(已经换行),两个引号(前面已标过引号),一个逗号。改成《按风筝界"论资排辈"的说法 山东潍坊风筝是"角儿",杭州风筝只能算"票友" 当角儿遇上票友,空中大 PK 今明两天白堤上风筝高手还将持续"西湖论剑",欢迎爱好者去挑战》

当日 A3 版《装了两组"减摇鳍",船的摇晃轻多了》,这则标题逗号可以不要,句间空半格。当日 A9 版《力拓:铁矿石价格预期将会回落》,这则标题是否可以不用冒号,改为《力拓预期铁矿石价格将会回落》。

版面标题和文章内容是有区别的,标题中标点符号能不用尽量不用。查找了相关资料,列出一些规范供大家参考:

1. 大标题一般不用标点,如果有疑问句、感叹句,句末的问号、叹号可用可不用,以不用为宜。

2. 标题有两句或两句以上的话,句子间可用标点,也可不用标点,如果不用标点,中间至少要空半格。

3. 标题是由几个并列的词或词组组成,词之间或词组之间用间隔号隔开,或者空开至少半个字距离。

4. 引题的句中一般不用标点,有时可用冒号、破折号之类的标点。

5. 副题的句末一般不用标点,前面有时可用破折号(常见于通讯、特写之类文体的标题),有时不用(常见于"消息"之类文体的标题中),如果小标题比较复杂,句间可用标点。

引号怎么用，看似简单实有讲究

引号怎么用，看上去简单，其实是有讲究的。审读中经常发现引号使用错误的现象，有的是粗心，有的可能根本没搞懂。比如双引号里再用双引号、引号末尾标点里外不分等现象。现就这两个问题再说一下，以引起大家重视。

双引号里该用单引号。双引号（""）里如果还有引用，还要用引号时，该用单引号（''）。这本来是很浅显的标点符号使用常识，但在 2013 年版面中，多次发现双引号里再套双引号这一不符合规范的用法。

如 2013 年 4 月 12 日 A5 版区县(市)新闻《半夜里大家慌兮兮 怎么处理才好呢？》："H7N9 禽流感与 SARS 不同，它的主要传染源是候鸟、禽类，迄今并没有发现人与人之间的传播，H7N9 不会重演"非典"疫情。只要大家勤洗手，室内勤通风换气……"其中，双引号里的"非典"应为单引号。

2013 年 4 月 15 日 3 版国际·区县(市)新闻《西湖区举办亲子登山赛》："从前，在灵山大坞盆地有一对种茶的贫寒老夫妻，他们有个孩子叫阿龙。有一天……在乌龙游弋过的地方，便形成了一条九曲十八弯的溪道。而九曲红梅的前身"九曲乌龙"由此得名……"在这段文字中，双引号里的"九曲乌龙"应为单引号。

引号末了标点里外有别。引号用来表示引用，那么引用完了，逗号、句号、问号等标点符号该用在引号里还是引号外？在审读中也常发现用错的。

如 2013 年 4 月 13 日 7 版实时新闻版《20 多个小时里发生了什么？》：邻居冯大姐说，"老冯平时人也蛮开心的，但就是喜欢喝酒，一喝醉就发脾气，乱扔东西"。这里是直接引用冯大姐的话，这段话结束时的句号应该放在引号里。

如何内外有别？也是有规范的：1.把引用的话独立来用（独立引用），末了标点应放在引号内。如：爱因斯坦说："想象力比知识更重要。"2.把引用的话作为作者的一部分（非独立引用），引文末尾不用标点。如："满招损，谦受益"这句格言流传到今天至少有两千年了。3.把引用的话作为作者的一部分（非独立引用），如在句末，标点放在引号之外。如：徐悲鸿笔下的马，正如有人所评论的那样"形神兼备，充满生机"。

并列引号或书名号间可不用顿号

在审读中发现,本报在标点符号用法上有一处可进行改进,那就是顿号的用法。在旧版《标点符号用法》(国家技术监督局 1995 年 12 月 13 日批准,1996 年 6 月 1 日起实施)中,规定"句子内部并列词语之间的停顿,用顿号"。但新版《标点符号用法》(国家质量监督检验检疫总局和国家标准化管理委员会 2011 年 12 月 30 日发布,2012 年 6 月 1 日起实施)中,对顿号的用法有更详细的规定,并提出"标有引号的并列成分之间、标有书名号的并列成分之间通常不用顿号。若有其他成分插在并列的引号之间或并列的书名号之间(如引语或书名号之后还有括注),宜用顿号"。

在本报的报道或文章中,对顿号的用法大多还是用的旧版《标点符号用法》。如 2013 年 10 月 15 日 1 版要闻《打造"四大规划"树立"服务型"部门形象》,报道市规划局改进作风:"打造'品质规划'、'阳光规划'、'廉洁规划'、'效能规划',深入开展党的群众路线教育实践活动。"2013 年 10 月 11 日 A15 版文化娱乐新闻《新经典文化小赢 译林出版社赢大了》,报道诺贝尔文学奖颁布后出版社的出书情况:"译林出版社……已签下其七部重要作品的版权,分别是《太多的欢乐》《快乐影子之舞》《憎恨、友谊、求爱、爱恋、婚姻》《少女们和妇人们的生活》《公开的秘密》《一个善良女子的爱》《爱的进程》,囊括了艾丽丝门罗(加拿大女作家,2013 年获诺贝尔文学奖)早中晚各个时期最具代表性的短篇小说作品。"按照新版《标点符号用法》,上述引号、书名号均为并列关系,可不用顿号。

对于新版《标点符号用法》,可能大家接触不多。在顿号的用法上沿用旧版用法也不能说错。但报纸是正规出版物,既然已有新版《标点符号用法》,我们应与时俱进。在顿号的新用法上,有关语言专家也举了些例子,可以帮助大家正确理解和使用。例 1:"日""月"构成"明"字。例 2:店里挂着"顾客就是上帝""质量就是生命"等横幅。例 3:《红楼梦》《三国演义》《西游记》《水浒传》是我国古典长篇小说的四大名著。例 4:李白的"白发三千丈"(《秋浦歌》)、"朝如青丝暮成雪"(《将进酒》)都是脍炙人口的诗句。

关于间隔号的两个话题

1.外国人名中的间隔号不能少

2013 年 9 月 12 日 A2 版要闻,《市领导会见坦桑尼亚客人》中"意大利旅行家马可波罗",应该为"马可·波罗",外国人名中间的那个点为间隔号,是不能少的。国家技术监督局 1995 年 12 月 13 日发布的《标点符号用法》规定:外国人和某些少数民族人名内各部分的分界,用间隔号标示。一般来说,外国人名译成中文后,前者为名,后者为姓,比如,马可·波罗就是姓波罗,名马可。

2."九一八"要不要用间隔号?

2014 年 9 月 18 日 A5 版国内新闻《纪念"九一八"寻找北大营》,在标题中出现的是没有间隔号的"九一八",但正文和照片的文字说明部分共 20 次出现有间隔号的"九·一八"。2014 年 9 月 19 日 A5 版国内新闻·专版《槌响警世钟》,标题、文内均为没有间隔号的"九一八"。前后两天报道,对用时间命名的历史事件,间隔号用法不统一。

那到底要不要用间隔号呢? 根据新版《出版物上数字用法》和《标点符号用法》,这里所有的"九·一八"均应将黑点间隔号删除,"九一八"间不用间隔号。根据有关规范,含有月日简称表示节日、纪念日、事件等的词组,在涉及 11 月、12 月和 1 月这三个月份时,应用间隔号将表示月和日的数字隔开,以避免产生歧义。如"一二·九运动"就需要用间隔号,表示事件日期为 12 月 9 日。如果不用间隔号,就可能理解成事件日期为 1 月 29 日。除了这三个月份外,涉及其余九个月份的,均不用间隔号。

词组的缩写有规矩

2016 年 11 月 17 日，B4 版的《浙江双雄，干得漂亮！》的小标题"稠州银行小老外沃伦终爆发 可惜两个技犯将停赛一场"；2016 年 10 月 28 日，B4 版的《杭州都市圈重大交通工程"水陆并进"》文内有：杭州绕城高速公路西复线（以下简称"杭州二绕"）湖州段、长湖申航道西延工程均获省发改委工可批复。同获省发改委工可批复的长湖申航道西延工程，起点位于湖州市安吉县……

以上两条新闻一个小标题里的"技犯"和另一个新闻文内的"工可"，两个词读起来感觉陌生，不太好理解是什么意思。对"技犯"的理解结合文内"不过，由于本场吃到了两次技术犯规，按规定沃伦将遭遇停赛一场"才明白，原来指的就是体育赛事中的犯规；"工可"一词文内没有完整的表述，笔者查找相关网站找到这个完整的"长湖申线航道西延工程可行性研究报告"，这里的"工可"是对"工程可行性研究报告"的缩写。

"技术犯规""工程可行性研究报告"这类专业性较强，且平时较少出现的句子、词组在标题或新闻内多次重复出现实在有些累人，于是作必要的句子成分压缩是必需的事情。但缩写有一定的讲究，需要掌握方法技巧，切不可"去掉句子或词组的修饰、限制和补充说明的成分"，否则会让读者弄不明白意思。如"五星红旗"最多可以缩写成"红旗"，而不能缩写成"五红"。而像"工程可行性研究报告"词组如果新闻里第一次完整出现并加以注释，后面再以缩写的"工可"替代，就不会那么令人费解了。

版式

让版面
洋溢美感

"巧笑倩兮，美目盼兮"（《诗经·卫风·硕人》）。就一张报纸而言，除了内容吸引人外，精心编排版面，充分运用标题、照片、图表、颜色、线条等各类视觉元素，让版面洋溢美感，无疑能吸引更多的读者。因为读者透过这样的版面，可以感受到报纸对新闻事件的态度和情感，也感受到报纸的特色和个性。

严谨、悦读是构成优秀版面的原则之一。在版面编排上，本报有较为成熟的版式，但在具体操作中也还有很多不尽如人意之处。如个别版面因为黑色打底，出现版面效果差、读者意见大的情况；有些文字编排不符合读者阅读习惯等。在这方面，既要整体审视版面效果，也要关注版面细节，以精益求精的态度做好每个版面，赢得读者的喜爱。

图文并茂是构成优秀版面的原则之二。随着时代的发展，新闻图片的作用和地位越来越突出，其所占据的版面位置也越来越大。报纸对照片的安排恰当与否，对版面的美观程度以及版面的视觉中心也有直接影响。正如一位学者对版面中照片作用的形容："犹如一间屋子里挂了一幅画，它的美感决不限于画框之内，而是可以使得整间屋子都洋溢着美的情调。"但从审读看，本报仍缺好的照片，在照片处理、文字说明等方面也还有不足之处，这需要大家形成"一图胜千言"的意识，更重视照片的视觉效果，更好地发挥照片的独特作用。

而对于不能用照片来呈现的内容，采用新闻图示、图表、地图、漫画等形式，以最少的笔墨和最小的篇幅给读者更多的信息，也越来越多地运用到版面上。从审读看，在图表制作中文图不符差错较多；在地图制作上也要重视细节问题；从扮靓版面的角度看，应更多地运用图表、地图等新闻呈现形式，让报纸更出彩。

一个好的版面不仅能使读者很顺利地读下去，而且能根据报道或文章的不同特点，通过标题、图片、色彩等创造优美的形式，形成特定的气氛，从而激发读者的美感情绪，使读者饶有兴味地阅读内容。让版面充满美感，让读者悦读，这也正是我们的追求。

排版要符合读者阅读习惯

报纸排版是在有限的版面空间里，按照读者的阅读习惯，把各类新闻信息通过视觉形式表达出来。如果不符合读者的阅读习惯，读着就很别扭。在审读中，就发现有多处的排版不符合阅读习惯。

如 2014 年 1 月 10 日 A7 版区县(市)新闻头条《彭埠民间收藏家要"转型升级"》，整篇报道安排在左上部，但在大标题下，记者、通讯员署名及导语部分排在大标题下的右部，正文 A、B、C、D 等 4 个小节排在大标题下的左部，这等于说看了大标题后，是跳过记者署名和导语，直接奔着正文去的，而要看作者和报道的导语，把眼光先移到右边去找，这不符合"从上到下，从左至右"的阅读习惯。在同日 C5 版味道中，也出现这样的情况，在《杭州酒家：让杭州人的味觉回家》一文下，记者署名倒是排在左边，但记者下方却是杭州酒家厨师长讲述怎么过大年的文章，报道杭州酒家的正文被排在了当中还有一列图片的右边，这也是不符合阅读习惯的。如果正文排在标题下左部，作为报道补充的"怎么过大年"排在右部，也即顺序颠倒一下，就好了。

不尽如人意的排版还有：2014 年 1 月 9 日 B1 版都市新闻《下月底杭州有望建成第一个"婴儿安全岛"》，大标题下，是记者署名和导语部分，下方紧跟着的却是图片和微议《迎新的态度》，报道的后续部分被排到右边，与导语隔开来了。2014 年 1 月 9 日 B6 版动漫之都·产业《在老城区醇厚的文化土壤中播下崭新的种子》一文，标题竖排在最左边，而记者署名及导语部分被排在隔了两张图片的最右边，距离有点"遥远"。

报纸排版不仅是要方便读者阅读，而且还要吸引读者阅读。如今电脑排版方便快捷，创新排版方式也可以美化版面，但万变不离其宗，排列组合还是要遵循读者"从上到下、从左至右"的阅读习惯。如果看了上文找不着下文，或者是找文章的开头都很困难，这不是创新，而是添堵。

这个版面太花缺少最后协调

2013年9月6日A6版区县（市）新闻，这个版面太花了，五颜六色，而且都撞色，看上去眼花缭乱。这个版是由上下两个半版组成，上半版为江干区的专版，报道九堡镇的教育事业。看得出记者编辑花了不少心思，还配了图，但问题是色块多了些，且不统一。如果前言的橙色底不用要好些。

下半版的问题是把一张大图做了底，上面压了报道全文和一张小图，较花，阅读较累。

更大的问题是这两个半版组合成一个版后，色彩纷乱，很不协调，缺少一个整体的调整。

这类问题在平时的杭报上也经常出现，上下两个版分别由不同的编辑分头做，分开看还可以，组合在一起就不协调了。此类问题应该引起重视，尤其是美编，对整个版面、甚至整张报纸的色彩和风格都要进行协调。

版面配图勿"喧宾夺主"

2013年新闻版面配图较前有所增加,美化了版面。但同时有的新闻版面漫画、题图、插图搞得过多过大,占去好大版面,也弱化了版面信息量。

如2013年5月15日A7版财富新闻,插图、题图、配图搞得很大,加到一起占去近两个通栏面积,版面信息相对减少。同天报纸健康新闻、实时新闻,所用图片占去版面也是过大。一切形式必须服从于内容,新闻版面应注意增加信息量。我们提倡版面用图要适当恰当,把图搞得过多过大"喧宾夺主"不足取。

版面编排的两处缺憾

2013 年 5 月 10 日 B7 版 3C 新闻,把阿里巴巴集体婚礼报道作为版面的"边角料"来处理,觉得实在可惜。虽然阿里巴巴集体婚礼年年搞,算不上大新闻,但这届集体婚礼马云到场主持,新人排成的"I LOVE U"队形也颇为壮观,两张图片也拍得不错。应该处理得大一些,醒目一些,既吸引读者的目光,也为版面添彩。反观紧邻的介绍一款手写平板的软文《朱德庸与 GALAXY Note 8.0 的北京创写展》,一张朱德庸的宣传照片处理得太大,给人的感觉是新闻让位于软文。

2013 年 5 月 11 日 8 版文化新闻,"艺经"之"藏品故事"——《唐卡!关云长?》在版面编排上有点小缺憾。阅读时,从标题到正文,看了一大段也不知这位收藏家何鸿是何方神圣,结果在左下角找到了"藏家档案",对何鸿作了介绍,原来他是中国美院副教授,藏品众多。"藏家档案"还说:"而这回我们来看的,是他的一组离我们更遥远的藏品,唐卡。"实际上,"藏家档案"具有导读、指引的作用,因此在版面安排上,应放在文章之前,这样就没有阅读障碍了。

版面效果差　读者意见大

　　报纸版面是做给读者看的，但如果文字模糊，阅读困难，就给读者添了麻烦，版面也失去了其传播意义。

　　2014年8月14日B5版专版《2014大绳的希冀（第三届）——中美学子·大漠护绿大型社会实践活动纪实》，从版面设计来看，结构优美，题图照片很有气势，版内照片也搭配得当，但由于版面绝大部分采用了黑色底纹，加上红色标题、白色字体，这三者放到一块，不仅整个版面给人的感觉十分压抑，而且内文白色字体在黑色底纹上模糊不清，阅读起来十分吃力，严重影响了版面效果。这个版面也受到了不少读者的批评。其中有位社会评报员说，戴老花眼镜看不清，让孩子读也非常吃力。他有点气愤地说："报纸是办给人看的，这样的设计，让阅读效果大打折扣。"

　　本报改版的版式规则特别要求，要树立"以悦读表现最具品位"的理念，这需要我们在平时工作中细细落实。对于用黑色、蓝色等深色底纹打底的版面，审读报告曾经多次提醒，别看大样、清样甚至净样打印出来效果很好，但印刷出来的效果远不是那么回事。建议编辑做版时，既要考虑到版面的美化，也要考虑到版面的效果，采取更恰当的处理手段，深色底纹尽量少用，避免文字模糊带来的阅读困难。

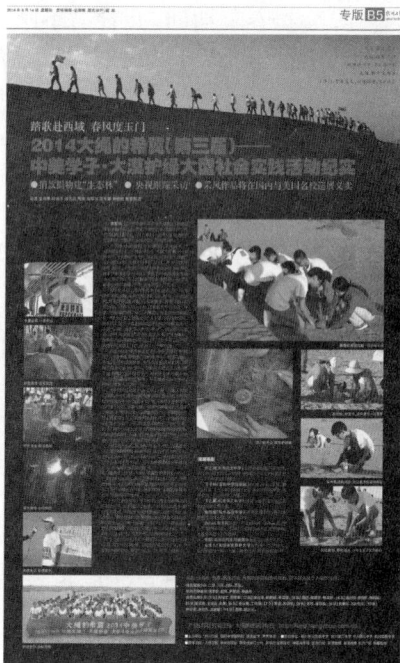

"春晚节目单"效果不理想

春节期间,看看冯小刚导演的春晚怎么样,无疑是个热门话题。正如有报道所说,虽然许多人对春晚并不感兴趣,但不看春晚却没有吐槽的资本,因此春晚的关注度还是很高的。2014年1月28日,马年春晚节目单出炉,各大媒体均作为重头新闻进行报道。本报1月29日A14版文化新闻推出了《马年春晚节目单终于公布》,对春晚最后一次联排作了报道,并邀请有关专家对节目内容进行了点评,如语言类节目少等。但本报刊登的"春晚节目单",效果却极不理想,留下遗憾。

这张"春晚节目单"是用照片的形式刊登的,由于照片缩成瘦长的一条,再加上原有的深红色底纹,节目单上的文字难以看清。这样的情况在此前的审读报告中多次提到过,如"版面应慎用重色彩的底纹,有时候电脑上看看蛮漂亮的,印到报纸上却模糊不清,不利于读者阅读","图表既要跟上改版后放大的字号,更要以读者阅读方便为标准"等。在这方面稍不留意,就会留下遗憾。当日版面如果把照片换成图表,把右侧一条没有时间性的"黄晓明"稿件推掉,把"春晚节目单"做大,效果会更好。

也对比了一下当日同城报纸的做法,《都市快报》《今日早报》《青年时报》均采用图表方式,节目字体为黑体,无彩色底纹,并通过箭头方式对节目进行解读和点评,春晚节目可谓一目了然,效果均比本报要好。

看漫画要配放大镜?

2013 年 2 月 24 日 4、9 版西湖副刊悦览版,联版选登日本漫画家安倍夜郎的漫画《深夜食堂》。印象中本报很少刊登长篇漫画。像《都市快报》曾经连载过朱德庸漫画《涩女郎》《双响炮》,《钱江晚报》每周日连载漫画《航海王》,都拥有部分读者群。这次本报是作为好书推介刊登漫画,也让人眼前一亮。

可惜的是,版面效果却较差。漫画选登了两集,每集为十页漫画,由于版面原因,每页漫画都按书本进行缩小,字体也相应缩得很小,导致阅读困难,有些文字实在太小,似乎要配上放大镜才看得清。像这类整页微缩的,应对漫画字体作单独处理,否则再好的内容读者也无法看。

版面分叠能否更科学？

杭报分叠印刷已有很长一段时间了，原来版面多，分叠也较清晰，房产是房产，城市周刊是城市周刊，品周刊是品周刊，自成一叠，翻阅也方便，但随着杭报的减版、缩版，现在的分叠有点凌乱了。

如 2013 年 3 月 27 日共 24 版，A 叠 16 版，B 叠 8 版，B 叠分报头是城市周刊，为 B1 至 B4，而 B5—B8 为文化·娱乐新闻、房产·体育新闻、倾听·沟通新闻、健康新闻，这些跟城市周刊是无关的。2013 年 3 月 28 日共 28 版，分 A、B、C 三叠，其中 C 叠分报头为地产周刊，为 C1 至 C5，C6—C8 为健康新闻·旺财超市、西湖副刊、汽车新闻，跟地产周刊是无关的。

分叠是厚报时代通过分类的方法出版的方式，既有利于整合报纸内容，也有利于报社合理安排排版时间和印刷厂安排印刷，读者阅读也更方便。但目前的分叠，分类并不清晰。虽然 B 叠、C 叠都设有分报头，但分报头有时并不能把后面的版都"管"住，往往有几个版与分报头是无关的且不一类的。而且分报头的格式也是不统一的。如都市新闻有导读，地产、品周刊无导读；版式也不一样，地产周刊一个版式，品周刊又是另一种版式。

分叠如何更科学？提出几点不成熟的建议：

1. 对报纸内容进行科学划分。按时政、都市、副刊专刊（周刊）等进行分类，把报纸各部分内容按逻辑联系归入各叠，做到条理清晰。

2. 统一分报头版式。分报头有利于突出相关内容，使报纸内更多重要内容跃然纸面，以免深藏内部而难以被发现。因此分报头也应强化导读功能。

3. 如果分报头不能把后面的版"管"住，可以在后面再设立分报头。比如设立一个文体的分报头？文化、娱乐、体育、副刊就能自成一体。

4. 分叠是个系统工程，关键是：既要科学设置，更要重视坚持。在排版表制定后，每天的排版不能太随意，要坚持按照分叠内容安排版面。否则一段时间后分叠又不成其分叠了。

竖排如何排？有规范的

在 2013 年的审读报告第一期中就指出 2013 年 1 月 29 日 A12 版"桑黄"专版差错：文章提要内容竖排"从左到右"，正确排法应该是"从右到左"。有人认为竖排汉字自右至左排列是古代汉字的规范，而不是现代竖排汉字的规范，事实上，只要是竖排汉字，无论古今，其规范都是自右至左排列，这个规范从来没有改变。

2013 年 2 月 16 日 8 版文化·娱乐新闻版又发现一个标题竖排差错：《"明年是真心不想做了"》，稿件在左侧头条下部，标题在左侧竖排，文字在右侧横排，但引题、主标题却是从右到左，看报时读起来就成为《"明年是真心不想做了"（主标题） 连续两年导演央视春晚明年会否继续 哈文回应网友——（引题）》，这同样是不规范的。

竖排文字向来是从右至左，就如古线装书上的文字，是从右到左阅读的。但 2013 年 4 月 9 日 A10 版健康·教育新闻《来来来 大家一起来洗手》，竖排文字、标题全部做反了。

讲究竖排标题和文字的排法，既是对中国古代语言文字规范的尊重和传承，也体现报人的古代汉语素养。切勿将随意使用当创新，否则会成为报业同行的笑柄，也会受到读者的批评。竖排文字、标题到底应该如何排？这在出版业是有规范的。竖排文字应从右到左，这个规范从来没有改变过。标题的做法：竖标题（引题、主标题、副标题）在正文左侧其顺序应从左到右，在正文右侧应从右到左。文包题的竖标题从左向右排。

关于文字竖排改横排的建议

在审读中，发现一处照片说明竖排文字格式错误：2015 年 1 月 26 日 8 版区县（市）新闻《摄影师老郑 8 年记录小候鸟》，最上面一张照片放在右侧的文字说明"2014 年 1 月 16 日，铁路杭州站的候车大厅，一位小男孩骑在奶奶的肩上嬉戏"为自左至右两行竖排，应该是从右至左。

除标题竖排有较规范的体例和可参照的样本外，本报对于版面中各类文字的竖排，如两行以上图片说明的竖排，专版中两行以上单列署名的竖排（如文/×××、摄/×××、图片提供/×××的次序），诗词格式的竖排等，到底应该怎么排，从审读报告最初几期抛出这一话题以来，一直存在不同看法。是从右至左？还是从左至右？如果按汉语言文字传统排版规范，譬如说书籍的出版，还是有规矩的。但时代也在发展，报纸电脑排版使格式变化可以"随心所欲"，按阅读习惯从左至右的竖排也在一些报刊中出现。正因为有这些不同的认识，加上本报在文字竖排上并没有详细具体的操作规范，怎么排完全看各中心版面编辑或拼版人员的喜好，从而导致"各自为政"，出现不同的竖排形式。

所谓"剪不断，理还乱"，那能否向国家级、省级大报去"取取经"呢？为此特意翻阅了一些大报，不想却有个惊人的发现：《人民日报》除标题保留竖排格式外，所有的图片说明文字均为横排；《新华每日电讯》《浙江日报》改得更彻底，标题、照片说明等全部横排。

看了这些大报的版面，本报能否也在版式格式上进行一些改革创新呢？如果全部横排，这涉及全部版式的改革，步子有点大，而且从目前看，标题竖排也解决了头版的一些实际问题，也可以让版面美化，呈现更多变化，不至于太呆板。因此提出建议：本报可向《人民日报》学习，除标题保留竖排外，版面中原来可以竖排的图片说明、专版中单列的署名等，均改为横排。这样也方便编辑、照排甚至校对的操作，消除"到底怎么排"的困惑。当然，这项改革需要有关部门进行具体的研究，拿出一套可行的方案，并对各个版面进行统一协调。

版面正文字体不能随意改

　　报纸正文使用什么字体，各报都有自己严格的规定。本报版面规则规定，除标题外，所有的见报稿件（包括副刊、专刊）的正文字体只有两种：报宋或楷体。其中采访手记、编后等言论以及新闻所附的背景、链接可以用楷体，其余正文一律用报宋。而这一规定往往为我们所忽视，报纸正文出现各种各样的字体。

　　2013 年 5 月 16 日 B8 版汽车新闻，《全新 JADE(杰德)"横空"来袭》一文的字号明显与其他新闻不一样，特别大。作为报纸上的新闻稿，正文字号应该统一。如果是广告软文，要突出效果，可以在标题、引言、摘要等其他部分做突出处理，但正文字号不应该搞特殊，应该与其他新闻稿一致。

　　2013 年 7 月 28 日 7 版《低矮灌木枯萎最严重　不可在大太阳下浇水》虽然挂着相关新闻的栏头，但它有独立的标题和报头，单独成篇，正文字体最好用报宋，不宜用楷体。2013 年 7 月 31 日 B12 版城市周刊《高温下的动人之美》正文用的字体是书宋，不符合规范。

　　2014 年 8 月 27 日 A11 版健康·教育新闻，关于"教育部将审定书法教育教材"的报道，新闻主体后面有个"新闻链接"——陈振濂和"蒲公英计划"，用的是报宋，这里应该用楷体，以示区别。新闻链接一般是所报道新闻的延伸阅读或是助读等，是新闻的附件，显然不是主体新闻报道内容。因此版面上应该加以区分。

　　2014 年 9 月 5 日 A4 版《桐庐县总工会——发挥劳模作用　助推实体经济发展》一文中"心系职工　幸福港湾任人栖"一节的字号比其他章节小了一号。按规范，报纸字号应该统一。

字体也是有性格和气质的

在报纸排版中，什么样的文章选择什么样的字体也是有讲究的。本报的正文字体采用的是报宋，评论性文字使用楷体。但在实际操作中，也发现有些字体使用不规范的现象。

如 2014 年 2 月 25 日 B12 版房产新闻，刘德科所作的"屋宇笔记"《马佳佳与"马年第一降"》，这是采用日记体的评述性文章，正文应当使用楷体，但仍然使用报宋。同日的 A8 版经济新闻下部，针对余额宝报道的两篇财经快评《余额宝就是一货币基金，仅此而已》和《钮文新的两个逻辑错误》，本来应该使用楷体，但用的也仍是报宋。

不同的字体有着不同的性格和气质，也就是说字体也是有生命的。譬如宋体，是一种历经几个朝代的字体，端庄秀丽，有"贵族气质"，是中国汉字中最优美的。所以宋体也几乎无一例外地成为报纸杂志等媒体的正文字体。在何种情况下要用楷体呢？一般来说，社论、评论员文章、编者按、短评、点评、笔记体评述等评论性文字用楷体。因为楷体是一种非常经典的字体，经过一千多年文明和无数书法大师的不断锤炼，已经非常成熟，并且具有很强的文化气质。因此作为代表报纸声音的评述性文字，用楷体比较贴切。而黑体是一种现代字体，刚挺稳重，有力量感，很醒目，因此常用在制作标题上。因此，采用什么样的字体，既要贴合文章内容，也要贴合版面气质，这在报业中也是有规可循的，是不应该随意使用的。在这方面，本报要闻版的字体使用比较规范，后面一些版偶有随意现象。

新闻体裁格式排版有讲究

在新闻版面中,消息、通讯等新闻体裁的格式都有规范,但在 2014 年的版面中,多处发现新闻体裁格式不合规范的现象,值得引起注意。

如 2014 年 3 月 6 日 A1 版要闻《改革创新要"普通话""杭州话"相结合——专访全国人大代表、市委副书记、市长张鸿铭》,看标题就知道这是一篇通讯类稿件,但下面紧接着的"本报讯(记者 李穑 郑超)……"是消息格式,这就不符合规范了。同样,2014 年 3 月 7 日 A1 版要闻《坚持"五个发展"扎实推进新型城镇化——专访全国人大代表、市委副书记、市人大常委会主任王金财》、2014 年 3 月 8 日 1 版要闻《做全面深化改革的拥护者推动者实践者——专访全国政协委员、市政协主席叶明》、2014 年 3 月 11 日 A4 版要闻《首抓五水共治 建设美丽萧山——访市委常委、萧山区委书记俞东来》,都是通讯标题、消息正文。既是专访,何来本报讯。

在新闻写作中,不同的新闻体裁有不同的组织结构,这也体现在写作的格式上。本报新闻版面的消息报道,一般标明"本报讯",记者或通讯员署名放在"本报讯"后面,即"本报讯(记者 ××× 通讯员 ×××)",表明是本报通过自身的新闻渠道所获得的本地消息,其标题、正文也按消息的要求写作。而通讯则是新闻报道中一种独立的文体,在写作上更翔实、深入、生动,其格式也与消息不同,不标"本报讯",记者或通讯员署名"本报记者 ××× 通讯员 ×××"或"记者 ××× 通讯员 ×××"是单独放在正文之上的。这也是报业在新闻体裁格式上的通用规范。因此记者在写稿时,应按照不同的新闻体裁格式写作,把好第一关。在后续的编辑、排版、校对时,也要遵循新闻体裁的规范格式。

人物通讯不必加本报讯

2016年1月1日7版文体新闻《从96黄金一代到李春江背后的男人 李晓勇的20年光辉岁月》，从写法和内容上看明显是人物通讯，但前面却加上了本报讯，成了消息。加不加本报讯，是区分消息和通讯最直接的办法，其实，消息与通讯还有其他的区别。

1.从内容上看，消息大多是一事一报，而且只报道新闻事件的大致情况。而通讯报道则可以是一人一事，也可以涉及众多的人物和事件。同时，通讯十分重视细节的刻画，在一篇通讯中往往有大量的细节。

2.在形式上，消息有本报讯或电头，在结构上一般有导语，五个 W［何时（when）、何地（where）、何事（what）、何因（why）、何人（who）］要交代清楚，相对来说，消息写作，有个比较固定的模式。通讯则不然，它的写作没有固定的格式，每一篇都有自己独特的结构形式。另外，在表达方面，消息主要用叙述的表达方式，在语言上，消息显得简洁朴素。而通讯表达方式丰富多样，语言常有新颖独特的创造性运用。

3.在写作技巧上，消息手法简单，比较朴素；而通讯手法多样，有比较强的文字性，生动活泼而富有文采。

4.在时效上，通讯不如消息迅速及时。因为消息内容简略，篇幅短小，采访快，写稿快。有时事发几分钟，甚至不到一分钟，媒体就开始进行消息报道。而通讯有大量的细节，篇幅一般比较长，采访比较详细，写稿时间也要长一些。

突破重大主题事件报道的图片运用

2015 年 7 月 7 日，是个特殊的日子，因为 1937 年 7 月 7 日全民族的抗战爆发，杭州城加入"救亡图存"的战斗；2015 年又是纪念中国人民抗日战争暨世界反法西斯战争胜利 70 周年，本报记者经过前期精心采写，在这一天隆重推出《杭州八年抗战：浩气壮湖山》由头版转 2 版的长文，为历年来鲜见的纪实性大主题报道，很有本地化新闻特色。

翻阅当天《解放日报》《广州日报》的同主题报道，都采用了发自新华社的"敬礼老兵"一组 8 张图片，8 位九旬老人精神矍铄，满脸刻着曾经的光辉岁月与如今的幸福生活，注目图片崇敬之情油然而生。他们头版用图非常大胆，敢于突破，相比较我们只用了一张配图，在气势上显得略逊一筹。

2015 年 7 月 11 日下午"灿鸿"台风在舟山登陆，前后 20 多个小时台风给杭州境内也造成了很大的破坏，防汛抗台工作同时在全市有序展开。7 月 12 日本报前面三个版面重点报道市里的工作部署、全市（省）城乡抗击"灿鸿"的动态消息和新闻通讯，整个报道详尽全面，新闻策划也较到位。尤其 2、3 两个特别报道版面，图片现场感强，画面很生动，大小运用得当，略感遗憾的是头版一大一小两张图片的处理显得零碎、一般，倒不如发一张照片显得有力度和气势。

比较 2015 年 7 月 12 日《浙江日报》的"灿鸿"台风报道，图片运用更有特色，更有创新，并且出现了之前少有的图片运用新手法。头版用了"灾情就是命令"4 张省内多地防台抗灾的组照，后面 6 个版面同样用足图片来报道受灾各地一线"万众一心防台抗灾"，6、8 两个版面全是来自一线的图片，就是个图片新闻版，而且 6 版图片运用大胆创新，几乎用一张图撑起一个版，版面惜字如金，整版只有"风雨中心同在爱同行，哪怕风雨再大，考验再艰巨，我们坚守在一起——众志成城，抢险救灾"短短几行字。可见，《浙江日报》对台风"灿鸿"的报道，图片运用已到了较为成熟的状态。

纸媒在大主题、大事件新闻报道中大量运用图片，大胆编排图片以达到版面效果突破已成为新常态。虽然各家媒体情况各有不同，但应该紧紧抓住这趋势性变化，我们除了用好现有图片、拓宽资源渠道，创新编排版面版式外，还需要相关采编部门达成共识，大胆统筹，突破性用好图片，取得新闻报道不断出新的效果。

读者想看的图在哪里？

最近 2013 年 1 月—6 月，头版图片丰富起来了，版面也较漂亮。但仍有不尽如人意之处。主要还是缺少图片，特别是新闻性强画面又漂亮的图片。2013 年 3 月 21 日头版图片《栖息天堂》，画面较美。但"大批灰鹭选择这儿生息已有多年"，既然已有多年，是否可挖掘些与现在相关的新闻元素呢？2013 年 3 月 24 日头版图片《"地球一小时"我们在行动》，照片里可口可乐标志太醒目了，冲淡了"地球一小时"活动的意义。拍摄时是否有更好的角度，或者在版面处理时弥补一下？

2013 年 4 月 23 日 B2 版都市·热线新闻，头条新闻漫画很生动，但新闻图片，不仅要考虑生动美观，更重要的还是信息量，否则有失偏颇。就拿这天的版面来说，头条的漫画占的位置很大，但主要还是起到美化版面的作用。而同版另一则消息《长庆、朝晖地区开启微循环》的配图，显然信息量要大得多，反倒没有做足做透——长庆和朝晖两个地区的路段实行单行线，但配的示意图只有长庆地区，没有朝晖地区的，而且配的示意图篇幅很小，不细看根本看不清路名。新闻图片除了美化版面，更重要的是新闻的补充，需要给读者信息量，甚至可以让读者看了图，不用看文字就知道新闻的内容。当天的《都市快报》，这则消息的文字部分很少，但配了长庆和朝晖两个地区单行线的大幅清晰示意图，让人一目了然。

而 2013 年 4 月 19 日 A7 版区县(市)新闻《花朝节进入"盛花期"》则是另一种情况。文中提到了"今年花朝节最大的亮点要数'牡丹之韵'景点中这组汉白玉樽相伴的绿牡丹……"接着又描述了"许多市民期待的号称'花开十万朵'的 450 岁杜鹃王"，后文还提到了"花中贵族"铁线莲、英国月季等名花。文中说了这么多奇花异卉，但配了两张插图，一张是场景，一张是普通的百合花，没有突出报道文字的信息含量，只是点缀了一个版面，让不少希望一睹真容的读者有点失望。

"双胞胎车库"报道应该配图

2013 年 9 月 12 日 B2 版热线新闻《停车库也有双胞胎？纯属雷同！》，是一则饶有趣味的新闻，说的是一位市民在停车场找不到自己的电动车，以为被偷了，去报案，结果后来发现电动机停在另一家停车场，这两个停车场十分相像，好比双胞胎。新闻很有趣，但可惜的就是没有配图片。有图才有真相，对于某些新闻来说配图显得十分重要。曾在网上见过这则新闻，而且也看见了所说的两家停车场图片，确实非常相像，让人印象深刻。我们报纸上的报道没有配图，这则新闻的吸引力就大打折扣了。

新闻照片也要有信息量

2015 年 3 月 25 日 A2 版有一则图片新闻《杭州永福寺举行方丈升座庆典》，这对读者来说应该是一则蛮有看点的新闻，名寺高僧，方丈升座，都是挺吸引人的，但是很可惜，我们发的新闻图片及图片说明都没能满足读者的阅读需求。首先图片上没看到方丈的正脸，看了图片也不知谁是方丈；其次图片说明里也没有交代方丈升座的典礼是怎么回事。

是不是有相关规定，这些信息不能透露呢？非也。当天《都市快报》也报道了永福寺举行方丈升座庆典，标题是《念顺法师荣膺永福寺方丈》，配了方丈念顺法师为主画面的照片，而且新闻中详细描写了法师升座（即新方丈就职仪式）法会的整个过程，从大众山门迎候到最后法师升座说法……一连串行云流水的白描让读者仿佛身临其境，这样的新闻一定会让人印象深刻。

新闻图片要有丰富的信息量，能回答读者心中想知道的问题，这样才能吸引眼球，记者拍摄和编辑选图时都应注意这一点。

照片中的细节不可忽视

　　"河赛""五水共治"……最近关于治河治湖治水的好照片在新闻版面频频出现,生动活泼,读后令人赏心悦目。但是,有的版面照片使用上也出现了不尽如人意的情况,一些细节很有必要指出来,以期平时在使用和编辑图片上把握得更加到位。

　　2014年4月14日6版经济新闻,《"一起呵护水生态"活动让小伙伴大呼"过瘾"》的报道,活动放养的只有手指长短的小鱼苗,家长和小朋友是从距离水面近1米的高度把鱼苗倒下河,这好比人从10米高台跳下去一样,对鱼苗产生很大的冲击力,会把一些鱼苗拍晕过去,对成活率有较大影响。正确的方法是距离水面10厘米—20厘米左右,用小勺把鱼苗兜出来放生,或者水桶和水面平行,让小鱼直接游进水中。"五水共治"已成为全社会关注的大事,市民放养活动较多,这样的图片刊登在党报上容易误导读者。

　　新闻配图除了要配说明外,还需要适当处理。2015年4月5日3版都市新闻头条,《西湖边来来去去的人那么多 始终不变的是歌者对生活的热爱》,配图画面是一位吹萨克斯的表演者,在他的身后站着一排围观的人群,其中有一名年轻人一只脚站在路边花坛的石墩上,另一只脚踩踏在垃圾箱盖上。虽然年轻人不是图片的主角,只是无意中拍进去的路人,但这位年轻人不爱护公物的行为很不文明,在报纸上出现有些不妥。对于这样的图片,编辑应予以适当裁剪。考虑到社会影响,不文明的行为形象还是不要见报为好。

抗战老兵图片易产生误解

　　2014 年 12 月 14 日，国家公祭日，本报在 A2 版推出了国家公祭日特别报道，除了新华社的引语，整版均由本报记者采写，体现了本报对这一特殊纪念日的重视，也体现了本报的实力，尤其是《南京大屠杀一周年时浙江人民含泪悼念遇难同胞》，为本报独家报道，具有新闻价值。

　　但是美中不足的是置顶"抗战老兵右手敬礼，左手拿和平鸽"的图片，老兵穿的军服左口袋上方，有块"中国人民志愿军"字样的标记，看了图片有类似于看历史剧时"穿帮"的感觉。虽然老兵可能是经历过抗日战争又经历过抗美援朝，但这个明显的标记容易让人产生误解。而图片文字又未详细说明。

　　重视图片新闻的画面细节非常重要，而图片说明并非可有可无，它可以补充图片没有表达的信息，这值得大家重视。

读报不是猜猜看,图片说明不能省

2013 年 7 月 3 日 A6 版,区县(市)新闻中有三张图片没有说明,新闻图片是新闻的重要组成部分,文字说明不能丢掉。另外,2013 年 7 月 3 日 B2 版《运河十景水落石出》,景点广济桥的配图没有注明作者,而其他图片均有。

2013 年 12 月 1 日 7 版西湖副刊,《云彩下的小镇》个整版图片报道可读性强,生活味浓重,画面文字都很生动,可惜的是顶头的一张图片漏了个说明,时间、地点、事件让读者不明了。其余的 10 张图片都有简要的文字说明。

2013 年 4 月 16 日 A6 版,旅游新闻《“杭州传奇”旅游微电影征集启动》配了很多图片,遗憾的是图片都没有加说明,比如中间的三个人物照片,有两个知名度比较高,勉强能认得出来,一个是刘仪伟,一个是华少,另一位根据文章推测,有可能是导演李少红,但毕竟读报不是“猜猜看”,还是要注明让读者看得明白。这种情况在抗报上并不少见。一般来说,新闻版面的图片除了少数纯装饰图片,其他都是新闻的组成部分,应有传递信息的功能,应该加以说明。

2014 年 7 月 27 日 4 版体育・文化新闻,《〈小时代 3〉折射 90 后的审美世界》配了一张男星图片,但没有图片说明,而文中提及的主要男星有两个,一个是吴亦凡,一个是李易峰,不知道这张图片是谁。毕竟大多数读者对娱乐圈不那么熟悉,图片说明还是不能省略的。同样,前两天的 7 月 25 日 B7 版,体育新闻头条也有一张配图,同样没有图片说明。新闻版上的图片也是新闻语言之一,如果不是一目了然的内容,图片说明是不能省略的。

2015 年 4 月 7 日 11 版体育文化新闻,《有位爷太潮,一夜爆红网络》,文章里提到了两位走红网络的潮爷,但是图片只有一张,不知道是哪位潮爷。2015 年 4 月 6 日 5 版体育・文化新闻,《你为谁点赞?》的几幅配图也都没有说明,其中有两幅跟文章联系比较紧密,读者大概还能猜得出来,可是最大的那张配图就不知道是配哪部片子了。虽然只是缺少一个小小的标注,但说明我们的读者意识还不够。

刊登新闻图片须防侵权

都说现在是个"看脸的时代",新闻图片就是"扮靓"新闻版的关键,它的作用自不必多说,所以各版编辑也都很重视图片的运用,但在实际运用中发现有两个问题需要引起注意。

1.图片说明和背景要交代清楚。此前,我们的审读报告曾多次提出,新闻配图是新闻的组成部分之一,其背景和说明要交代清楚,但现在这个问题还是会经常出现。2015年3月17日A13版杭州湾新闻中的图片新闻《安吉建成37座农村文化地域馆》,图片里的人物穿着短袖、连衣裙,明显是夏天的衣着,而眼下却是春天,这张照片从严格意义上说并不是新闻图片,最多只能算是资料图片,但新闻中并没有标注出来。

2.图片须注明作者,以免引起版权上的纠纷。我们的新闻版上经常看到没有署名或作者的图片,甚至以图片为主的漫画作品也漏登作者。比如2015年3月9日3版西湖评论,漫画栏目《青橄榄》就没有登作者名。其他新闻版的配图缺少作者的现象更是比比皆是,随便拿一张报纸,就能找到好几条。比如2015年3月12日,A7版区县(市)新闻,A12版经济新闻,A14版消费新闻,还有A16版杭州湾新闻,这些版面的新闻配图有些没有署名。当然,有很多配图是从网上找来的,无法查证作者是谁,那也应该想办法对图片来源做个说明。比如有些报纸在版面上注明,请图片作者与本报联系,以便支付稿酬。本报之前曾因图片使用问题打过官司,赔过款,这也算是一个保护自己、避免版权纠纷的办法。

此前,本报曾就网络图片使用侵权问题提出过下列建议,在报纸采编中也可以借鉴。

1.严格控制CFP、icpress等专业图片社网站来源的图片使用。关闭稿件抓取过程中的图片抓取功能,确需使用图片,可用部分商业网站分享的无版权图片予以替代;关闭图片关键词;严禁使用打有图片社水印的图片;对已采用的图片,严格删除;对方已提出侵权赔偿要求的,建议走司法程序,以避免版权"敲诈"行为发生。

2.加强新华社图片的应用。向网站编辑开放新华社图片稿库;编辑稿件时,优先使用新华社图片替换文内图片;规范使用新华社图片,根据要求署名。

3.加强自身版权保护,本网原创图片、视频需加水印。

4.建议严禁本报记者私下向 CFP 等图片社供稿,可以通过报社与图片社谈供稿、用稿条件,以避免"出口转内销"情况发生。

要重视老照片的收集整理应用

2016 年年初,强寒潮来袭,这段时间的天气无疑是个热门话题。杭州究竟会有多冷? 西湖会不会大面积结冰? 在暴雪来临之前,媒体的气象报道均追溯历史,回顾哪些年西湖里结过冰,这也是最贴近读者的热点之一。《都市快报》在 1 月 19 日的气象报道中,引用了三幅资料照片,分别是"1977 年 1 月,杭州大冷,西湖结冰,读者高黎敏和三潭印月留下了珍贵的合影""读者祝桂金在湖面上溜冰""读者张震毅坐在冰面上"。通过这些黑白老照片,当年西湖大面积结冰的景象跃然纸上。反观本报同日的气象报道,虽然重点提到了 2008 年零下4℃,西湖结冰 2 厘米;1977 年零下 8.6℃,三轮车能骑到三潭印月。但本报所配的资料照片,只是冬日断桥的景象及残荷下的冰凌,平淡无奇。还好,本报次日在 B3 版刊登了三位老杭州口述当年亲历的"冷故事",配了一幅"夏之明和母亲在结冰的湖面上合影"的老照片,弥补了缺憾。

在重要事件的报道中,引用资料照片,也即老照片,既能还原历史现场,唤起老读者的记忆和新读者的兴趣,又丰富了新闻报道的内容,拓宽了报道的深度。虽然西湖大面积结冰是 20 世纪 70 年代的事,已很久远,但那时照相机已有少数人使用,因此也会留存下很多照片资料。对于这些泛黄的黑白老照片,如果要从报社的"库存"中去寻找,相信是比较困难的,因此到读者中去找,是一条好的途径。《都市快报》是在热线与读者的互动中收集到老照片的,本报则是在采访人物时得到。

由此也说开去,资料照片也是积累的资源,作为已有 60 年历史的老报社,要更加重视老照片的收集整理。对留存的胶卷照片应该进行数码翻拍,并配上文字说明。对保存在摄影记者电脑里的照片能否统一归类收藏? 建立报社的图片资料库,作为收藏的档案资料,以备将来之需,更好地为新闻服务。

配用地图要重视"可读性"

2013年本报各版面配用地图较多。报纸上配用地图，既给读者提供形象化的资料，方便读者阅读；也烘托了文字内容，强化了文字的表现力。有的配用地图效果较好，如2013年8月9日A8版都市新闻所配延安路找寻车位图和2013年8月12日4版杭州湾新闻·行走所配全国高温区域预报图，对新闻报道的辅助阅读作用明显，图示一目了然。但有的配用地图，由于不够重视，效果也较差，影响了配用地图的"可读性"。

如2013年8月7日B8版房产新闻·融媒体《一条同协路改变半个杭州城格局》，所配的一张示意地图缩得太小，"读图"效果大打折扣。本来这篇报道视角独特，观点新颖，所配地图上也把同协路作为重点标示，并用三个圆环串联起城东"三心"——钱江新城、东站枢纽、中央居住区，信息含量丰富，很能辅助说明报道主题。但由于所配地图太小，图示字号也小，虽然同协路及周边道路能看清，但"三心"里的重要地标基本看不清，这就影响了所配地图的"可读性"，没有达到使用地图的预期目的。又如2013年8月12日7版都市·热线新闻《大关街道正全力破解这道城市管理的"奥数题"》，所配一张大关街道循环交通示意图，也因为图片太小，图内标示有点模糊不清。这张图只起到版面装饰的效果,而没有发挥其辅助阅读的作用。

在版面上配用地图,除了美化版面之外,更重要的是烘托文字内容,增强阅读体验。因此,编辑在组版时,应重视配用地图的"可读性",充分发挥其简洁明了、形象生动的作用,使新闻报道与配用地图相互辉映、相辅相成,从而达到使用地图的预期目的。而不是把所配地图当作可有可无的"装饰",版面剩下多少位置就填多少空。同时,还要重视版面的见报效果,有时在电脑上或者大样上看着很清晰,但上色或加底纹后,印在报纸上效果就会大打折扣。

配图不是填版面

　　版面要配怎样的图？所配的图多大合适？看过 2015 年 4 月 22 日的本报，读者印象很深，这天的版面上有两棵大树。2 版要闻头条《杭州去年新增屋顶绿化 8.8 万平方米》，配了一棵大树，一棵大树加上一组统计数字占去版面四分之一的面积；A5 版区县（市）新闻《希望的田野——最后的"10％留用地"去向之调查》配了一棵大树，叠加一组文字占去版面多于四分之一的面积。这两棵树在整个版面所占比例显得非常突出，叠加的文字大如标题，有点填版面的感觉。

　　在版面上使用图片，对视觉与阅读效果可以起到很好的作用。可是图片不是新闻报道可有可无的内容，更不是做版时可随意拉大缩小的装饰，应该把图片看作是新闻报道有机部分，与文字同样起着传播信息的功能。图片的制作和编辑，版面所放位置和大小，也与新闻报道的文字一样有一定表现规律：图片需要精挑细选，尺寸应该恰到好处，色彩应该和谐悦目，给读者愉悦的阅读体验。

制作图表谨防"弄巧成拙"

图表是新闻呈现的好方式,但处理不当就会导致"弄巧成拙",影响报道效果。

1.新闻配图配"反"了

2013 年 12 月 4 日 B4 版教育・健康新闻,《一个胃不舒服,毛病却出在肺上——一个不吃不说,患的竟是尿毒症》报道的两个病例有些特殊,被医术高明的医生及时找出病根,一个为"肺栓塞",一个为"尿毒症",得到了有效治疗。但新闻配图用的却是带有讽刺味的漫画,穿白大褂的医生一手拿菜刀,另一只手拿写着"脚痛"的诊断书,准备给病人截去下肢,图上方写着"你这好办,把脚切了就行!"。一看就知这是针对庸医的讽刺图。新闻配图一般与新闻主题相一致或相关联,与主题"反"着配图,版面语言就乱了。

2.图表文字成了"蝌蚪文"

2014 年 1 月 3 日 A5 版经济新闻・专版《简政放权推动中介服务走"快速路"》,配了两张图表,把"目前杭州投资项目审批中介服务大致包括"和"中介机构不良行为分为三类"的文字内容用图示的方式呈现,本来可以起到美化版面的作用,但由于配图位置小,又辅以花花绿绿的颜色,图表中的文字难以卒读,特别是图表中字数较多的,更成了"蝌蚪文",从而失去了阅读的动力。因此,制作图表既要跟上改版后放大的字号,更要以读者阅读方便为标准。

3."防小偷地图"不够直观

2014 年 1 月 7 日 B2 版都市・热线新闻,《年关防小偷防抢夺,请看地图!》的报道,虽然新闻配图很大,但这图不直观。从"注释"栏知道,原来是颜色越深的路段,表明 4 年来该路段的盗窃犯罪聚集程度越高,单个路段内的盗窃犯罪数量越多。但这幅配图各路段颜色深浅对比不大,估计是直接从网上下载使用的。目前本报版面使用图标很多,但制作不够精美。要印到报纸上的新闻配图制作一定要到位,网络上用颜色深浅表现也许很清楚明白,用到报纸上就不是那回事了,需要换一种呈现方式达到最佳配图效果。

报道和图表要整体审视

2015 年 1 月 20 日 A9 版经济新闻《沪指创七年来最大单日跌幅》,报道和图表有两处表述不符。

其一是标题及文中均说沪指创"七年来"最大单日跌幅,但在报道右侧配发的未交代来源的图表中,却说是"近六年半来"最大单日跌幅。到底是"七年来"还是"近六年半来"? 对照了一下《都市快报》的说法为"沪指创 6 年半最大单日跌幅",起始点未明确交代;《钱江晚报》的说法为"7 年来这次跌得最凶",起始点为 2007 年 5 月 30 日。因起始点不同,两家报纸的说法也有不同。但本报报道及图表均以"2008 年 6 月"为起始点,在同一个版面,报道中的"七年来"与图表中的"近六年半来"就不相符了。其二是报道中说"创 2008 年 6 月 10 日以来最大跌幅",但在右侧图表中却是"创 2008 年 6 月 11 日以来最大单日跌幅"。虽然"6 月 10 日"与"6 月 11 日"只相差一天,但出现在同一个版面中,就不合适了。

2014 年 4 月 11 日 B6 版体育新闻《梅西"失踪"了 中国女球迷亮了》,报道巴萨无缘欧冠四强。报道中说:"数据显示,本场比赛,梅西的跑动距离只有 6853 米,只比门将平托的跑动距离多了 1500 多米。"但在报道配发的图片里,"数字说话"小栏目却说:"梅西本场比赛的跑动距离仅为 6800 米,就连门将平托的跑动距离都达到了 5300 米。"报道中提到的"6853 米"应该是很精确的数字,而"数字说话"里的"6800 米"应是概数,应写为"6800 多米"。如果"6800 米"也是精确数字的话,这就与"6853 米"不统一了。

本报报道经常会配些表格、图片,既活跃版面,也发挥助读作用。报道与表格、图片是一个整体,相辅相成,不能产生矛盾或误差。因此在编排版面时,应整体审视,做到图文相符。

这张图表中的数据令人生疑

2015 年 3 月 19 日 A12 版经济新闻《过半企业对招工感觉"心塞"》的新闻,当中用了 7 幅新闻配图,方便读者了解目前 100 多家中小微企业用工情况。但是,其中"受访企业紧缺人才类型""受访企业招才原因""受访企业招才面临的难题"3 幅图,各分项百分比数据之和均超过100%。照理说,既然对 100 多家企业有了详细调查,每个统计口径内的几个数据相加应该等于 100%,而这 3 幅图有的竟超过 150%,这样的调查数据让人看不懂,读后对报道数据准确性产生怀疑。新闻配图是有效传播信息的手段,尤其在报道中为枯燥数字设计制作的配图,不仅当中的数字要求准确,而且整个图表还要符合情理,切勿把它当作新闻的点缀。

图表中的信息要准确

1.图表中的地名标错

2013 年 9 月 26 日 C1 版地产周刊,未来科技城报道配图不够准确,标注地名把"余杭街道办事处"错标为"余杭镇人民政府""余杭镇"。余杭区 2011 年行政区划调整把余杭镇政府改为余杭街道办事处,两者间的差别很大,前者是一级政府,后者则是余杭区政府的派出机构。这样的差错之前也有出现,影响了报纸的权威性,图片制作、版面编辑以及校对各环节要留意这个细节。

2.数字弄反了

2014 年 2 月 12 日 B1 版都市新闻,头条杭州公共厕所的报道,题图制作得很清晰,但"杭州主城区共有公厕:纳入城管分类管理 1005 座,包含城管未分类管理 1200 余座"这句话具体啥意思让人很难理解。既然是"包含",前者数字比后者数字小,如何包含得了? 阅读了文内第 2 节,第 2 自然段的这句话"杭州主城区(不包括滨江、下沙、萧山和余杭)共有公共厕所 1200 余座,其中 1005 座已纳入了城管分类管理体系,基本设施齐备",于是明白制图时这句话意思表达不清楚,令人读不懂。

3.两张图表"张冠李戴"

2013 年 11 月 1 日 C1 版品周刊《天冷了,你往身上抹了吗?》,报道"品周调查"进行的"关注秋冬身体护理"的话题。但遗憾的是,在调查结果的图表上,却出现了"张冠李戴"的差错。在"你是否使用身体护理产品?"的小标题下,图表显示的是"油、乳、霜/膏、其他"的百分比;在"你通常使用何种质地的身体护理产品?"的小标题下,却是"常年使用、从不使用、想到偶尔用一下、到了秋冬季才使用"的百分比。其实,这两张图表"张冠李戴"了,换一下位置才对。

图表新闻有时作为新闻主体之一非常方便阅读,因而受读者欢迎,制图时文字表述等细节一定要与文内相一致,不能顾了图的美观而丢了新闻关键信息的准确,造成弄巧成拙的后果。

这张示意图读者很当回事

2016 年 2 月 1 日，"军改"重磅新闻"解放军五大战区成立大会举行"陆续在当天的国家权威媒体客户端发布，本报 2 月 2 日 A9 版做了报道。有读者提出指正，这个报道的配图《五大战区示意图》很不准确，当中写的"西部战区驻地：乌鲁木齐"是错的，应该是成都。并指出这个示意图不准确之处主要在：云南、贵州不在西部战区，已划入南部战区；湖北不在南部战区，新划入了中部战区。

笔者做了一番功课，发现截至 2016 年 1 月，尚未有官方披露确切的五大战区的辖区（或范围）划分消息。新华社解放军分社 2 月 1 日发布的一张较为模糊的界线图片，是截至目前唯一有正式来源的依据。大多数媒体是依据这张图片、原来的七大军区辖区的情况，以及对战区功能的描述来进行报道。不过，实际上这一图片也并不准确，新华社解放军分社也在图片后面标注称资料图。还有专业人士认为战区的划设不一定按照省界进行划分。因此，该读者认为本报所配的示意图不准确，应是看了别的媒体不同版本的战区辖区划分，发现与本报不同之处后指出了问题。

再来参阅《人民日报》《解放日报》《广州日报》等国内主流纸媒，2016 年 2 月 2 日关于"军改"的这则新闻基本都在要闻版做了详细报道，对五大战区的具体报道只止于出任的"将官"名单，没有对五大战区"辖区""国防职责"等较敏感的内容做报道。经查阅，这些较为敏感的内容主要是在一些都市类报纸的报道以及有的新闻客户端或网站发布。可见注意权威信息报道的党报，对涉及军事方面的新闻内容，应非常重视信息来源。对一些未经核实特别是直接来源于一般网络的新闻内容，出于报道安全考虑宁可不用。为了新闻报道的准确、权威，读者对我们的这个指正当引起版面编辑的重视。

版面色彩也要仔细推敲

版面要出彩，除了内容、版式设计、图片等要素外，色彩也是重要环节。色彩运用得当，自是锦上添花，但运用不当，也会让版面逊色。如 2016 年 3 月 17 日 B10 版业力量《杭州有个"冰球女神"》，标题下的两段文字，套印在橘黄色里。橘黄色与右侧配图"冰球女神"的球服颜色相同，应该是色彩选择中自然而然的"响应"，意图是好的，但未料到的是，文字与套印的颜色并不搭调，白色的字体犹如融化在了一片橘黄色里，模糊不清，难以卒读，效果很不理想。

在版面上色彩的运用有很大的作用，可以使版面增加特定的气氛，如红色用于节假日报道，可增添版面欢快的气氛；黑色用于灾难性报道，体现出沉重的心情。如果对全版中局部套色，这个局部就可以因与其他稿件在色彩上的强烈对比而显得分外醒目。套色或彩色印刷由于色彩的变化而更加绚丽，从而取得一定的审美效果。因此对于报纸版面的色彩也应多加琢磨，让版面更出彩。

翻看本报，色彩也出现在每一个版面上，有的是线条，有的是报花，有的是板块，各有各的亮色，各显各的性格，如红的热烈、蓝的宁静、绿的清新。应该说本报在版面色彩运用上还是较好的，但有时也会出现上、下半版太花缺少协调，局部套色太浓影响阅读等问题。所谓"外行看热闹，内行懂门道"，在版面色彩运用上，还有赖于版式、编辑、美编等精益求精，在色彩的整体把握、局部色彩的推敲上做得更好。

配图能否更"解渴"?

2016年4月19日A9版经济新闻《智能健身器材如何立足传统健身市场》,报道一款有趣的健身新器材——智慧沙袋。这款高智商沙袋推向市场后却受到冷遇,为此"爬山虎"请来创业导师指点迷津。阅读这篇报道,首先吸引读者的是智慧沙袋长什么样? 文中也有介绍:"这款智慧沙袋共有8个把手,使用者可通过不同的把握方式,实现千种力量训练运用,而且,沙袋内还装有智能硬件,可与手机APP进行关联。当使用者握住把手运动时,沙袋的运动轨迹会通过蓝牙传输到手机APP上,APP后台会将轨迹与标准运动模型进行匹配,并提醒用户纠正不规范的动作。"虽然说文字介绍较详细,但还不够直观,如果能配上一张智慧沙袋的图片或者健身者用智慧沙袋健身的照片,就更完美了。但令人遗憾的是,报道的配图却是一张普普通通的健身房照片,健身房里的运动器材是哑铃。这张照片只起到"装饰"作用,而没有让报道更"解渴"。

配图如何配得更到位、更"解渴",是版面编辑中的一项重要课题。既要精准掌握稿件的内容,又要揣摩读者的心理;既要让报道更出彩,又要美化亮化版面,值得花工夫研究。

这张合影有违交通文明

2016 年 5 月 17 日 A6 版区县(市)新闻《昨天早晚高峰 10 辆电动汽车公益接送市民》,报道下城区文明办、融信集团、绿色浙江联合主办的"喜迎 G20·文明绿色行"系列公益活动,旨在迎接 G20 峰会,宣传倡导文明行为以及绿色健康的出行方式。但报道所配照片"乘客与志愿司机合影",却有违交通文明之疑,值得商榷。

报道以城西西斗门公交站等车去上班的刘先生和艾米搭上志愿司机小崔的车为例,讲述电动汽车公益接送市民上下班。报道对这张合影也有描述:"小崔先把刘先生送到绍兴路和德胜路交叉口,一车人还下车拍了张留念照。"照片上,电动汽车停靠在路边,三人倚车门在自行车道上站成一排,伸出大拇指点赞。但此时正值早高峰时段,虽然从路面上看车流量不大,且路面宽阔,有三条车道,但电动汽车后方还是有轿车驶来,自行车道上也有自行车骑过,这时停在路边合影,是否会影响交通?而且,电动汽车停靠的位置,应该是在斑马线上,因为车右侧除分道线外,还有白线条,三人所站的位置有斑马线前常见的过路踏板,虽然没看到有行人过斑马线,但停靠在斑马线上也是有违交通法规的。

讲文明的报道出现不文明的行为,这样的事例很多。因此在报道中,对细节还需多留意,以免出现自相矛盾的现象。

这幅漫画配文字更出彩

2016年7月11日2版西湖评论,在版面中央位置的《青橄榄》栏目,是一幅漫画。漫画上一位穿白大褂的医生,左手搭着患者的脉搏,右手举托着"涉医违法犯罪"的"巨石",头上甩出汗珠,表情有点惊恐,一旁的就医患者也带有一丝疑问。由于没有更多的文字说明,恕笔者眼拙,这幅漫画一开始没看明白,以为医生涉嫌违法犯罪,"心中有鬼",不能好好地给病人看病。再仔细一琢磨,不对,应该是医生有后顾之忧,才导致不能安心给病人看病。

这幅漫画的关键词是"涉医违法犯罪"。何谓"涉医违法犯罪"?上网搜索了解,才发现这幅漫画其实是一幅很有时效性、针对性的时评漫画。因为就在2016年7月8日,国家卫计委在京召开维护医疗秩序构建和谐医患关系媒体沟通会,会上发布了国家九部委联合推出的《关于严厉打击涉医违法犯罪专项行动方案》,决定自2016年7月起,在全国范围内开展为期1年的严厉打击涉医违法犯罪专项行动,要求各地组织开展全面检查和重点抽查相结合的全国医疗机构安全大检查,对社会影响大、后果严重的案件要逐件督办和通报;对非法携带管制器具进入医疗机构的,一经发现一律依法予以行政拘留。回想起近年来多地发生的殴打医生甚至杀害医生的案件,这项行动对医闹可谓动了真格,关键词是四个字:严打、严防。

既然有这样的新闻背景,这幅漫画的处理显然过于简单了,如果能够简短配上全国开展严厉打击涉医违法犯罪专项行动的新闻简介,这样既有助于读者对这幅漫画的理解,也及时反映了关注度高的新闻事件,让这幅时评漫画更出彩,新闻评论的内涵、意义也更深远。

要把图表与文字看作一个整体来把握

2016年8月16日 A12版"看这'里'"里约奥运会特别报道《博尔特，仍是这个星球上跑得最快的人》，报道里约奥运会百米飞人大战，牙买加选手博尔特再获冠军。文内说："昨天，男子百米飞人大战决赛，牙买加'闪电'博尔特以9秒81的成绩成功卫冕，连续三届奥运会蝉联冠军。"但左图标注的博尔特在2016年里约奥运会的成绩却是"9秒89"，明显标错了。

这张图表列举了博尔特在2008年北京奥运会（9秒69）、2009年柏林田径世锦赛（9秒58世界纪录）、伦敦奥运会（9秒63奥运会纪录）和刚刚结束的2016年里约奥运会（9秒81）百米跑成绩，给读者提供了形象化的资料，既活跃了版面，又发挥了助读作用。但图表中一处关键信息的不正确，导致弄巧成拙。从报道中看，"9秒89"是百米飞人大战排名第二的美国选手加特林的成绩，可能制作图表时错标到博尔特身上了。

文字叙述千头万绪，难免冗长，而一张图表配上简单的文字，却能让读者一目了然，因此文字配图表这种形式在报纸上越来越常见。但图表在本报版面中也是容易出错的地方。究其原因，主要是文字归文字、图表归图表，各做各的，而作为版面协调的编辑没有统筹兼顾，进行整体审视。要避免这样的差错发生，应该把报道与图表视为一个整体。制作图表者要与新闻报道者密切配合，仔细核对文字及数字；编辑作为版面协调者，应整体审视、左右兼顾，不能顾了图的美观而忽视了图文的相符；而在校对环节，可能发生大样时有文字没图表，而到清样时图表出现了的情形，这时不能光看图表，也要与文字仔细核对，发现问题及时"补位"。

无人机摄影的美中不足

"以新的视角看世界",继航空摄影后,低成本、便携、易操控的无人机摄影,带给我们更多的惊喜。小小一架无人机,能够飞到常人无法企及的高空,以新颖的视角俯拍地面,呈现不一样的风景。摄影界的这一新变化也迅速体现在纸媒上,越来越多的无人机摄影图片"现身"版面。就如 G20 杭州峰会期间,本报推出众多特刊,其中就不乏无人机摄影图片,杭州国际博览中心、杭州入城口、钱塘江和西湖风景……鸟瞰式角度、宏大的场面、开阔的视野,确实让人眼前一亮,也为报纸增色不少。

但无人机摄影也有其自身缺点,那就是对人物活动的表现力不足。2016 年 10 月 14 日 A5 版区县(市)新闻有一篇摄影报道《钱塘江畔 舞动中国》,报道的是 2016"舞动中国——排舞联赛"总决赛在钱塘江南岸的滨江射潮广场举行,千余名舞者在这里翩翩起舞。这篇报道的照片应该是用无人机拍摄的,高空俯拍,大视角,如圆盘般的射潮广场颇为壮观。但看完这幅照片,总感觉少了点什么。由于是高空远距离俯拍,场景虽然壮观,但舞蹈者只是画面中的一些小点。因此这幅照片没有体现出千人齐舞的场面,也没有表现出排舞那种律动的韵味和舞者的欢乐,自然也没有传递出健身舞蹈的魅力。相比地面常规拍摄,无人机摄影就显得美中不足了。

无人机摄影"背负青天朝下看",其鸟瞰式角度适宜表现地面自然场景,如建筑、桥梁、山野、江湖、风光等,为读者带来地面常规拍摄所无法具备的新颖感受。但有时新闻报道重要的是反映人的社会活动,人的喜怒哀乐,各种细微情态,最能打动人心。因此,高空俯视的无人机摄影,与地面平视或仰视的常规摄影,均有其表意优势,可以针对不同的情景找到最好的呈现方式。相辅相成、双管齐下,新闻摄影报道会更出彩。

新媒体

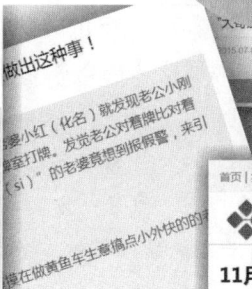

莫让乱花
迷人眼

　　新媒体是相对于报纸、广播、电视等传统媒体而言的,也称为数字媒体、网络媒体,主要是利用数字技术、网络技术,通过互联网、宽带局域网、无线通信网、卫星等渠道,以及电脑、手机、数字电视机等终端,向用户提供信息和服务的传播形态。近年来,以《杭州日报》为依托也产生了不少新媒体形态,主要有《杭州日报》在线网站、《杭州日报》官方微博、《杭州日报》官方微信公众号、政在解读微信公众号、城事通客户端等。

　　新媒体快速发展,使得信息传播渠道更为多元、表达方式更为灵活、受众人群更为广泛。但另一方面,由于新媒体的传播门槛较低,而且传播方式不同于传统媒体一对多的单向传播,而是多对多的双向传播,海量的信息在人际间飞速流转,鱼龙混杂,真假难辨,在传播过程出现信息失实、信息误读的情况很多。由于信息发布者可以采用假名,并且信息发布平台非常多,对于失真和虚假信息的鉴别、拦截很难奏效,加上开放式的平台,人人都是自媒体人,对于流言和恶语很难直接筛选制止。另外,为了吸引读者的点击率,新媒体编辑发稿时为迎合受众,在标题上哗众取宠、夸大其词,内容流于低俗的情况也时有发生。

　　新媒体作为新生事物,蓬勃发展中难免有不足。作为党报的新媒体,应该自觉维护媒体的权威性,努力加强媒体的公信力,不断提升媒体的影响力。新媒体应该向传统媒体学习,借鉴其在信息发布、信息把关、流程管理等方面的制度、规定、机制,使得信息传播的准确度、引导力得到保障,最大限度地减少信息失实以及有害信息、虚假信息的产生,从而获得受众的信任。

纸媒要与新媒体"无缝对接"

2015 年 11 月 17 日《杭州日报》B8 版报道《法国恐怖袭击事件后，绍兴学子巴黎失联 家人疯狂寻人：柳安禹你在哪里？喜的是：事故中心伤亡名单没有他名字 忧的是：与家人最后通话提及看音乐会》。

提到这条新闻，源于当日一早翻看手机新媒体时看到这个新闻的最新进展报道，最新情况是"柳安禹已经死亡，发现地在他巴黎的住所，死亡原因基本确认与这次巴黎恐怖袭击没有关系"。之后到单位时拜读到了本报的这个报道，明显感觉比新媒体报出的信息慢了一拍。试想，如果版面编辑或记者前一天晚上在新媒体上看到这个最新动态信息，相信版面报道出来的内容不会是这样。

同时，笔者还注意到当日《都市快报》也有这个新闻，只是快报比杭报多了一条《截稿消息》：昨晚（北京时间），柳安禹的同学和法国警方一起来到柳安禹的住所，警方破门后在房间里发现了柳安禹的尸体，死亡原因有待进一步调查。柳的表姐得到消息后，联系了法国驻上海领事馆，对方确认了这一消息。

两家报纸所发同个新闻，快报看似采编人员抢时间意识比较强，报道了这个新信息，但往更深一层看，是"全媒体环境下纸媒如何报道好突发公共事件新闻"的问题，这是传统媒体当前面对的共性问题。面对新媒体的信息发布速度，纸媒如果还是沿用老一套的报道方法，那读者会很快失去兴趣。解决问题的根本办法应是采编人员要主动与新媒体"无缝对接"，借助新媒体平台与读者互动，从中掌握新闻最新进展，发现与挖掘有报道价值的内容。这样纸媒才能在新闻拼抢时胜人一筹，而不是在报道的比较中陷入被动。

恶搞视频该不该转载？

2015 年 7 月 5 日《杭州日报》微信平台发布了一则《"大哥别杀我"最新版小编笑得已阵亡……》的微信，转载了一段网络上用模拟场景惊吓路人的恶搞视频。这样的恶搞视频该不该转载？会不会产生负面效果？值得商榷。

从视频中看，一名男子从不同的拐角处向后退，边退边苦苦求饶，"大哥不要杀我，我错了……""大哥不要杀我，听我解释，大哥我给你跪下了"，这时，突然响起一声"砰"，男子应声倒地，仿佛被子弹击中。这时，镜头转向不明真相的路人，他们看到这一幕，以为发生了真实的枪杀案，或吓得瘫坐在地，或吓得连滚带爬。这样的网络恶搞视频，今年以来出现在各大视频网站，点击率暴增。据了解，这一网络疯传的系列恶搞视频，起源于国外的街头恶搞，视频中的"枪声"是整人者点燃的鞭炮，配合上"演员"求饶、中弹、倒地等逼真的表演，确实惊吓了现场不知情的路人。而视频制造"枪杀"事件的目的，就是拍摄路人遭受惊吓的惨状。

对这样的恶搞视频，有网友质疑，万一路人信以为真后报警或受惊吓后逃跑致伤，这后果该如何弥补？在杭报微信平台转载后，就有网友"洪水波浪"留言评论："要注意场合啊，万一不知情群众在惊慌失措情况下冲向马路，从而被撞，该怎么办？或者有心脏病人士……"网友"简单 Derr 泮"也评论说："看了以后虽然笑死，可是正义英雄一个也没，都是落荒而逃，甚至也有晕倒的……"网络上对这一系列恶搞视频也早有批评：每个人对于意外的惊吓，产生的结果有极大的个体差异，如果路人中间有心脏病人因此意外死亡，如果有孕妇因此惊吓而流产，如果有人在惊慌逃跑过程中摔伤、被撞伤，"始作俑者"可能需要承担一定的法律责任。社会需要一定的娱乐精神，但是恶搞也应该有个限度，不能因为国外有人这样恶搞，就觉得这种做法没有问题。

作为微信平台，为扩大影响增加点击率，转载一些轻松、搞笑的微信段子和视频也无可厚非。但对"大哥别杀我"这样的恶搞视频，还是要注意其社会效应，评估其是否有负面效应，不能为博眼球而超出《杭州日报》官微的尺度。

官方微信的几点美中不足

　　2015 年,杭报各中心都开了微信公众号,其中有一些公众号打开了知名度,获得了粉丝的认可。全媒体中心微信小组对《杭州日报》官方微信进行了阶段总结:自 2015 年 5 月以来,《杭州日报》官方微信已成为全国综合性日报公众号的一匹黑马,闯入了十强,最高排名为全国第三,连续 3 个月排名稳定在第 5 名上下。更值得一提的是,《杭州日报》官方微信每周的平均阅读量稳定在 3.5 万上下,仅次于《人民日报》,排名全国第二。

　　据了解,由于申请时间较晚,目前杭报官微推送只能每天一次,而同城其他媒体每天早中晚有三次推送。在先天不足的条件下,杭报官微有如此抢眼的表现,值得肯定,但也有一些美中不足之处。

　　1.题材偏轻

　　作为党报,《杭州日报》本应该在时政新闻方面有所作为,但可惜时政内容在杭报官微上不多,从最近官方微信发布的内容看,基本上都是社会新闻、养生保健、生活服务等。微信小组表示杭报官方微信要走精致化阅读的路线,做强"本地原创",以有料、有用、有爱、有趣为内容定位。这个定位符合城市媒体的形象,但作为党报,还是要适当增加时政内容,其实读者也是非常关心时政新闻的。

　　例如"政在解读"是时政新闻中心的公众号,一天推送一条,阅读量大都不太高,多数为几百,但最近有两条有关人事变动微信的阅读量却达到了数千,一条是龚正赴鲁履新,还有一条是洪航勇涉嫌违纪。可见读者对政治还是很关心的。与杭报官微相比,"政在解读"的微信制作比较简单,基本上是报纸文字的翻版再加几张图片,视觉效果显得一般。应该加强视频、截图、地图等多媒体手段,丰富微信内容。

　　2.广告重复

　　据微信小组介绍,从 2015 年 7 月开始,杭报官方微信的排名影响力和较高的阅读量开始带来市场效应,受到不少领域广告投放商的欢迎,一些文案都有数万的阅读量,效果较好。广告增多是好事,但有个问题应该注意,那就是文案的处理。2015 年 8 月 15 日推送了《华裔女孩 RITA 获英国顶尖女子学校全额奖学金,你的孩子也能做到》,2015 年 8 月 26 日同样的标题和内容又推送了一遍。

也许是客户图省事,一个文案推两遍,但作为媒体公众号,我们不能图省事,一字不改照样又发布一遍,最起码标题要改改吧。要不,时隔十天,记忆犹新的读者连点开的兴趣都没有,这个广告哪里会有效果呢,更重要的是还影响了杭报的声誉。

从"领导调整"看新媒与纸媒的差异

市委主要领导调整是全市上下关注的时政新闻。《杭州日报》及"政在解读""杭州发布""澎湃新闻"等微信公众号都从各自媒体特性出发及时报道发布了这一重大时政新闻。比较纸媒与新媒体对这次市委领导调整的报道,在两个层面的差别尤为明显。

首先,新媒体与纸媒之间已经形成从报道内容到报道方式完全不一样的套路。杭报的报道沿袭多年来形成的领导"指出""强调""认为""表示"等句式,报道语言也较为固定、官方,显得四平八稳。"政在解读""杭州发布""澎湃新闻"则运用完全不一样的报道内容,这里没有了会议现场各位领导讲话内容,只有"赵一德任杭州市委书记"这一核心信息。"政在解读"标题《赵一德任杭州市委书记,"65"后,最年轻浙江省委常委》,内容为介绍前任书记离任情况,继任书记的有关情况和简历,侧重纸媒报道没有涉及的背景新闻,内容与纸媒的融为一体,互相补充。可见,新媒体的角色有了变化,不是像之前那样只是传统媒体简单的内容"转接器",而是作为一个独立媒体的角色。在移动媒体快速发展的背景下,这个趋势更为清晰。

其次,"政在解读""杭州发布""澎湃新闻"等对这次调整杭州市委书记的新闻发布,各自内容完全自采自写自编。其中"澎湃新闻"做得最有特点,有独家内容。"杭州发布"内容最为简单,只有"日前,中共中央批准:赵一德同志任中共杭州市委书记"一句话。可见,新媒体之间的内容采写差距也很大。

来看看"澎湃新闻"的报道,内容包括"阅读提示""国际金融危机爆发时出任温州市市长""延续着一个 20 多年的'惯例'""杭州被浙江赋予'领头羊'重任,今年 GDP 力争超万亿""延伸阅读"五个部分,亮点部分在"延续着一个 20 多年的'惯例'"和"延伸阅读"两块内容,如:"惯例"指的是自 1992 年以来,杭州历任市委书记均由浙江省领导"空降"……此外,包括杭州在内,半年来浙江已有 4 个设区市的市委"换帅"……"延伸阅读"是谁更容易成为省会城市的一把手,一图了解历任杭州市委书记都从哪儿来,目前全国 27 个省会城市的市委书记中,共有 8 人在履新前担任省级党委秘书长……在 27 位省会城市市委书记中,17 人为"60 后",占比超六成。其中有 5 位"65 后"……报道的内容从全省到全国,从历史到专家分析,内容丰富,而且全面。

新媒体作为全时空媒体,24 小时可以随时点开阅读,阅读新闻也没有地域限制等特性,这与目前纸媒在一定区域发行,新闻在有限范围传播存在很大不同,新闻内容制作因此就会有"很大不同"。

从这个案例来看新旧媒体各有特性,所以说新旧媒体间"此消彼长""零和博弈"的一些观点有失偏颇,只要纸媒人解放自我,敢于创新,纸媒与新媒体间完全可以互为依存,实现有机的融合发展。当前,我们运营新媒体时要更加重视做足与纸媒的区别,努力缩小与目前做得较好的新媒体间的差距。

开车打手机，到底罚多少

《杭州日报》官方微博 2016 年 1 月 14 日 17：24 转发《开车用手机将罚款 50 元扣 2 分 杭州交警整治开车低头族》："你是不是遇到过这种情况：前面的车开得奇慢，好不容易超上去，扭头一看，对方司机正在打电话……"

点开链接自杭州网的这条博文，写道："交警拦停沈先生的车子，依据《中华人民共和国道路交通安全法实施条例》第六十二条第三项'驾驶机动车不得有拨打接听手持电话、观看电视等妨碍安全驾驶的行为'的规定，对沈先生做出罚款 50 元、记 2 分的处罚。"

同样是《杭州日报》官方微博，2016 年 1 月 19 日 10：02 转发《收到短信没？杭州交警严查交通违法行为！驾车打电话罚款 200 元记 2 分！》："上周日、周一，连续两天，绝大部分驾照为杭州籍的司机，应该都收到了两条来自杭州交警的群发短信。其中，'驾车打手机'被列为'将被依法按上限顶格严处'的违法行为之一。"

点开链接自杭报在线（新闻来自当天的《杭州日报》）的这条博文，具体内容："昨天下午，西湖交警大队文教中队的民警林涛，在文二路与学院路口执勤。一辆本田 CRV 自北向南驶来，通过路口时，驾驶员正左手握住手机通话。""就像林涛所在的执勤岗位，他昨天上午，在 3 个小时里，就揪出了 37 起'驾车打电话'行为。按照'定（注：这里把顶字错成定）格上限处理'，每人要被罚款 200 元，记 2 分。"

相隔四五天，《杭州日报》官博转发的新闻，对"驾车用手机"的处罚额度竟相差四倍！而且，2016 年 1 月 19 日这天的《杭州日报》B1 版都市新闻《驾车打电话罚款 200 元记 2 分！》，与同城的《都市快报》《钱江晚报》所报道的"驾车打电话，罚款 50 元扣 2 元"也有很大的出入。照理说，来自交警部门对交通出行治理的规定，公布的核心信息应该八九不离十，不知为何会出现这种情况。

杭报作为权威媒体，所发新闻的核心信息前后不一，与同城其他纸媒也不一样，这是平常报道中比较少见的事情。何况这篇报道还是"当好东道主办好

G20"主题报道"文明出行"三字经栏目的"头炮"。不少读者对此提出了质疑。追求新闻的信息权威、所做报道前后一致是媒体坚守的底线,当前融媒体发展四面开花,也需要完善机制保障新闻制作发布的权威性。

低俗、暴力、炫富要不得

《杭州日报》官方微博 2015 年 11 月 27 日 18:22 转发：25 岁 Pixee Fox（皮茜，25 岁模特，瑞典人）喜欢卡通人物 Jessica（杰西卡，《谁陷害了兔子罗杰》卡通人物）兔女郎，决定成为现实版大胸细腰性感人物。她花费约 80 万元接受十几项整容手术，锯掉了 6 根肋骨。现在她拥有 15 英寸细腰和 J 罩杯，她表示很满意并会继续改造下去。这条微博内容传递的信息比较极端，而且所配图片画面没有美感，疑为后期制作而成，官方微博发布这样的内容不妥当。

原城市通今日看点的社会新闻栏目里，也有些稿件格调不高，比如 2015 年 11 月 21 日《初恋女友死后，我开始了杭州酒吧猎艳生涯》，来源是 19 楼，是一位网友自述的情感经历，内容低俗，宣扬一种堕落放荡的生活方式，而且这篇稿子说了一半就戛然而止，没有结尾，让人觉得莫明其妙；2015 年 11 月 23 日《王思聪爱她，汪涵宠她，何炅捧她，这个奇女子竟是她》通篇都在吹捧一位女明星与富豪以及明星大腕们的关系，显得较低俗。

为吸引眼球，新媒体会出现一些包含炫富、暴力等因素的报道，要注意进行引导，不能一味追捧。比如原城市通 2016 年 1 月 17 日社会新闻栏目，《又见女生暴力围殴！海南 15 岁女孩遭围殴，警方介入调查》有一组动态的视频画面，比较暴力。2016 年 1 月 12 日《广东中山又见土豪婚礼！新娘全身挂满金首饰》、2016 年 1 月 19 日《萧山土豪的婚礼，再一次让人震惊！不信你看……》都是金灿灿的婚礼现场图片，高调炫富，但文中并没有丝毫引导。

媒体转发要注意时间要素

2016年1月16日《杭州日报》3版《涉事相关人员已被警方控制　部分受灾居民食宿已得到安置》开头两段这么写的——"1月15日晚7点05分，余杭区良渚通运路两座厂房起火，初步认定火灾因一辆燃气瓶运输车爆燃引起。"

"截至昨日凌晨3点半，大火被消防部门彻底扑灭。昨天，相关部门再次召开新闻发布会，通报火灾调查进展。"

这里时间搞错了，这个事故发生时间是在14号的晚上，从杭报的新媒体发布的消息可证：杭报官微1月14日晚7点55分发布第一条消息《杭州通运路一家工厂发生爆炸》："晚上7点左右，莫干山路口通运路边上一家工厂里发生了连续性爆炸事故。杭报记者第一时间赶往现场。"杭报在线1月14日"滚动新闻"："今天19:20，杭报网友曝通运路附近发生爆炸起火。得到消息后，本报记者第一时间赶往现场。"

如果把这两段的时间表述放到一起也看出问题，1月16日是见报时间，如果"1月15日晚7点05分"事故发生，"截至昨日（1月15日）凌晨3点半，大火被消防部门彻底扑灭"就成了"先有扑火，后生事故"的时间倒流。

纸媒发布的一般是昨日新闻，新媒体多数是即时新闻，在采集编发新闻时要看不同媒体做时间转换，新入行的采编人员更加需要注意这个细节。

新媒体内容要及时更新

杭报在线"实时新闻"页面"新闻地图"每天正常更新,但新闻地图下面占据较大板块的"嘿新闻""今日导读""News天天闻"都是8月份的内容,已有将近3个月没更新了。经过了解,说是正在改版,但这么长时间也应该适当调整一下,不然何谓"实时"嘛。

杭报在线"发现杭州湾"频道里放了杭州湾新闻中心记者的头像,但其中有的已经辞职,有的已经调离,是否应该更新一下啦?

杭报在线"杭报全媒体矩阵"罗列了杭报所有微信公众号,有的更新比较及时,有的还是半个月前的内容。建议各部门在有心做好微信公众号的同时,别忘了及时更新线上的微信内容。

杭报在线2015年10月28日首页《她生了五个娃,上着班还顺便读了哈佛,时间如何分配?》这条新闻,点击后发现内容已被删除,但首页却一整天都留着导读。这种情况应注意。

城事通的"消息中心"栏目,已有半个月没有更新了。最后一次更新是2016年11月16日《习近平宣传中国将主办2016年二十国集团领导人峰会》。

转发稿件要编排要核实

新媒体平台基本上以转发稿件为主，因此转发前要对内容进行核实，谨慎选稿，不转发事实不清、单纯"猎奇猎艳"的稿件，同时转发时需注明作者、来源，以避免侵权。此外要根据平台要求进行重新编排，即使是照搬报纸刊发的新闻，也不能仅仅只是复制粘贴，应通读一遍，尽量避免无谓的差错。

杭报在线 2015 年 9 月 17 日《【盘点】"中国游泳看浙江，浙江游泳看杭州"回眸亚运 他们是杭州骄傲！》的内容是转发自《杭州日报》当日 C4 版的申亚成功特别报道，先是一列 7 张罗雪娟等著名运动员照片，然后对 7 位运动员的采访报道以同一字体字号从头转到尾。若能稍加编排一下，如突出 7 个小标题，文字与照片呼应一下，那么能更加悦读。

《杭州日报》在线 2015 年 11 月 19 日首页头条《11 月的雨有多疯狂？富春江大坝罕见秋天泄洪！下周将迎强冷空》，标题漏了"气"字。点入内文，通讯员与记者的署名穿插在文章中间；第二和第三章节以字母 B、C 及小标题区分，但第一章节的字母 A 及小标题漏了。同日发布的《笕丁路铁路涵洞明晚全封闭施工 工期长达 15 个月 这张图告诉你如何出行》也是来自报纸，把两张配图放在了文前，但第一张配图绘制者署名及图片说明却穿插在第三章节的文内，并未与图片放在一起。

原城市通 2016 年 1 月 1 日时事要闻栏目，《跨年夜世界第一高楼旁酒店发生大火灾》报道迪拜一酒店突发大火，造成 1 人死亡，16 人受伤，新闻来源是浙江在线，报道出自新华社；但次日即 1 月 2 日又发布了一条消息《迪拜高楼跨年夜起火，1 死 14 伤》，新闻来源是杭报在线，内容也是出自新华社，但伤亡人数却变成了 1 死 14 伤。

原城市通"城市生活"栏目 2016 年 3 月 7 日发布的《你知道 LV 包为何在国内买比国外贵很多吗？》，全文仅 100 余字，为海关总署署长回应人大代表的一句话，并未详细解答标题所提疑问，并且稿件没有新闻来源。

原城市通"社会新闻"栏目 2016 年 3 月 3 日转载的《微信上卖象牙饰品，夫妇双双被刑拘》,稿件来自腾讯新闻,文内新闻地点仅为"我市",没有注明新闻的具体地点,经核查,此新闻应发生在我省温州。当天转载的《丈夫不满妻子加班将其锁在家里,妻无奈报警》,稿件来自《都市快报》,但文内的地点是巴南区土桥某小区,无法看出新闻事发城市,经核查,此新闻发生地在重庆。

新媒体也有版面问题

《杭州日报》官方微信 2015 年 11 月 6 日第二条《容嬷嬷居然是武林高手？》配图为《还珠格格》电视剧里"容嬷嬷"的头像，但第四条《杭州 6 岁女孩一洗澡就喊下身疼》配图也是第二条的"容嬷嬷"头像。

原城市通 2015 年 11 月 17 日杭州发布栏目，《美丽杭州，等待一场跨越亚洲大陆的邂逅》排版出错，行间距设置忽松忽紧，使得每一行的文字都挤在一起，很难阅读。

原城市通 2015 年 11 月 18 日杭州发布栏目的五条稿子，配图全都不能显示；今日看点的各个栏目里也都有多篇稿子的图片看不到；另外，以图为主的大视觉栏目，2015 年 11 月 14 日、16 日和 18 日更新的稿子里，所有的图片都只是一个带问号的小框框，没办法显示图片。

杭报在线首页 2015 年 11 月 24 日发布的《【历史讲堂】很多人只知道他是"疯子"还原一个真实的章太炎》段落插入错误，文内"鲁迅先生去世前，在文章西湖边，热闹的苏堤南口，和它面对面的章太炎纪念馆却清冷很多。鲜有游客走进挺拔水杉林中的这座纪念馆，也没有很多人说得清楚，章太炎是谁，做过什么？中盛赞章太炎……"其中，"西湖边……章太炎是谁，做过什么？"一段为错误插入。

杭报在线 2015 年 11 月 26 日"马路侦探社"栏目《环北隧道西口晋升为市区新堵点 选对路线很重要》文首，两张道路配图一模一样，可能编辑操作有误，连放了两次。同时，这张道路配图较小，且无法放大，路名都看不太清楚。

政在解读微信 2015 年 11 月 28 日发布的《快为这些双十佳青年投票 投票明天中午截止》以及 2015 年 11 月 24 日的《谁是你心中的十佳创业青年？你这一票很重要！》，两篇稿件同一处小标题"给你心中十佳投上宝贵一票吧"，由于排版时压底图形移位，致使小标题文字显示不全。

原城市通 2016 年 1 月 7 日社会新闻栏目《携家带口赶来杭州来租房，就是为了骗 20 万个鸡蛋》格式出错，打不开。

原城市通 2016 年 2 月 25 日在社会新闻栏目以及时事要闻栏目分别更新的《马云录视频为金庸先生祝寿 最爱的武侠人物竟是他》《胡润全球富豪榜出炉 杭州成全球富豪最密集城市之一》，字号很小，应是编辑排版时未将稿件转换成手机客户端格式。

"标题党"要不得

新媒体推文为求"吸睛",增加点击率、阅读量,往往会在标题制作上大花力气,有时用力过猛,出现哗众取宠、过分夸大的现象,或者故意媚俗,弄一些格调不高的标题。

比如《杭州日报》官方微信 2015 年 11 月 25 日发布的《小心！杭州地铁上出现一群"偷拍族",一批不雅照竟然出现在网上！》,以图片形式曝光了杭州地铁上的不文明行为,赞扬了文明乘坐地铁的良好习惯,并倡导市民参与到"地铁随手拍"的活动中来。虽然内容很好,但标题为博眼球,格调不高。

个别稿件为博眼球故意夸大,营造悬念,甚至使用过于暧昧或粗俗的字眼,略显低俗,甚至会误导用户。比如《杭州日报》官方微信 2016 年 2 月 17 日发布的《本分的来杭打工女子连续被派出所找上门,背后的无奈令人太难受……》,标题里使用了"本分""打工女子""派出所"以及省略号,故意营造联想空间,以博用户眼球,其实稿件内容仅是该女子因家中老人走失连续被派出所找上门。

原城市通"推荐"栏目 2016 年 3 月 7 日发布的《妙龄少妇为引起丈夫兴趣,竟做出这种事！结果隔壁老王躺枪了》,报道一位少妇因为老公没有去接她,一气之下故意报假警,结果送她回家的黄鱼车司机被警方调查。标题里用"妙龄""兴趣""竟做出这种事""隔壁老王"等字眼,故意营造暧昧的氛围,让人觉得格调不高。

《杭州日报》官方微信,2017 年 2 月 14 日发布的《……杭州 3 场诡异大火背后,竟藏着妻子不可告人的秘密！》,看标题,似乎故意纵火一事为其妻子惹起,事出当事人家的妻子身上。

经过公安机关艰苦侦察,结果却是这样。文内交代:"……在持续走访过程中沈旭晨了解到,周华与该厂前员工钱某曾有暧昧关系,后钱某于一年多前从厂里辞职并在新单位认识了王海,周华打听到两人也曾传出绯闻,一度郁郁寡欢,深感无力。"

"匿名信、监控视频、大量走访证言……民警逐渐掌握的证据一步步指向了嫌疑人周华。"

"这些信件都是寄给王海妻子的,而内容大都以挑拨夫妻感情为主,称王海在外跟别的女人搞暧昧。"

综合文内这三处细节交代,犯罪嫌疑人周华3次烧王海的住处,是因其听到了钱某与王海的绯闻,而钱某之前与周华曾有暧昧关系。至于王海的妻子,完全为周华、王海、钱某这个三角关系的局外人。这样子把"妻子"拉来做标题,紧跟着来个"不可告人的秘密",似乎有点引人关注,但与文内新闻事实完全对不上。

未经核实的信息要及时删除

　　原城市通的今日看点推荐栏目，一般应该放当天比较重要或是突发的、抢眼的新闻。但有时会出现一些来自社区论坛的帖子，新闻要素不全，有时仅仅是几张图片，或是网友爆料，甚至恶搞，真实性有待考证。这类稿件在选用时应该慎重，不宜放进推荐栏目。比如 2015 年 11 月 1 日推荐栏目里，有两篇来自 19 楼网友的帖子《换你你能不生气？一鸣店员这种态度真让人火大》《黑心房东？才住两个月，他竟让我交一大笔电费钱》，前一篇是说某店店员对待顾客态度不好，后一篇是房客说房东让她交七、八两个月的电费 400 多块，她不服气。这两件都是很小的事情，而且也只是发帖者的一面之词，并没有得到证实。这样的稿子可以选择发在社会新闻栏目里，发在推荐栏目里就有些小题大做了。

　　《杭州日报》官方微博 2015 年 11 月 2 日发布的《刚放进柜子的 T 恤又要拿出来了？本周杭州最高温 27℃！》，网友评论的第四条内容为"号外，浙江省杭州市乔司监狱余魏民伙同他人集体入室盗窃陈强家里多次！狱警当贼警！"，建议删除该条评论。

　　《杭州日报》官方微博 2015 年 12 月 21 日 17:25 转发《81192 的夙愿》，点进网页，是一则军方飞行员、航空母舰、飞行英雄的宣传片，再往下，居然是个叫"易企秀"的移动应用品牌宣传推广。现在的网络品牌宣传与传统媒体都不随意将发布的内容和军方内容"捆绑"到一起，网络编辑应该规避这样的风险。

　　另外，有些带负面贬损含义的网络词汇也需要引起注意，不能乱用，比如 2015 年 12 月 2 日社会新闻栏目里，《秀个恩爱，被条子盯上了，求郭富城的心理阴影面积》没有注明新闻出处，而且标题把警察称为条子，非常不妥。

避免出现题文不符

原城市通"社会新闻"栏目 2015 年 12 月 7 日的稿件《万万没想到,我们的个人信息居然是这么泄漏的》,全文仅有两句话——"前天看到废品收购站专门在收集包裹的快递单,大家的信息是怎么泄露的该知道了吧。本人就是在萧山宁牧小区这里看到,一个人从废包裹上很小心地用美工刀切下快递单"。但是配图却是普通的街景,没有文中所说的画面。

《杭州日报》官方微信 2015 年 12 月 5 日发布的《杭州下雪啦! 今冬第一场! 好美,据说南方人看到雪时北方人的反应是……》,小标题"杭州临安"引用的图片有误,最后两张图片为余杭径山雪景。

杭报在线首页 2015 年 12 月 1 日发布的《【涨姿势】几毛钱让家里瓷砖焕然一新,清洁阿姨都不知道,太实用了》,而内文却是"去年任命的淳安县委副书记余力行落马,涉嫌严重违纪接受组织调查"的相关消息。

个别稿件标题与内文不符。1. 杭报在线首页 2016 年 3 月 12 日发布的《3月 12 日植树节! 省市军民义务植树》,文内"3 月 11 日上午,在第 38 个植树节到来前夕,省级机关领导、省市区三级机关干部、解放军及武警官兵……"标题与文内的报道在时间上不一致。2. 原城市通"每日微信"栏目 2016 年 3 月 10日发布的《寻人! 奖金 600 万! 长乐林场种树,你准备好了吗?》,报道了近期国际国内的一些"大事件",但稿件中并没有"长乐林场种树"相关内容;"城市生活"栏目 2016 年 3 月 14 日更新的《调查显示:39 岁最幸福,47 岁最富有》,内文也没有"47 岁最富有"的相关内容。3. 政在解读微信 2016 年 3 月 10 日发布的《杭州房源房价最新数据出炉 要不要立刻出手,看了就明白》,最后一个小标题为"申请步骤,看这里",而下文只列举了申请所需材料,并没有相关步骤。

重稿现象要引起重视

城事通重复发稿现象比较严重。2016 年 10 月 28 日今日看点 11:05 发布的《本想坐掉头车却遭公交司机硬阻拦，谁的错》与 9:22 发布的《遇到很拽的公交司机！刷卡不让上车还让去投诉》重复。

2016 年 11 月 1 日有多条稿子跟前一天即 10 月 31 日重复，比如《80 后父亲卖房买车，带 2 岁女儿环游全球》《天冷别给孩子穿高领毛衣、戴围巾了！真相挺吓人……》《微波炉里放了一点醋，然后神奇的一幕发生了！》。

《杭州日报》官方微博 2015 年 11 月 16 日 22:50 转发@杭州发布：♯G20 峰会♯杭州加油//【习近平宣布中国将主办 2016 年二十国集团领导人峰会 地点：杭州！】♯日报早读♯2015 年 11 月 17 日 09:10 发布：习近平宣布中国明年 9 月 4 日至 5 日在杭州举办 G20 第十一次峰会。同样的新闻内容，主要信息在 16 日晚上就已转发，第二天早上发布完整内容，过后四五个小时到了下午，分开来再发一次，有无这个必要？

有些重稿应该是可以避免的，比如同一个栏目里完全一样的两条稿子。2015 年 11 月 20 日今日看点时事要闻栏目，16:12 发布的《"房"到底养不养得起"学"？很多家庭都算了笔糊涂账》，与当天 11:22 发布的《留学生家长爱"以房养学"，很多人都算了笔糊涂账》内容完全一样，前者来源是《腾讯网》，后者来源是《每日商报》。杭州发布栏目里，也有完全一样的，2015 年 11 月 27 日的稿子《学院北路预计明年通车！》在 11 月 30 日又发了一遍，这次标题是《杭州城北又一条主干道明年通车！》，内文一模一样。

原城市通 2016 年 1 月 1 日社会新闻栏目里《在杭打工唐大姐后悔了：儿子研究生毕业，我却偷东西……》，1 月 2 日又发了一遍，两篇稿子中前者来源是《钱江晚报》，后者来源是大浙网，内容完全一样。2016 年 1 月 6 日《小伙冒充军人洗霸王浴，称为报复前女友》，同一个事件，1 月 7 日《大摇大摆走进足浴店享受全套服务后，他说想静一静……》又发了一遍。

《杭州日报》官方微博也有多处发稿重复。2015 年 12 月 14 日 10:41 及 15:

16 重复发布《第二届世界互联网亮点抢先看》；12 月 14 日 23:36 发布两条《♯小编札记♯明天降温哦》；12 月 15 日 13:34 及 13:37 重复发布《因互联网而变 第二届世界互联网大会主题宣传片来了》。2016 年 1 月 15 日 17:45 转发《开玩笑"笑"死邻居 男子赔 6 万元》,1 月 16 日 15:00 再次转发《男子开玩笑真把邻居"笑"死了,赔偿对方 6 万》。

让纸媒与网媒的互动成为一种习惯

2016 年 5 月 25 日凌晨 1 点,杨绛先生因病在北京逝世。随之,当日网络媒体和第二天纸媒新闻做得铺天盖地,那几天成为社会关注热度很高的新闻舆论。

翻阅多家纸媒报道,也拜读 5 月 26 日本报文化新闻版面,《先生回家 "我们仨"团圆了》《最才的女》读来印象较深,版面整体色彩运用一改纯黑的惯常用法,选用了比较中性的颜色,这与杨绛逝世氛围也蛮搭调。总的感觉纸媒之间各自所做的内容相差不大,不同点主要在各不相同的内容组合形式上。

杨绛逝世时间为 25 日凌晨 1 点,这为网络媒体留有足够的新闻制作时间,翻阅了同城的多个移动客户端,新闻内容读来更加丰富全面。如"《杭州日报》微信公众号"5 月 25 日下午发布的《一个被尊称为先生的女人! 有 106 岁的才华和坎坷打底,所有的鸡汤都是真实的人生智慧!》,报道的结构以选取杨绛人生的 6 个年龄节点展开,叙事如讲故事般娓娓道来,让人有一口气读完全文的欲望。

更加精彩的内容还在这个微信公众号的"精选留言"这块,如,用户"jiuye"留言:"就是觉得如今的青年人没有把心思淡定下来的想法,迷恋他人的认可,缺少自发向上的勇气,以及敢于吃苦受罪的本心,浑浑噩噩是因为不敢下苦功夫。青春是美好的,从 6 岁到如今的 23 岁,我庆幸还是青年,翻过山、越过岭,希望都是风景。"(注:这条留言获 554 个点赞。)

用户"莫陌"留言:"先生的境界是阅尽千帆后的恬淡自然,无论何种情况,都能淡然自处,心中有一个世界,外界似乎不再那么让人难过。"(注:此留言获 1017 个点赞。)

用户"范宙虹"留言:"我不敢发声,只能默默哀伤,因为与他们夫妻相比,我们实在是太渺小了,渺小到连自己都不好意思加入到追悼的行列。"(注:此留言获 1842 个点赞。)

以上选取的三块内容是用户与网媒的互动,一条留言得到上千的点赞说明用户心得在网络舆论上的共识。由此也想到,纸媒第二天版面如有针对性地选用网上留言,从版面内容的丰富到新闻舆论的引导都会更加出彩。

微信公众号社会新闻推送太集中

近日一位姓赵的用户来电提出意见:"《杭州日报》官方微信的格调是不是低了点,前几天我就这么觉得了。2016 年 3 月 28 日的微信你们再看一下,我都不敢相信这是党报的微信。"

笔者翻开了 28 日推送的 5 条微信,头条为《那一夜,她竟然! 女子离婚后为要回儿子,说出埋藏心中多年的秘密……》此条微信来自绵阳新闻网,内容关键词有"一夜情""非婚生子""亲自鉴定""诉讼离婚"……

二条为《妈给儿子下跪:儿媳不能只比妈小 1 岁,爸爸:当年领养他没想到最终会变这样……》,此条微信来自大河网,报道的是一起家庭矛盾。

三条为《子开房时,发现酒店枕头下放着上万元! 之后他愤怒了! 这种事你遇上你也怒……》,微信来自《重庆晚报》,报道的是住酒店遇上床单没有一客一换的消费纠纷。

其余两条微信内容为医学新闻和治病服务新闻。28 日这天的 5 条微信内容小而散,像头条、二条为生活中的个例,市民街头巷尾的谈资,经过标题放大、推送位置突出处理,部分用户感觉非常碍眼。

再看前几天的微信头条,3 月 27 日为《曾经的救人英雄在闹市区抢劫金项链,让他如此疯狂的原因竟是……》。

3 月 26 日为《当着儿子的面把交警打惨了,交警却把众人暖哭了! 来吧,杭州需要这个动作!》。

3 月 25 日为《杭州女子被老公砍断手筋,依然说:我很爱他,他对我很好……真相令人无语了》。连续几天在重要位置推送的新闻大都以个别极端、甚至暴力的内容作为报道重点,内容缺少正能量。

读者的意见或许有些不够全面但值得我们思考。《杭州日报》微信能在短时间内做到全国声名鹊起,采编、技术下了很大功夫,功不可没。但是当越来越多的纸媒读者向移动客户端转移,《杭州日报》微信仍然以最初的内容推送办法,难以满足不同层次用户的信息需求。目前《杭州日报》微信的读者面涵盖较广,其中也有一部分是原来纸媒的阅读者,或者说和他们类似层次的阅读者,他们并不仅仅满足于一些耸人听闻的社会新闻。因此,作为《杭州日报》的网络媒体,需要兼顾各层次读者的需求,多推送具有真正新闻意义,带有普世价值的内容。当然,每天适量地推送社会新闻也是需要的。

减少微信差错有三点注意

有采编人员向审读组提出,最近几期审读报告中新媒体审读这块的微信差错尤其多,但这些差错在纸媒的审读中没有被指出,希望一并予以指正。

审读组非常重视一些同仁提出的这个问题,把最近第 106 期审读报告中微信公众号的每处差错,与纸媒见报的文字逐一对照检查,发现两方面的结果:一是纸媒上基本没有发生与微信公众号上的同样差错,说明纸媒的"把关防错"较为到位;二是微信公众号目前差错之所以多发,大部分与内容字句比较粗糙、有的技术性问题没有引起注意有关。因此,运营微信公众号也要与做纸媒内容一样有严格的质量要求,以减少差错发生。就这次的对照检查,提出三点,以引起同仁们注意:

一为不忘对生僻字词的技术处理。如:《杭州日报》文艺群微信 2016 年 8 月 12 日,《〈红楼梦〉中的大观园原型竟在杭州西溪?》,关于文中的差错"精神矍铄",对照检查了纸媒上是"精神矍铄",那么到了微信怎么会出现"精神矍铄"?经过仔细辨识,发现纸媒上的"矍"字有临时制作痕迹,微信上的"瞿"字则为直接生成。"矍"字较为生僻,电脑字库里估计没有,需要采编对这样的生僻字做技术处理。

二为微信内容宜长(短)则长(短),还须精编。如:科学松果会微信 2016 年 8 月 20 日,《[微课]哪些食材中含有淀粉?》,文内图片说明差错"微 C 饮料",纸媒上是"维 C 饮料";杭州运动汇微信 2016 年 8 月 17 日,《又一次被女排感动!可我们何时可以感动她们?》,文内的差错"对主教练郎成功平",到了纸媒上是"对主教练郎平";我是动漫王微信 2016 年 8 月 10 日,《第六课│手绘卡通海报来啦!》,文中的差错"转增",到了纸媒没有这块内容。以上三处微信公众号差错都没有在第二天见报的纸媒上发生,主要原因是纸媒文字经过重新编辑提炼,篇幅精干,而微信当天采写又是抢时间发布,有的篇幅又冗长,差错概率大大提高。因此编发微信要长短有度,时间再紧,仍须精编。

　　三为载自纸媒的微信也不忘检查。如：只为苍生说人话微信 2016 年 8 月
19 日，《翟春阳：中央的"顶层设计"难抵兰州的"基层设计"?》，文中的差错"保
垒"，同天见报的纸媒上是"堡垒"。为避免类似差错，对下载自纸媒的内容也应
不忘检查。

杭州"表情妹"新闻可做得更"精"些

里约奥运会的关注热度大不如前,但这次的奥运新闻被一个叫傅园慧的杭州姑娘"引爆",从 2016 年 8 月 8 日中午开始到深夜似乎是瞬间"爆点"网络,微信朋友圈不断有傅园慧"表情包"出现。继后几天里,由此新闻题材延伸出产生"10 万十"点击率的微信有多少好像已难以完全统计。

注意到 2016 年 8 月 8 日当天的《人民日报》微信公众号和本报微信公众号,发布时间上本报较前者早发布 5 个小时左右,本报微信公众号在中午 12 点左右发布,内容以"视频十动图十文字介绍"为主,由于新闻的内容新鲜和先发优势,约在当天下午点击率就冲上"10 万十",一时成为本报奥运报道新亮点。

《人民日报》的这则同内容微信虽然到了 8 日傍晚发布,迟发 5 个小时左右。但是,这条微信的点击率同样很快跃上"10 万十",甚至有获得点赞达五六千的"精选留言"产生,该条微信新闻的影响力、传播力可见一斑。这条微信标题为《朋友圈已被她刷爆! 这才是奥运应该有的"表情"嘛!》,内容主题落点在"表情",制作手段以"视频十动图,再配一问一答文字"形式,完全为呈现好"表情"服务。这样的制作手段把移动媒体视频化、动态化特点发挥尽致,充分满足用户对新闻当事人真实乐在国际体育比赛中的观赏需求,文尾引用一些用户精彩的互动文字,对新闻起到强化、点睛作用,真可谓是为用户送上满满的"表情包"。

从网络媒体特点出发,抓住新闻某个着力点,做透做全新闻内容,充分满足用户阅读观赏需求,是比较以上两家纸媒微信公众号后的启发。如今的微信公众号如雨后春笋般冒出,如何在丛林一片中壮大胜出,除了要有好的新闻内容,还要有更"精"的网络媒体制作呈现手段,这与纸媒间的新闻比拼是同个道理。

重复发稿浪费信息发布资源

　　"城事通今日看点"2016 年 10 月 20 日发表了两篇内容相同的消息,《杭州女子腹痛难忍,医生竟在其体内发现大量黑色蠕动小虫！ 或因你也爱的这个……》,稿源来自 FM93 交通之声;《医生切下胆囊　发现密密麻麻的小黑虫　爱吃螺蛳的她染上罕见肝吸虫》,稿源来自杭报在线。"城事通今日看点"2016 年 11 月 5 日《8 岁女孩口鼻出血、小便失禁,原因竟是妈妈的一个动作!》(稿源来自 FM93 交通之声),与"城事通今日看点"2016 年 11 月 1 日《8 岁女孩口鼻出血、小便失禁、意识模糊……原因竟是家里最常见的东西》(稿源来自《都市快报》)重稿。"你我看世界"2016 年 10 月 25 日、10 月 26 日重复发表同一篇文章《之江蛐蛐儿:威尼斯,落日时的别样意境》。

　　虽然新媒体没有报纸版面那么受局限,但重复发稿也浪费信息发布资源。

姥姥惹的事错配婆婆图

《杭州日报》微信 2016 年 11 月 24 日,《女子怀孕 6 个月时出轨初恋,孩子出生后她傻眼了》的文字有:"……原来,孩子在喂养过程中,孩子的姥姥经常把食物嚼碎喂给孩子……冬冬姥姥在咀嚼食物过程中,因为牙龈出血、唾液等污染了食物,喂给孩子吃的过程中,孩子受到了梅毒螺旋体感染,因此感染上了梅毒。"

新闻里配图"画外音"却是这么写:"天啊,婆婆竟然这样喂儿子!"这里,出现了一个有意思的问题,配图内容与新闻文字内容对不上,把姥姥惹的事情错配到了婆婆身上。

姥姥为北方话中的外祖母,即南方人叫的外婆,通常是指母亲的母亲。家庭中的媳妇一般叫丈夫的妈妈为婆婆,即为孩子的奶奶。英语里祖母与外祖母不区分,汉语里却区分得清楚明白。

与地震相关信息传播要准确到位

　　杭州日报微信2017年8月9日,《九寨沟地震遇难人数增至13人！杭州364名旅客全部确认安全！记者现场连线……》文内有块内容:"地震前40秒汶川电视台提前预警(小标题)据@宜宾生活播报上传的视频显示,在地震刚刚发生时,同属阿坝州的汶川县电视台提前40多秒弹出预警画面。视频显示,正在播放的电视节目变成一段蓝底白字的地震预警画面,正在从40多秒开始进行倒计时。"

　　读了这块内容,小标题的"提前预警"、文内"提前40多秒弹出预警画面"让笔者以为汶川电视台具备"天降神功",能够先知先觉地知道地震将要发生,并还能及时向市民发出预告?

　　其实不然,需要指明的是目前要准确预测地震"时间、地点、震级"的基本信息,技术还不能做到,全球都不能！从这点来说,编辑整合这块内容对"地震预警"这事的理解是不够完整的,意思表达含糊,读后才会让人有此错觉。

　　据笔者了解,此次九寨沟地震中发挥作用的预警系统(ICL)由成都高新减灾研究所开发,在8月8日21时19分发生7.0级地震之后、地震波抵达周边各城镇前,这个系统在不到20秒的时间内连续发布了5条推送,为成都市的用户提供发生地震信息;汶川居民也通过电视上出现的地震消息,及时作出避灾避险应急反应。汶川电视台"提前预警""提前40多秒弹出预警画面",依靠的就是"成都高新减灾所"的这套技术设备。

　　实际上这套系统就是个采播"发生地震"即时信息、即时传播的应急设备。它能在地震发生后迅速探测到地震波,然后通过一切通信渠道将地震警报传播出去,为震中外围震区的民众争取十几秒甚至几十秒的逃生机会。

　　对地震有效预测、预报目前还不能做到,但可以做到当"发生地震"时快速地发出警报,把避灾避险做得更好,把灾害程度降到最低,"成都高新减灾所"开发的这技术无疑为地震多发地区民众起到救急应急大作用。作为权威媒体的公众号应把相关内容交代清楚,传播给用户的将是准确到位的信息。

附录:报纸常见十类易错字词

根据报纸审读和编校实务,归纳整理出如下报纸常见十类易错字词。

一、拼音输入类(同音字词,输入时注意选择)

箫(萧)　　焐(捂)　　戴(带)

形势(形式)　　权利(全力)　　纠风(纠纷)　　设施(实施)

休整(修整)　　极其(及其)　　枇杷(琵琶)　　失利(失礼)

职责(指责)　　即使(既使)　　队列(对列)　　登记(等级)

饯行(践行)　　放羊(放养)　　糕点(高点)　　螺蛳(螺丝)

油画界(油画届)　　旗舰店(旗舰点)

慢行系统(慢性系统)　　度过危机(渡过危机)　　应急保障(应急报障)

即时通讯(即使通讯)　　押钞人员(压钞人员)　　电子百拼(电子摆平)

十米以下(十米一下)　　漏夜排队(漏液排队)　　拼尽全力(拼尽权利)

亲朋好友(请朋好友)　　无偿献血(无偿鲜血)　　高校联队(高校连队)

实在太无聊(是在太无聊)　　开门做生意(开们做生意)

形势与政策(形式与政策)　　水滴个不停(水嘀个不停)

小型足球场(小形足球场)　　开个庆祝会(凯歌庆祝会)

二、五笔输入类(输入时注意字型笔画)

炒茶(炒菜)　　甚至(其至)　　休闲(体闲)　　铺路(辅路)

一茬(一荐)　　绝妙(绝纱)　　进口奶(进品奶)

三、人名类(括号内为误)

王岐山(王歧山)　　吴茀之(吴佛之)　　郎朗(朗朗)　　雷锋(雷峰)

马可·波罗(马可波罗)

四、地名类（括号内为误）

山东菏泽（山东荷泽）　安徽亳州（安徽毫州）　浙江瓯江（浙江欧江）

浙江嵊州（浙江嵊舟）　湖南株洲（湖南株州）　江苏甪直（江苏角直）

杭州雷峰塔（杭州雷锋塔）　三潭印月（三潭映月）

西泠印社（西冷印社）　得克萨斯州（德克萨斯州）

五、专有名词类（括号内为误）

连翘（连跷）　薏仁（意仁）　蚝油（耗油）　馅饼（陷饼）

襦裙（儒裙）水蛋（水疍）

娃哈哈（哇哈哈）　杭帮菜（杭邦菜）　灰太狼（灰太郎）

呢大衣（尼大衣）　拨浪鼓（波浪鼓）　收银员（收营员）

新三板（新三版）　布依族（布衣族）　酢浆草（炸酱草）

草甘磷（草甘鳞）　简易篷（简易蓬）　鳞状细胞（麟状细胞）

声呐探测仪（声纳探测仪）　《论语》（《伦语》）

《梦粱录》（《梦梁录》）　《己亥杂诗》（《已亥杂诗》）

《二泉映月》（《二泉印月》）

六、词组类（括号内为误）

拨打（拔打）	部署（布署）	坐落（座落）	淤泥（於泥）	陈列（呈列）
心扉（心霏）	璀璨（璀灿）	参与（参予）	联袂（连袂）	塘埂（塘梗）
迂讷（迂纳）	籍贯（藉贯）	空当（空档）	换挡（换档）	夜宵（夜消）
消夜（宵夜）	文身（纹身）	青睐（亲睐）	形状（型状）	寒暄（寒喧）
发愣（发楞）	炭烤（碳烤）	黏度（粘度）	宣泄（渲泄）	蛰伏（蜇伏）
诀窍（决窍）	抉择（诀择）	干燥（干躁）	打烊（打样）	涂鸦（涂雅）
串供（窜供）	心仪（心怡）	斛剖（解刨）	针灸（针炙）	蜕变（脱变）
辐射（幅射）	抚恤（怃恤）	杀戮（杀戳）	锦绣（锦秀）	画像（画象）
通牒（通谍）	顷刻（倾刻）	安祥（安详）	船篷（船蓬）	沿袭（延袭）
下榻（下塌）	徜徉（倘佯）	嬉闹（嘻闹）	花费（化费）	蓝色（兰色）

沉湎(沉缅)　陷阱(陷井)　木炭(木碳)　重新(从新)　追溯(追朔)

榔头(鎯头)　集萃(集粹)　砖坯(砖胚)　白皙(白晰)　报酬(报筹)

自己(自已)　拥趸(拥趸)

香饽饽(香悖悖)　一炷香(一柱香)　不着调(不着掉)　见真章(见真彰)

七、成语类(括号内为误)

美轮美奂(美仑美奂)　再接再厉(再接再历)　责无旁贷(责无旁怠)

自始至终(自始自终)　针锋相对(争锋相对)　铿锵有力(铿禙有力)

横七竖八(横起竖八)　一筹莫展(一愁莫展)　按部就班(按步就班)

熟稔于胸(熟捻于胸)　跌宕起伏(跌荡起伏)　走投无路(走头无路)

黄粱美梦(黄梁美梦)　锃光瓦亮(蹭光瓦亮)　熙熙攘攘(熙熙攘攘)

如鲠在喉(如梗在喉)　戛然而止(嘎然而止)　迫不及待(迫不急待)

直截了当(直接了当)　防不胜防(防不甚防)　不辞辛劳(不迟辛劳)

扑面而来(铺面而来)　纵横捭阖(众横捭阖)　蝇头小楷(绳头小楷)

出尔反尔(出尔发尔)　鹬蚌相争(鹅蚌相争)　非诚勿扰(非常勿扰)

生动形象(声动形象)　忧心忡忡(忧心冲冲)　不胫而走(不径而走)

铤而走险(挺而走险)　寥寥无几(廖廖无几)　世外桃源(世外桃园)

神采奕奕(神彩奕奕)　不露声色(不露身色)　食不果腹(食不裹腹)

明枪暗箭(明枪暗剑)　欢呼雀跃(欢呼鹊跃)　袒露心声(坦露心声)

伶牙俐齿(灵牙俐齿)　凤毛麟角(风毛麟角)　出其不意(出奇不意)

大有裨益(大有稗益)　轩然大波(喧然大波)　四两拨千斤(四量拨千金)

八、诗词类(括号内为误)

春来江水绿如蓝(春如江水绿如蓝)

淡妆浓抹总相宜(淡装浓抹总相宜)

木秀于林　风必摧之(木秀于林　风必吹之)

空山新雨后,天气晚来秋(空山新语后,天气晚来秋)

九、数字类(括号内为误)

一成(1成)

一两个（一二个）

三五天（3、5 天）

四五月（4、5 月）

十几人（10 几人）

二十几天（20 几天）

三十几件（30 几件）

近百人、百余人（近百余人）

第四方面军（第 4 方面军）

农历十一月廿四（农历 11 月 24 日）

八月十五中秋节（8 月 15 中秋节）

十、易混淆字词类（须分辨其不同用法）

1. 象、像

象：①形状、样子。例：景象、气象、印象。②仿效、模拟。例：象形、象声。

像：①在形象上相同或有某些共同点。例：他的面貌像他哥哥。②好像。例：像要下雨了。③比如、如。例：像大熊猫这样的珍稀动物，要加以保护。

2. 幅、副

幅：作为量词使用时，用于布帛、呢绒、图画等。例：一幅画、两幅布。

副：①作为量词使用时，用于成套的东西。例：一副对联、一副象棋。②用于面部表情。例：一副笑脸。

3. 阙、阕

阙：古代皇宫大门前两边供瞭望的楼，借指帝王的住所。

阕：量词。①歌曲或词一首叫一阕。例：填一阕词。②一首词的一段叫一阕。例：上阕、下阕。

4. 银幕、荧幕

银幕：放映电影或幻灯片时，用来显示影像的白色的幕，借指电影。

荧幕：特指电视机的荧光屏幕，借指电视节目。

5. 截至、截止

截至：截止到（某个时候）。例：报名日期截至本月底。

截止:(到一定期限)停止。例:报名在昨天已经截止。

6.其间、期间

其间:指某一段时间,可单独使用。例:其间,他在科学研究上取得了显著成绩。

期间:某段时期里面,不单独使用。例:农忙期间、春节期间、抗战期间。

7.出生、出身

出生:胎儿从母体中分离出来。例:出生地、出生于1990年。

出身:个人早期的经历或家属经济情况属于(某阶层)。例:出身于工人家庭;个人早期的经历或由家庭经济情况所决定的身份。例:店员身份。

8.终身、终生

终身:一生,一辈子(多是切身的事说)。例:终身大事。

终生:一生(多指事业说)。例:奋斗终生。

9.交会、交汇

交会:(道路、车辆等)会合、相交。

交汇:(水流、气流等)聚集到一起,会合。

10.启事、启示

启事:为了说明某事而登载在媒体上或张贴在墙壁上的文字。

启示:启发提示,使有所领悟;通过启发提示而领悟到的道理。

11.必需、必须

必需:必不可少的。例:生活必需。

必须:一定要那样做。例:必须照办。

12.暴发、爆发

暴发:①忽然发作。例:山洪暴发。②突然发财。例:暴发户。

爆发:①岩浆迸出。例:火山爆发。②突然发生。例:爆发革命。

13.长年、常年

长年:一年到头,整年。例:长年在野外工作。

常年:①终年、长期。例:常年守卫。②平常的年份。例:常年收成较好。

14.制定、制订

制定:定出(法规、政策等)。例:制定方针。

制订:创制拟定。例:制订下一步工作计划。

15.串、窜、蹿

串:作为动词时,指由这里到那里走动。例:走街串巷。

窜:乱跑、乱逃(用于匪徒、敌军、兽类等)。例:逃窜。

蹿:向上或向前跳。火灾时指火苗向上冲。

图书在版编目（CIP）数据

　　一流大报不可忽视的细节 / 万光政主编. —杭州：
浙江大学出版社，2017.10
　　ISBN 978-7-308-17332-2

　　Ⅰ.①一… Ⅱ.①万… Ⅲ.① 报刊—审稿—杭州—文
集 Ⅳ.①G213-53

　　中国版本图书馆 CIP 数据核字（2017）第 210324 号

一流大报不可忽视的细节

万光政　主编

责任编辑	周卫群	
责任校对	杨利军　牟杨茜	
封面设计	俞　帆　周　灵	
出版发行	浙江大学出版社	
	（杭州市天目山路 148 号　邮政编码 310007）	
	（网址：http://www.zjupress.com）	
排　　版	杭州中大图文设计有限公司	
印　　刷	杭州杭新印务有限公司	
开　　本	710mm×1000mm　1/16	
印　　张	26.75	
字　　数	438 千	
版 印 次	2017 年 10 月第 1 版　2017 年 10 月第 1 次印刷	
书　　号	ISBN 978-7-308-17332-2	
定　　价	69.00 元	